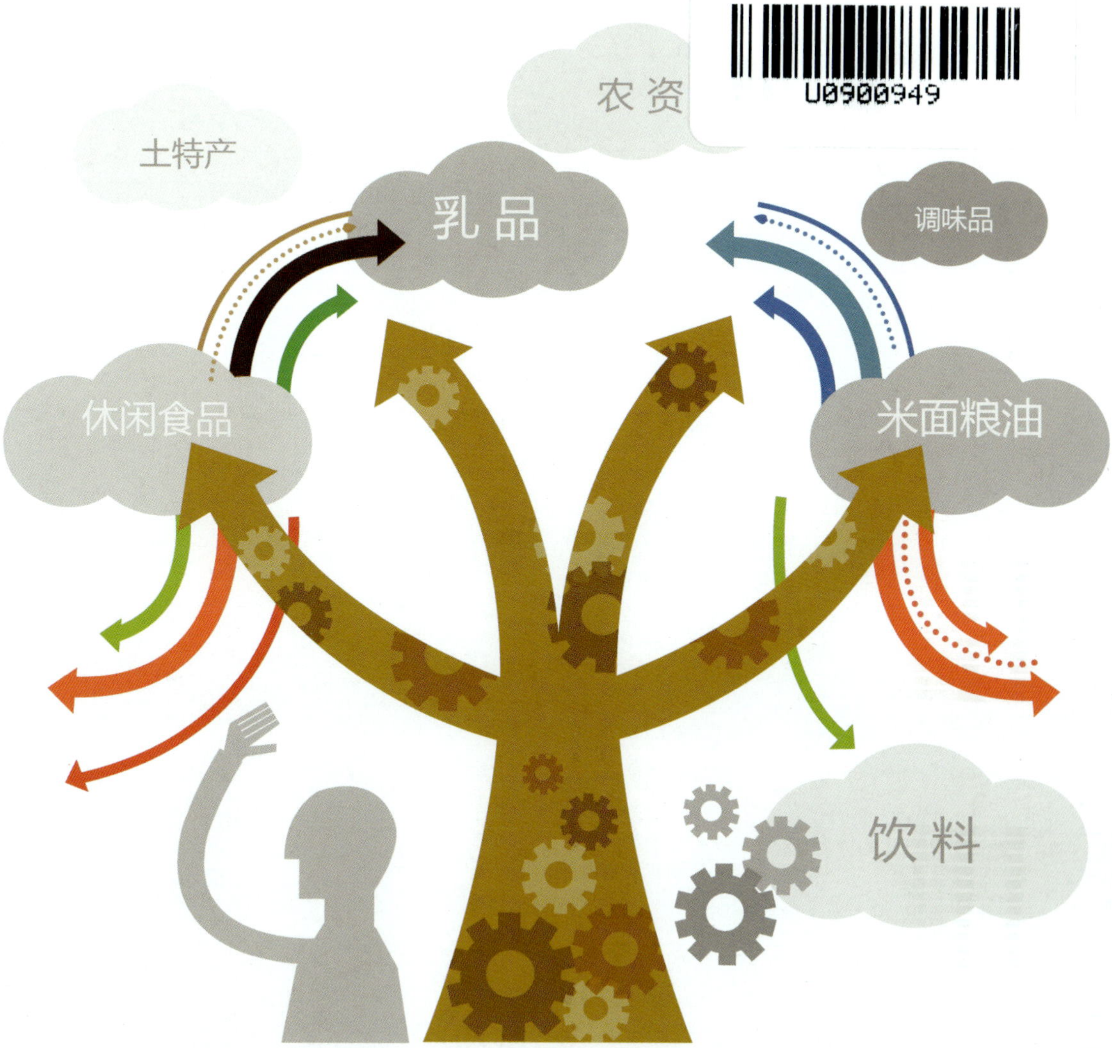

大农业模式

改变著名农企命运的100个新锐经验

李志起　编著

中国农业出版社

图书在版编目（CIP）数据

大农业模式 / 李志起编著. —北京：中国农业出版社，2013.12（2016.2 重印）

ISBN 978-7-109-18507-4

Ⅰ.①大… Ⅱ.①李… Ⅲ.①农业企业管理-企业经营管理 Ⅳ.①F306

中国版本图书馆 CIP 数据核字（2013）第 255479 号

中国农业出版社出版

（北京市朝阳区农展馆北路 2 号）

（邮政编码 100125）

责任编辑 刘博浩 程 燕

北京中科印刷有限公司印刷 新华书店北京发行所发行

2013 年 12 月第 1 版 2016 年 2 月北京第 2 次印刷

开本：700mm×1000mm 1/16 印张：24.25 插页：3

字数：305 千字

定价：45.00 元

李志起

● 李志起老师活动掠影（2012—2013部分）

北京志起未来营销咨询集团与美国著名投行
华尔街AEGIS集团结成战略联盟

李志起应邀做客叶檀主持的《新财富夜谈》电视节目

李志起与清华大学著名经济学家魏杰教授交流合影

李志起当选全国工商联中国农业食品营销
专业委员会常务副会长

李志起应邀参加第四届旅游目的地营销论坛

李志起应邀参加桂林市旅游品牌提升年启动仪式

序

未来在希望的田野上

本书成稿于2013年11月，也是中共十八届三中全会即将在北京召开之时。从1978年十一届三中全会召开，确定改革开放目标，到今年即将召开的十八届三中全会，中国的改革开放迎来了第三十五个年头。

35年前，中国的改革从安徽小岗村起步，农业走在了改革开放的前沿。

35年后的今天，农业早已从传统单一的农产品种植和输出，走向涵盖农、林、牧、副、渔在内的大产业，涉及从原料到深加工的全产业链经营，大农业时代已经到来。

现在，中国各个阶层在充分享受改革开放丰硕成果的同时，“三农”即农村、农业、农民问题再次将成为各方舆论密切关注的焦点——没有农村、农业和农民的现代化，中国就没法实现真正的现代化。

因此，我们坚信，农业将成为最值得期待、最具有爆发力的板块！我们可以大胆地预言，未来10年，农业一定是最受瞩目、最有发展前途的焦点行业。

大农业模式，顺时而生，商机无限

2013年1月，中央一号文件出台，使目光再度聚焦农业，文件强调农业要由传统单一经营模式向着集约化、专业化、组织化、社会化相结合的多种形式经营转变。

2013年以来，中央领导频频视察农业、农村，屡屡强调改革、创新，再次表明中央对农业发展的高度重视。

从而，北京志起未来营销咨询集团认为：农业正在迎来历史性的大变革，大农业时代已经来临，“大农业模式”开始备受瞩目。

大农业模式，是强调以市场需求为导向；以战略新品驱动为核心；以现代科技为依托；以创新经营方式为重点的全新农业产业化发展模式。

“大农业模式”强调充分整合资源，形成集产品生产、深加工、销售为一体的全产业链优势；

“大农业模式”围绕以创造战略新品为核心，从企业的战略、品牌、产品、渠道、商业模式等多方面进行全面提升，强化企业核心竞争力，突出企业竞争优势，帮助企业在市场中游刃有余；

“大农业模式”将带给企业更多的商机、更快的发展、更大的收获，让企业成功坐上农业“龙头”宝座，成就品牌；

“大农业模式”魅力无限、优势彰显，是引领无数农业企业走向成功未来的重量级法宝。

然而，我们也必须看到，现在众多的农业企业在经营中仍然深陷困境，完成向大农业模式转型并非易事。

在与我们的深入交流中，许多农业企业家表达了他们的困惑所在：

看到政策机遇，却不知道该如何下手，如何确定公司的战略发展方向？

有资源，却不知道该做什么样的产品，不知道什么样的产品在市场才有前途？

投资大、回收慢，如何构建自己的商业模式，如何才能提高回报率和竞争力？

有品类、无品牌，如何创出企业品牌？

如何建立自己的特色产品，屹立市场、走向全国？

人才缺乏、经验不足，如何构建优秀的营销团队？

以上诸多问题，让我们深刻认识到了铁的定律：发展农业，仅仅依靠产地资源和政策优势，还远远不够！农业更需要依靠市场、创造市场才有大未来！

战略新品思想，帮助200多家企业创造辉煌业绩

在大农业模式下，农业企业要想成功转型和崛起，一定要有崭新的创新思路和勇于创新的营销实践！

这正是北京志起未来营销咨询集团的独家秘笈——战略新品。它是大农业模式的核心思想，更是推动企业成功转型、走向辉煌的制胜法宝。

作为中国农业第一营销策划团队，15年来，志起未来服务的领域遍及粮油米面、蔬菜瓜果、农资化肥、种子、食品饮料、乳业、休闲食品、调味品等各行各业。现在您在每个城市，都可能接触到志起未来营销咨询集团打造的经典作品！从东北黑土地，到山东、山西、河南、河北；从湖北、湖南到江西、广西、海南；从西藏、新疆、甘肃、青海到四川、重庆、贵州、云南……志起未来的足迹遍布大江南北！

在与农业企业多年合作的经历中，志起未来对农业、农村、农民都有着一份特殊的感情，我们充分理解涉农企业家，也深知他们心中的苦衷和他们内心做大做强的渴望。我们尊重每一位农业企业家，能够体会他们的朴素、真诚和抱负；我们愿意倾尽所有的心力，帮助农业企业找到市场出路，做大市场规模，实现畅销、旺销，为地方百姓闯出一条生存发展之路。

在我们的战略合作伙伴中，不乏有着金健、西王、阜丰、今麦郎、得利斯、乌江、龙润茶叶、重庆茶叶、福娃、百瑞源、沃土天诚、水塔等农业大品牌，细数一下，服务过的企业竟已超过200家！

200是一个完美数字的象征，这些企业的成功转型，让一些保守的原地踏步企业越发意识到：不做战略规划、不做营销策划，停滞不前将很快被竞争对手超越。

毛泽东说得好，落后就要挨打。今天在农业行业里，谁能抢在前面谁就是胜利者！

在15年深耕农业领域的同时，北京志起未来营销咨询集团不断创造案例、积累案例、分析案例、总结案例。我们秉承着“实在、实际、实效、实时、实战”的企业精神，花费多年心血总结出100个国内外农业经典案例，在此奉献

给所有关心农业、支持农业、专注农业的各位朋友，希望能对大家有所启发。

今天我们奉献的《大农业模式》这本书里凝聚了志起未来珍藏多年的营销心血，它详细分析了大农业模式如何成为农业企业发展的必经之路，通过对100家经典案例的探讨，揭开农业企业抢占行业之首、坐上龙头宝座、实现持续发展的独家秘诀！

希望通过这100家农业大案例的分析，能够帮助更多志存高远的农业企业家拨云见日，迎接崭新的明天，托起辉煌的未来！

请牵手志起未来，我们和您一起在希望的田野上创造明天！

北京志起未来营销咨询集团董事长 李志起

目录

第一章

迈向龙头企业，你该如何华丽转身

在大农业时代到来的时候，很多企业自以为形成了一定规模。其实，这是个心理上的误区，大农业是历史发展到今天的必然趋势，它是有评判标准的。企业的规模只是其中一方面，其他方面如产品、战略、品牌等都是鉴定的准则。其中，产品是企业最大的战略，也是核心，如果企业缺失了产品，必将走向失败。很多农企都想实现华丽转身，成为龙头企业，甚至成为500强，这是如何做到的呢？

本章就详细剖析了小农业企业在转型中遭遇的问题和困惑，助那些有意转型的农业企业找到适合自己的方法。同时，我们也将透视未来大农业模式的十大趋势，帮您的企业更好地利用战略新品筑造企业的成功基石！

最近几年，全球经济无疑已进入了持续调整期，而业界权威人士预计：这种态势在未来的3～5年仍将持续，这将是对所有企业的严峻考验。

农业作为我国的基础产业，也无法避免危机的来临。

这些年，农业经历过几次大的变革……

摆脱狭义上的单一耕种模式，跨入集产、供、销、种养合为一体的大农业模式，更加注重集约化，注重经营方式的有机结合，这是大农业带给我们的可喜之处。

然而，仍然有一些处于上游的企业对转型存有顾虑，在生产经营中也出现了很多问题：

看到政策机遇，却不知道该如何下手，尤其是不知道如何确定公司战略，找到发展方向。

手中有资源，却不知道该做什么样的产品，不知道应该瞄准什么样的市场才有前途。

农业投资大，回收慢，应该如何构建自己的商业模式，才能提高回报率和竞争力？

农产品需要品牌，需要营销，但企业内部人才缺乏，经验不足，该如何下手？

如何从区域市场、本地特色走向全国？

如何和现在商超渠道对接？如何构建销售网络？

除此之外，对企业而言，也许还有更多类似的人员压力、资金压力、技术压力、时间压力等困难与挑战，这些可能会禁锢脚步，但在苹果公司的缔造者史蒂夫·乔布斯眼里，一切都不是问题！

到了该认真反思、调整、行动的时候了！因为固守以往的旧思维、旧模式、旧观点已无法让我们有更好的未来。

痛则思变！乔布斯当时的唯一想法：是做出最好的产品！而我们对抗危机的办法是：创新！找到全新运营模式。

第一节　影响转身的经营问题，你清楚吗

现代农业在打破耕种为主的单一发展格局，建立起全新农业产业化发展模式的过程中，既没有可以提供具体指导的先贤古训，也没有完全可以照搬的成功模式，我们注定要靠自己的智慧，走自己的发展道路。

我们可以清晰地看到：大农业模式的发展，将会在发达与落后之间进行最后一轮的公平洗牌；将会对农业未来发展方向和产业价值重新定位；将会向全世界体现一个崛起大国的竞争实力。

与时同时，却也带来了一些问题：

处于不同环境的农业企业，虽然发展目标和方向一致，但是发展方式却是千差万别的，尤其是对一些还没有完全过渡到大农业模式的农企来说，在起步阶段，更多的是遇到了诸如“小、新、弱、多、散”等各类问题，这让他们备感困惑！

如何解决这些问题，帮助这些农业企业成功转型，向着更快更高的目标迈进，这是一个值得关注和研究的问题。

根据我们多年服务企业的经验，我们把农业企业在经营和转型中所遇到的一些问题汇总出来。同时也展现我们的解决办法，希望可以帮助更多类似的企业能成功向大农业模式过渡。

问题一：产品知名度不高，市场打不开

云南一家土特产企业，产品属于无名氏，没有品牌只有品类。在云南特殊的饮食文化与购物环境中，企业的几款产品在云南当地还可以吃得开，但一走出云南就面临巨大压力，处处受限。终端陈列也掉到了末位淘汰的货架底端，眼看即将被市场淘汰！

志起未来策划精髓：查找产品根本问题所在，迅速调整战略方向，重新打造战略新品，帮企业提高产品价格，打造产品知名度，使产品更好卖！

市场反应：通过战略新品检测，企业后来的产品以高于原来两倍的价格重

新投入市场，在终端销售获得极大成功，单一系统单月销售额近 200 万，并且跟南航东航达成战略合作，成为航空食品。

问题二：缺少商机，产品销售上不去

河北一家休闲食品厂家，产品很多，但均无一款特色产品，多年销售业绩一般，产品不容易被大众记住并认可。

志起未来策划精髓：彻底打破原有产品老、土、廉、旧的固有形象，重新包装打造，避开大众产品，另辟蹊径走品类创新、打造战略新品、引导大众观念，让吃零食变成一种时尚，帮企业发现新商机，助其成长！

市场反应：通过策划，开创了休闲食品市场的新大陆。产品上市后，迅速获得广大时尚消费者的喜爱，并成为当年休闲食品销售明星，成为行业翘楚。

问题三：销售团队各自为王，军心涣散，团队凝聚力差

四川一家食品企业公司的几个销售团队，都是分别负责自己的业绩，从来不沟通、不交流，军心涣散，团队无法形成凝聚力，团队氛围比较差，销售业绩也不好。

志起未来策划精髓：采用战略新品检测系统帮助企业检测，重新提出发展方向，并帮助企业重新培训、组建销售队伍、整合团队，帮企业解决团队问题，以达到良好效果。

市场反应：经过一段时间的整合，团队增强了相互协作的理念，焕发了新的生机，业绩蒸蒸日上。用企业老板的话说就是“战略新品给了企业第二次生命！”

企业董事长除了表示感谢，也表明在拿到检测报告的那一刻，他就知道这个检测会管用。并说“战略新品检测拯救企业于危难之中，真是我们企业的速效救心丸！”

问题四：销售团队分散，整体意识差，缺乏组织观念，企业内耗问题严重

河北一家糖果企业销售人员没有团队合作意识，组织内部帮派众多，山头林立，团队成员都只谋小团队的发展利益，不顾及整个组织的发展，导致企业内部员工与高管纷纷萌生去意。多达八成的上游供货商由于信心不足的实行“断供”，使企业内耗严重。

志起未来策划精髓：实施战略新品检测，帮企业解决影响核心力量的内耗问题，是企业成长的加速器！

市场反应：企业严格按照志起未来给出的规划执行，几个月下来，成效显著。企业老板激动地说：“战略新品检测不仅让企业留住人才，更帮企业解决了内耗问题，实在难得！”

问题五：产品多，积压严重，规划混乱，销售不见特色

浙江一家乳品企业老总面对仓库里堆积如山的库存商品心急如焚，在苦苦挣扎几个月后，企业销售依然没有起色。无奈之下，企业找到了志起未来。

志起未来策划精髓：通过了企业的战略新品检测。面对老总的不屑，认真分析讲解，打消其顾虑，为企业制订详细的销售计划书，并有效实施运行，帮助企业解决了包装库存问题，并运用战略新品运营模式，形成快速销货。

市场反应：几个月后，订货的经销商蜂拥而至，企业的库存积压问题几乎在一夜之间得到解决。促销专柜前人排队购买乳品的场面与其他牛奶专柜前冷清的场面形成鲜明对比，企业老总专程再次到北京感谢志起未来。在见到李志起老师的时候他激动地表示：“真后悔没有早点找到你们，那样我们的产品就不会积压这么久了！”

问题六：产品受时令限制，旺季不旺，淡季惨淡，销售规模几乎为零

江西一家冰淇淋厂家不知为什么冰淇淋就是卖不动。工厂开着机器每天浪费人力、物力产品就是卖不出去。冰淇淋的旺季每年只有三个月，过了这三个月基本上就没什么人买冰淇淋了，这使老板心急如焚。

志起未来策划精髓：做完战略新品检测，才发现原来连企业老板自己都不十分了解自己的产品。随后通过深入的市场调查，确定了企业的战略新品，给企业制订了详细的销售计划，解决了企业产品旺季不旺的问题，并且订单开始

增加。

市场反应： 不出一个月，企业积压的产品已售罄，而且经销商订单依然不断。企业老板兴奋地说："做一次战略新品检测，解决了企业多年的老难题，真是太值了！"

以上这些问题，作为企业决策者的您，是否也经历过？您是否发现不管是哪种问题，只要可以找到企业的战略新品，问题自然迎刃而解？

要保证企业不断有战略新品推出，且能够成功，这是绝大部分企业都很难做到的。但我们认为，这恰恰是卓越企业和平凡企业的分水岭！

每个农业企业家都希望能跨入大农业运营模式，但事实上，志起未来清醒地认识到，并非每个公司都具备创新的条件和适合战略新品运营。

很多成功转型的公司并不是偶然的，要有好的产品做基础，有深厚的品牌内涵、高效率的运营模式。对待产品、顾客和企业自身要有严谨的负责态度、创新的精神、科学的宣传方法，只有这样的企业才能在成功的道路上走得长远。

这正是志起未来强调的"大农业模式的运营之道"。

第二节　完成华丽转身，企业要具备什么

一个国家经济的好坏要看区域经济，区域经济要看产业经济，产业经济则要看企业经济，那企业经济表现在哪里？表现在产品上，而产品体现经济价值最好的方法就是创新，就是推出战略新品！只有围绕在创新这个核心周围，企业才能长久发展！

在我们服务的企业中，金健、福娃、百瑞源、沃土天诚等龙头企业都是以战略新品驱动为核心，以创新经营方式为重点，充分整合资源，形成集农产品生产、深加工、销售为一体的全产业链，这就是大农业模式。它是全新农业产业化发展模式，让企业能在市场中显得更加游刃有余、魅力无限、优势彰显，不仅帮助企业做上"龙头"宝座，更引领无数农业企业走向成功未来。

从他们的例子中，我们看到：

大农业模式，借助现代化手段，多种经营格局并存，让企业健步如飞，绝对跑赢市场！

大农业模式，突显它独特魅力，无数农业企业依靠它进入成功“轨道”，成为行业的领军者！

大农业模式，为企业带来无数商机，让农业企业华丽变身为行业中的“龙头”，创出自己的品牌！

大农业模式，机遇倍增！企业不仅纵伸横向多途径拓展，更是推动了全产业链的发展！

这，仅是大农业模式的几个典型优势，还有更多的巨额利润因它产生！更多的产品因它长期屹立于市场！

太多农业企业家看到这些，毅然喊出：“我们要转型为大农业模式！”

然而，我们也必须看到：成功向大农业模式转型并非易事。

如何成功转型？转型需要具备什么？

大农业模式有什么衡量准则？

说到准则，先让我们来看看如何理解这个“大”字。

传统意义上，农业最主要的“大”的特征表现为“大规模”，即经营规模大。这是现代化大农业最直观的外在体现。

让我们先来看看国际上例子：

日本、荷兰已经实现了农业现代化。他们是现代农业，耕地规模不小，但他们不能称为大农业模式。

加拿大，美国等发达国家也都实现了农业现代化，同时他们也都成为了大农业模式的典型代表。

再来看国内，黑龙江省耕地总规模大，耕地单位经营规模大，且地势平坦，耕地集中，地块面积大，具有发展大农业模式的良好基础。

由此看来，大农业模式并不简单是一个“大”字，它是有着严格衡量准则的，只要你的企业符合准则中的一条，就会产生神奇的多米诺骨牌效应，它将指导着您全面完善其他方面问题，零距离靠近华丽转身的瞬间！

所以：如果你的企业正在规划调整结构；如果你的企业正在寻求如何创新；如果你的企业准备增加产品，向着全产业链进发；如果你的企业在思考虑如何招兵买马……

那么，你已成功的迈出了最为关键的第一步！看看企业向着大农业模式转身的衡量准则有哪些吧。

1. 是否完成了农业产业结构的转变？

大农业经营模式，注重产业结构调整，更多融入了战略思想，增强农产品市场竞争力，促进产业化升级，依靠科技进步。积极发展市场前景好、品质优良、特色明显、附加值高的产品，使企业实现高产、优质、高效，大力推进农业产业化经营，提高企业效益，促进发展。

2. 是否实现了农业规模化经营？

农业规模化经营是大农业模式发展的前提条件和基础，没有规模，农业企业难以形成效益；而有了规模，便可更深层的向集约化、标准化、品牌化的方向发展，对提高效益具有重要意义。这是判定是否完成大农业模式转型的基本条件，具有很强的战略意义。

3. 是否完成了农业经营方式的转变？

这点很重要，也是小农业经营企业向大农业模式过渡的标志，小农业企业要成功向大农业模式转型，必须摒弃传统以种植为主的单一经营方式，依靠科学技术，发展集约化经营，向着多种经营形势相结合的立体型农业转变。

4. 是否融入了战略创新思想？

21 世纪信息高速发展的时代，唯有创新才能发展，有品牌才会更好地抢占市场，依靠科技创新，树立品牌意识，逐步成了农业企业的发展方向。“农业的根本出路在于科技”这也是大农业模式所倡导的，只有依靠科技进步，通过农业科技的突破性成果和新技术的有效推广应用，才能实现中国农业的持续发展，实现农业向着规模化、集约化、现代化的发展。

5. 是否完善了全产业链？

大农业模式主张重视农业产品产前、产中、产后的一条龙式服务，加强农产品从生产、加工到流通环节的有机结合，充分发挥作为经营主体的农业专业大户、联合体和贸工农一体化组织在农产品加工、流通领域的主导作用，形成"种养加"、"产供销"、"贸工农"一体化的经营格局，农业生产者成为相对独立的商品生产者，并形成规模化经营，形成较为完整的产业链。

6. 是否拥有高素质，专业复合型人才？

发展大农业模式十分看重对人才的管理，包括思想观念现代化和科学技术知识现代化。从事农业生产或经营的人，一定要具备现代化水平的文化知识和技能水平。在农业生产经营过程中；先进的生产工具靠人去创造；先进的科学技术靠人去摸索；先进的管理经验靠人去总结；先进的经营体制和运行机制靠人去应用。无论是增长方式的转变，还是生产绩效的提高，都是在人的主观能动作用下得以实现的。离开人，现代化是不复存在的。从这个意义上说，我们要实现的大农业模式，是以人为本的现代化经营方式，只有拥有高素质、专业复合型人才，才是完成大农业模式转型的可靠保证。

第三节　龙头企业如何玩转大农业模式

对于小农业企业来说，要与时代接轨，成功运作大农业模式，为企业带来商机，就必须成功转型，打造属于自己的战略品牌，可见，品牌建设已是迫切需要。

那么，小农企业打造品牌依靠什么？一靠产品，二靠创新！

产品与创新，助小农业企业成功转型，打造专属的战略品牌

在刚刚过去的2012年，加多宝痛失价值500亿的王老吉，几乎面临破产。但它仅仅用了半年的时间，就让自己一夜间红遍大江南北、家喻户晓。

它怎么就突然这么火呢？

巧妙嫁接时尚选秀节目，投资上亿元。冠名中国最火的选秀节目——中国好声音。加多宝也迅速"借位"成为家喻户晓的、崛起最快的新晋品牌！

案例点评：看似最"落后"的农业企业现在迫切需要学会"新玩法"！新潮流、新变化、新时尚、新手段、新空间层出不穷。农业企业要敢于并且善于

“搭车”、“借势”、“嫁接”！大胆整合资源，为我所用！

通过加多宝的翻身，崛起，我们看到：战略新品，是所有伟大企业共同的经营秘诀！有战略新品才有基业长青；有战略新品才能改变农业企业命运；战略新品不是改良而是革命性创新，它是帮助企业创造需求，提升创造全新价值的武器。

大农业模式的两大支点

1. 产品为王

只有真正将产品摆上战略高度，看清楚一个战略型产品对于企业的意义，真正重视产品，并找到正确运作的方法和路径，才是企业的正途；只有全新的、满足消费者需求的、真正注重顾客体验的产品，才能架起企业与消费者的桥梁，才能让品牌真正落地，才能让企业战略得以实现；只有先声夺人，出奇制胜，不断创造新的体制、新的产品、新的市场和压倒竞争对手的新形势，农业企业才能立于不败之地。

2. 创新为王

只有不断创新，才能适应这个社会、科技、竞争对手都不断变化的世界；只有不断创新，推出战略新品，才能不断成就一个企业。创新已成为现代企业生存和发展的基本需要，唯创新才能生存。创新就要打破传统经营思维的局限，从产品、组织、机制等多方面进行思考，培植企业核心竞争力，实现企业高速发展。

十大战略模式，让农企的明天更美好

我们常说，企业选择什么样的商业模式，就决定了什么样的生存发展之路，对农业企业也不例外！

随着农业土地流转政策的松动，国家对农业项目的持续投入，这对农业企业而言，是挑战，更是机遇！

如何杀出重围，获得竞争优势？如何成功转型，塑造自己的品牌？大农业时代，农业企业如何运用战略模式，助自己走得更长远？

志起未来根据十几年农业营销经验，总结了农业企业发展的十大战略模式，它会让农业企业拥有更加广阔和美好的明天。

模式 1：中粮模式——玩转产业链

中粮集团作为国内龙头农业产业集团，已经从单一的粮油贸易延展到全产业链。通过对涉及农业的各领域，包括技术、信息、种子、金融服务、网络、渠道、终端等进行投资和整合，从而使产业链的各个环节进行全方位的投资与服务开发，在米、面、油、糖、肉、奶、饲料、玉米深加工产品、番茄酱、葡萄酒等均在国内取得了一定的市场规模和影响力。

志起精髓点评：整合产业链是基础，玩转产业链的各大环节才是王道！在我们服务的很多农业企业中，涉及米面粮油、鸡蛋、榨菜等各大领域，虽然他们只涉及一个细分产业，但却把产业做到了极致！

模式 2：依云模式——稀缺产地资源是财富

依云，在法国最普通的矿泉水，为何能在中国的超市卖到 20 几块？原因不仅仅因为它来自阿尔卑斯山，还在于背后的关键词：世界少有，无污染地区，海拔 2 000 米以上，年均温度 0℃以下。就是因为地域的唯一性和独特性，造就了产品的唯一性和独特性。使之成为了世界上最贵的水！

志起精髓点评：学会利用产地优势，形成强大竞争力，不是所有矿泉水都叫“依云”！在与客户的接触中，我们发现：他们背后并不缺乏资源，缺乏的是学会如何嫁接资源的方法。如我们服务过的乌江榨菜企业，一句“中国榨菜数涪陵，涪陵榨菜数乌江”顿时红遍大江南北，还迅速带动了当地企业形成产业化发展，同时，大大刺激了当地经济的飞快发展！

模式 3：双汇模式——深加工之路

作为老牌食品企业，双汇不是单纯的卖火腿，而是借助当地（河南）养猪的原料资源的规模优势，通过引进先进技术，不断挖掘深加工，打造出了像王中王、玉米肠等一系列具有高附加值的战略新品，一举推开市场之门。

志起精髓点评：立足自身资源，引进先进技术，走深加工之路，正在成为越来越多涉农企业的选择。如志起未来的战略合作伙伴西王集团，就是在这样的基础环境下，通过打造玉米胚芽油、西王果糖这样的战略产品，大大转化高附加值，使企业在短短时间内实现两家公司上市。

模式 4：阳澄湖模式——墙内开花，墙外香

阳澄湖大闸蟹在产品尚未上市之时，利用微博在网上热炒，并实行团购预定。为了满足顾客的多样化消费需求，以渠道为依托，直营店里的蟹卡采用了磁条记忆的技术，实现了可多次刷卡消费及反复充值使用的便利。“饥饿营销＋网络营销＋会员卡制度”让一只小小的螃蟹在经济低迷的 2012 依旧火爆！

志起精髓点评：老树如何开新花？传统农业品牌需要在营销思路上大胆创新！转变固有的传统营销模式，产品在墙内开花还仅仅是第一步，只有墙外“香”到消费者的内心深处，才能成为真正的品牌！

模式 5：极草 5X 模式——合理利用稀缺效应

极草 5X，更是被戏称为“极草 X5”。一年的销售额就达到 18 亿，据了解，目前仅北京市场单店的月销售额基本都在 100 万左右。即便今年在大市场环境不佳的形势下，市场表现依旧强劲。这是为什么？

一根小小的“极草”威力为何如此大？极草 5X 利用产地的唯一性，利用产品的稀缺性打造了一个亿级的礼品市场。

而高端礼品市场上另一个迅速崛起的强势礼品品牌秘境堂也不例外！借助“御膳级松茸”本身来贩卖其背后的稀缺极品特质，同时挖掘背后神秘的“秘境”文化，让秘境堂在北京的高端礼品市场迅速崛起。

志起精髓点评：利用产品本身的稀缺属性，再加上贩卖稀缺的营销方式，让极草 5X 和秘境堂赚的盆满钵满！只有站在战略的高度，通过新奇的营销思路，挖掘您产品背后的稀缺特质，才能使之与其他竞争品形成鲜明的差异化。

模式 6：百瑞源模式——巧妙嫁接旅游资源

以往被外界一贯认为是“地摊货”的宁夏枸杞，有时候实在是让人拿不出手，但又没有更好的东西可送，最后只能落于自豪与羞涩的尴尬境地。

但百瑞源是个例外。在宁夏，不论是宁夏人外出访友，还是外地人来宁夏做客，都少不了带他家的几包枸杞回去。送枸杞似乎也成了一种时尚，一种礼节习俗。这家企业创造了一个奇迹：日销百万元，单店年销破亿元。它是怎么做到的呢？文化元素＋旅游整合，创造前所未有的行业奇迹！

百瑞源大力挖掘枸杞背后的文化元素！在此基础上，他们打造了百瑞源枸杞养生馆及博物馆。从此，百瑞源枸杞养生馆成为外地人去宁夏旅游的必去之地，百瑞源枸杞也成为当地人心目中的首选枸杞品牌。

志起精髓点评：在产品背后，还要深挖其背后的文化，同时巧借当地资源优势实现产品动销，可以达到意想不到的效果。

模式 7：1 号店模式——21 世纪，玩转电子商务

目前最火的网络购物平台 1 号店，就是利用自身优势，给消费者带来超值的购物体验。他们使用了超市的一些促销措施，如：夜市抢购、限时抢购、热卖超低价推荐等方式。与其他的一些 B2C 企业* 相比，1 号店实际上真的更像是沃尔玛的网上克隆升级版，优质的产品加上超级低价、日日抢购、简单到底的商业逻辑，使得它成为中国最好的快消品购物平台。

随着食品安全问题频发，导致很多中小食品企业倒闭，但也有一些企业抓住了这个契机，大赚了一把！近期很火的网上购物平台沱沱公社，依托其自身的产业基地，利用消费者对食品安全问题的恐慌，创办中国首家专业提供有机食品的 B2C 网上购物平台，抓住了食品供应体系的根源问题，“贩卖有机”让它成为白领购买有机产品的首选。

志起精髓点评：传统渠道已经逐渐呈现出“僵尸化”态势。天猫、淘宝、京东商城等的电商大战，就已见端倪！对目前的农业企业而言，随着信息技术及移动互联网技术的飞快发展，人们的消费环境及消费手段正在发生变化。在这个时刻，对众多农民企业而言，一定要学会运用新兴渠道的力量来贩卖自己

---

* B2C 是企业对消费者的电子商务模式。这种形式的电子商务一般以网络零售业为主，主要借助于网络开展在线销售活动。

的产品！

模式 8：斯慕昔模式——社区会员直供，赚大钱

如果你是一家做饮品的企业，如果有人问你，你的产品在哪里卖？估计大多数人首先会想到超市或是其他流通渠道。但斯慕昔告诉我们，这些方式都已经被我们“剩下”了！

斯慕昔饮品在网上直接销售会员卡，只要会员一个电话，足不出户，几个小时之内就能喝上“特供”的饮料，再加上还有“月卡”、“季卡”、“年卡”等优惠措施，受到不少白领的喜爱。不仅如此，斯慕昔还走进社区便利店，让消费者能够更快、更便利的喝到纯正无添加的果汁。除此之外，像鸡蛋、米面粮油等一些跟我们生活贴近的农民企业，也开始深入社区，让老百姓不出社区，就可以吃到最新鲜、健康的食品。

志起精髓点评：给消费者提供更为便利的购物体验，将是未来战胜竞争对手的有力法宝！

模式 9：千岛湖模式——跨界餐饮，迎接春天

面对日益激烈的市场竞争，已经使不少企业开始转换思路，开始了新的玩法。浙江的千岛湖就是其中的一例。对外地游客来讲，千岛湖就是“赏天下第一秀水，品淳牌有机鱼头”，否则便是枉到千岛湖了。

一道普通的菜肴何以如此出名？

杭州千岛湖发展有限公司开创了我国有机水产品养殖的先河，并以鱼味馆为载体，成功举办千岛湖杯全国淡水鱼烹饪大赛，把有机鱼头卖给全国各大的品牌餐饮店，成为各大品牌餐饮主打的招牌菜。从地区走向全国，迅速提高知名度，占领市场。

老干妈也是如此，在豆豉辣椒酱的基础上开发出了众菜品“老干妈蛋炒饭”、“老干妈鸡蛋”等。做这样跨界营销的案例还有很多，志起未来的客户天目湖砂锅鱼头、鹅家庄等都因跨界营销，走出自己独特的发展道路，迎来自己的春天。

志起精髓点评：在市场竞争激烈的今天，跳出传统产品开发思路，跨界开发新产品正在成为越来越多企业的选择。

模式 10：黄飞红模式——错位变身，引领市场

一个做调味品的企业居然做起了休闲食品？而且一年还有 2 个亿的销售额，这能不让人羡慕吗？它就是黄飞红！

作为这两年休闲食品市场备受瞩目的一颗新星，它只是把最普通的农产品——花生变了一个新的吃法，就迅速杀出一片新天地，成为时尚白领的最爱！

这让多少休闲食品望尘莫及，但也只能羡慕而毫无办法。

志起精髓点评：开发适合市场的产品，错位营销也能赢得新商机。让陈旧、土气、僵化的酸角糕一下子“酸倒”了众多高富帅、白富美以及众多屌丝的芳心！

大农业时代，企业完美升级需要借力营销外脑

近年来，农业产业发展得红红火火，成为我国经济发展的一个亮点。因地制宜地发展特色经济，是新世纪农业和农村经济发展的需要。

然而，目前农业的发展现状还存在较大差距，目前现状可以说是参差不齐、良莠不分。

很多农企在从农产品初加工向深加工转型的过程中，不了解市场和消费者需求，抱着“广撒网、多捞鱼”的心态，缺乏目标性、全局性，新品做不长久，这是一种可怕的思维。

为了改变农业企业的现状，更多企业老板开始借力于营销策划公司的“外脑”，将拥有的农产品成功转化为商品，以求把品牌做强做大。那么，究竟在什么情况下可以“借脑”？

1. 提高品牌含金量，需要借用外脑

“一流品质，二流包装，三流价格”是对中国农产品现状的概括，不少企业靠着十年不变的营销手段在市场上辛苦耕耘，结果却难逃宿命——企业缺乏资金。

中国市场已经进入品牌竞争时代，从快速消费品到耐用品，从高科技产品到农产品，要想在市场上生存，就必须有品牌。“品牌”已成为消费者购买产品的第一门槛。

大农业模式下，企业只有打造自己的品牌含金量，才能把特色产品做大做强，也只有打造品牌才是农业企业发展的唯一出路。

2. 优势资源整合，需借用外脑

整合资源最重要分三大块：A. 发现资源。对于很多农业企业，其实并不缺乏资源，很多时候是由于“身在此山中”，司空见惯、视而不见，常常出现“抱着金娃娃没饭吃”的现象。B. 因才适用。将资源放到合适的位置上，发挥其最大的价值。C. 集中资源。如何将公共资源的优势等同于企业优势，在农业营销中当数重中之重。

3. 企业推出新产品，需借用外脑

市场调查显示：中国农业市场每年推出的新产品有几十万种之多，但能够成功在市场上站稳脚跟的，大约只有5%，市场竞争压力加剧，新品推向市场的营销风险越来越大。如何提高新产品的成功率，让新品成为企业的利润增长点，成为企业发展的有生力量，让企业走上良性发展的高速路，这成为需要思考的问题。

4. 提高产品利润，需借用外脑

中国农业企业目前在市场竞争中，普遍采用价格战的方式，价格战是柄双刃剑，须知“伤敌一千，自损八百”的结果都是幸运的，企业更要明白市场给我们更多的是“同归于尽”的教训。价格战一旦启动，企业根本控制不住。

产品利润是企业发展的源泉，是企业运行之本。稳定的产品利润不但有利于企业发展，而且有利于行业的发展，利润更是新品营销和整合资源的有力武器。面对市场惨烈的价格战，企业需要跳出怪圈，找到蓝海区域。

5. 拓展更大市场，需借用外脑

许多企业因为在先期抓住了机遇，无论在规模、效益上均取得了不错的成绩，成为“地头蛇”。随着行业的竞争加剧，存量市场逐渐减少，也需要开辟新疆土。

但成功走出来的特产企业并不多见，导致失败的原因是：“惯性思维”，这是特产行业的共性。把在本地区惯用的手段、方法照搬到新市场，发现消费者根本听不懂，并且传播的重点也不是消费者所关心的。而消费者所关心的是需求，只有找到消费者的心理需求才能打动他们。

借助外脑，可以迅速让您的企业：

实现企业利润最大化！

实现企业销售额最大化！

真正实现“双赢”！

完成向大农业模式的华丽转身！

第二章

大农业模式是农企发展必经之路

信息化时代，中国农业由传统农、林、牧、副、渔业向着现代化农业大步迈进，农业的上中下游全产业链已经形成，越来越多的农业企业开始重品牌、重战略、重定位，不久前出台的中央一号文件强调“把农业科技摆上更加突出位置”，意味着国家将加大农业科技投入，中国的大农业时代已经来临。农业企业正面临前所未有的发展大机遇，这是企业提升自我，打造核心竞争力的绝好机会。本章将探讨大农业模式这一农业产业化全新发展给企业带来的机会和推动，并帮助企业全面提升自我，完成战略性的转变。

民以食为天，邦以农为本！

随着农业打破传统单一经营模式，向着覆盖农、林、牧、副、渔在内，从原料到农产品深加工，实现农业全产业链经营模式的转变，农业再次成为社会关注的核心。

2013 年 1 月底，中央出台“中发【2013】1 号文件《中共中央、国务院关于加快发展现代农业，进一步增强农村发展活力的若干意见》”，明确强调：“把农业科技摆上更加突出位置”，这是国家第十年将头号文件的热点聚焦农业。

国家统计局数据显示：2012 年我国生产总值 519 322 亿元，比上年增长 7.8%。其中，第一产业增加值 52 377 亿元，增长 4.5%；第二产业增加值 235 319 亿元，增长 8.1%；第三产业增加值 231 626 亿元，增长 8.1%。第一产业增加值占国内生产总值的比重为 10.1%；第二产业增加值比重为 45.3%；第三产业增加值比重为 44.6%。

与此同时，以农业部为主的各部委，地方团体也纷纷行动起来：“强农兴邦中国梦，品牌农业中国行”活动正在进行，举办农业品牌发展推进会；创办品牌农业特刊、优质农产品期刊；扶持家庭农场经营，在特色品牌县市举办优质农产品展销等。

这一切都表明：从中央到地方，对占着国民生产总值主体地位的农业发展进一步倾斜！

同时，它也标志着农业进入到以市场需求为导向、依托现代科技、持续创新经营的时代，它充分发挥农业企业的纽带作用，促进生产走向专业化、集约化，社会化的新时代。

在农业企业面前，未来广阔的蓝海和无限的商机已经浮现！

我们看到：拥有狭隘生产模式、保守生产技术，形态单一分散的小农业已退出历史舞台；农业完成了革命性巨变——“大农业”时代已经来临！

一个以市场需求为导向、以战略新品驱动为核心、以现代科技为依托、以创新经营方式为重点的全新农业产业化发展模式已经诞生！

它将充分整合涉农企业资源，将产业链扩展至上下游，形成集农产品生产、深加工、销售为一体的全产业链优势。

它，注重企业战略新品的打造！

它，注重企业利润的持续增长！

它，更注重企业在战略、品牌、发展等全方位的支持与协调！

它就是：大农业模式！

这是国家鼓励发展大农业有效措施的开始！

是农业企业建立品牌，扩张市场，持续获得利润的必经之路！

是农业企业向着巨龙腾飞的唯一法则！

淘金农业，想成为农业的龙头老大，需要的是火箭的速度！而机遇的背后：你选择什么样的经营模式，将决定你收获的是“龙种”还是“跳蚤”。

第一节 解读大农业模式

2013 年是农业大发展的一年，党中央的十八大报告中指出：“发展现代农业，要实施创新驱动，提高附加值，赢得市场。形成以技术、品牌、质量、服务为核心的竞争优势。”明确了创新是实现农业现代化的关键，是农业发展的不竭源泉和持续动力。

创新是农业企业的发展理念，没有创新产品，农业龙头企业就没有突破口和竞争力。

十八大会议召开以来，国家多番鼓励传统农业创新化发展，优化农业生产结构，提高农业综合生产能力，实现农业由粗放型经营向集约型经营，由传统农业向现代化农业的根本性转变，实现农业现代化、创新化、产业化运作的全新运作模式。

加快农业的现代化进程，推进现代农业建设，打造中国农业品牌，努力发展上游资源，实现上游+下游全产业链运作，成为大农业的必然趋势。这也是大农业时代所倡导的发展模式。

发展大农业模式，有利于农业全产业链各个环节间的协作与发展，达到互为支持、密切配合、遥相呼应，资源共享。加速我国现代化农业的发展，推动农业产业化进入新时代。

大农业模式的定义：

大农业模式，是强调以市场需求为导向，以战略新品驱动为核心，以现代科技为依托，以创新经营方式为重点的全新农业产业化发展模式。

它用工业化生产的理念发展农业，运用战略创新思想，为农业提供生产原料或进行农产品的深加工、销售，打造高附加值产品。

大农业模式涵盖产前、产中、产后各个环节，具有完整的系统体系，以优质产品和良好信誉作为支撑，实现生产专业化、控制标准化、经营产业化、销售品牌化、服务社会化。

大农业模式＝战略新品＋创新经营＋现代科技＋全产业链＋高附加值

大农业模式渠道多样化、经营模式多样化，能很好发挥上下游优势资源，发挥农业产业化作用。

大农业模式的突出特征：

1. 以创新经营为重点，持久立足市场

很多农业龙头企业都已占据市场很久，为何还能老树开新花，产品在市场上屹立不衰？缘于他们在营销思路、产品定位上的准确把握，创新经营是重点。

无数成功的农业企业用实践证明，只有站在战略的高度，注重创新，通过新奇的营销思路，挖掘产品背后的稀缺特质，才能打造产品的独特属性，与其他同类品形成鲜明的差异化，形成强大的产品竞争力，迅速抢占市场先机。

阳澄湖大闸蟹在产品尚未上市之时，利用微博在网上热炒，并实行团购预定。实行会员卡营销制度，实现了“饥饿营销＋网络营销＋会员卡制度”，这让一只小小的螃蟹在经济低迷的 2012 依旧火爆！这就是创新带来的惊喜。

2. 以现代科技为依托，充分整合资源

在大农业模式中，科技进步是基本动力，只有以现代科技为依托、进一步整合资源，形成集群化发展，放大企业的品牌效应、突出产业、注重优势产品、提升产品的竞争力才能做强企业品牌。

这也是很多龙头企业看重产品持久性的重要原因。他们知道，这些产品大都可以在未来几年内，持续为企业带来很好的销售额和巨大的利润，他们在深刻洞察市场趋势后，充分整合企业自身资源、寻找可以引领市场的拳头产品，在巧妙嫁接市场的同时最大限度化解掉风险，以达到将产品优势全方位植入大众心里，抢占市场最高点的目的。

3. 贯穿上中下游，打造全新农业产业链

贯通农业上、中、下游，尤其是大发展上下游产业，打造全产业链，是大农业模式的突出特征，不再只关注种植与采购，而是延伸到生产原料、生化、养殖、食品深加工、物流、品牌推广、战略定位等多个环节。经营方式多元化、构建集产供销、种养加为一体的完整产业链系统，形成一定规模的行业影响力。

在我们曾经做的案例中，多力农庄、福娃都是构造全产业链的杰出代表，他们对推进农业现代化方面发挥着巨大功效。

4. 注重高附加值产品，打造独属品牌

很多企业决策者都知道产品是企业的核心力，于是不断地推出新产品，却不知道如何打造真正的有持久影响力的产品。

要想产品具有持久力，就要注重产品的高附加值，打造企业自己的专属品牌，这也是大农业模式提升企业竞争力的关键。随着消费者将对高附加值产品的需求不断上涨，涉农企业只有立足自身资源、提高品牌内涵、嫁接品牌资源、全力打造品牌价值，才能创出更加符合消费者和市场需求的精华产品。

由此可见，大农业模式是我国农业未来的发展方向，农业企业只有充分整合现有资源，积极开展多元化经营，形成全产业链，才能更快地完成向大农业模式的转型。

5. 大农业模式的支柱：以战略新品驱动为核心

大农业模式充分发挥产业化优势，既包含了农业内部，又涵盖了农业外部，形成产业兼具，城乡有效统筹。农产品通过加工、包装、储运等多种形式，为企业实现增值、创收。

同时，大农业模式鼓励农业企业积极开展多元化经营，扩展到上下游，注重产业链间的互持，注重企业的战略创新规划，这与中央倡导的可持续发展的目标相吻合。

以战略新品驱动为核心，已成为北京志起未来营销集团独家秘籍，凭借它带领众多企业成功转型大农业模式。事实证明，只有重战略、有创新、树品牌、重市场，才是农业企业实现持久发展，做大做强的根本条件。

第二节　农业龙头企业都有哪些优势

新中国成立以来，农业领域涌出无数模式，从大寨模式到苏南模式、温州模式，它们的出现总让我们抱着一份希望。

时代的车轮走进 21 世纪，随着国内人均 GDP 的持续增长，农业再次谱写新的篇章：

农产品深加工企业进入高速发展期；

农资企业进入高速发展期；

农业上中下游产业协作发展，互为支持配合，全产业链已经形成；

一批农业龙头企业涌出。

乌江涪陵榨菜，高新技术企业，国家重点龙头企业，年产量 10 万吨。凭“中国榨菜在涪陵，涪陵榨菜在乌江”而家喻户晓，公司于 2010 年 11 月 23 日在深交所上市。

得利斯，中国肉类十强企业，中国食品行业百强企业，首批国家重点龙头企业，中国名牌产品。以“高品质　放心肉”著称，中国 A 股上市。

绿润集团，我国最大的板栗加工企业，国家重点龙头企业，2007 在美国成功上市。

作为龙头企业，他们依靠什么？这是很多人都会问到的问题：

他们拥有着制胜法宝——战略新品，这是大农业模式下企业成功转型的战略经营手段！

战略新品并不等于产品，它是农业龙头企业成为行业的重磅武器，它的可持续性和高利润，是大农业未来趋势和走向的风向标，同时也是追随者最看重的标杆。在战略经营中，农业龙头企业在注重自身核心地位稳定的前提下，更应该注重行业发展趋势，以行业思维经营企业，以企业发展引领行业。

大农业模式下龙头企业自身优势

纵观那些成功完成转型的龙头企业，无不在“大、精、新”上闯出了自己的天地，树立了自己的品牌，在各方面都发挥着自己独有的优势。

大：做大规模

龙头企业要求得长远的发展，就必须选准方向，在“大”字上下工夫。

大农业模式，是全新农业产业化发展模式，它要求农业企业打破传统观念，以战略新品驱动为核心，注重创新经营，运用现代化手段，将生产、加工、销售等有机结合起来，实现产业的规模化、专业化、品牌化，建立属于自己的农业品牌优势。

精：做精产品

实现农业增效，农民增收，产品品质是关键。产品是龙头企业的灵魂，没有产品，就没有农业龙头企业。

我们看到，很多龙头农业企业的产品，都是从战略角度创造出来的，具有高品质，持续性长，这也就是我们所说的战略新品，它们有着很强的创新性，并在未来相当长的时间内，可以为企业带来持续稳定的利润和极大效益。

我们的战略伙伴中，有很多都是以农产品为原料从事深加工的企业，这就要求从产品口感、色泽，到产量、品质，从地质、品种改良到管理等环环相扣，形成全产业链的新格局。这也是大农业模式下企业形成产业化发展的战略。

新：做好创新

创新，是农业企业的理念，没有持续创新产品，企业必将失去竞争力，很难形成突破。

国家倡导，发展农业产业化要创新，战略新品的“新”字，讲的也是创新，农业之所以能取得长足发展，关键因素体现在这个“新”字上。打破传统的“小富即安”的思想，树立与时俱进、开拓创新的观念，推进大农业向着绿色化、生态化、人文化发展，多发展无公害农产品、绿色食品和有机食品。

产品的“新”带来的是产业链的新改变，新思想、新战略、新发展，一个“新”字为企业注入了新鲜的血液，为农业的持续发展带来了新景象。

大农业模式下龙头企业的战略优势

农业龙头企业引领着大农业未来趋势和走向，同时也是众多想要转型者最看重的标杆。在战略经营中，农业龙头企业在注重自身核心地位稳定的前提下，更应该注重行业发展趋势，以行业思维经营企业，以企业发展引领行业。

我们必须看到：农业龙头企业为整个行业带来的标杆作用和巨大的冲击力，这些是他们独有的战略优势。

1. 把控行业趋势，引领未来方向，推动大农业持续发展

龙头企业在大农业中居于绝对的优势地位，因此对行业未来方向和发展趋势有着重要影响力，它们推动和促进着更多企业的转型与升级，进一步促进产业融合，推动持续性经营，是龙头企业注定的使命。

2. 描绘远景，确立核心地位与持久能力优势，保持产业健康

龙头企业作为大农业模式的发动机与领跑者，给更多意欲转型的企业构建了未来美丽的蓝图，只有让他们不断看到未来的希望，保持着充足的动力，才能保证产业健康的发展。

同时，农业龙头企业也要专注于自身所确定的核心领域，保持长期持续的能力优势，才能更好地体现其价值。

3. 业内整合管理，发挥调控作用，展现行业实力

农业龙头企业，之所以在行业里位居“龙头”地位，一方面来源于其自身规模和实力的表现；另一方面，是国家对经济调控的需要，国家需要龙头企业利用自身的实力和行业地位，对所处行业进行统一的管理，促进行业平稳发展，同时根据国家需要促进产业整合，增强行业整体实力和竞争力。

4. 拉动生态链与产业链发展，大农业龙头企业的核心任务

构筑生态链和产业链是农业龙头企业作为国家政策抓手的核心任务，借助他们超凡实力和能力，对产业链和生态链进行设计，构造超越企业自身边界的经济体，以点带面，以一带十，才能更好地拉动和促进农业全产业链、生态链的可持续发展。

以上所说的这些，正是农业龙头企业在我国农业现代化进程中肩负的重大使命和责任。我们欣喜地看到：大农业模式下，越来越多的农业龙头企业都在加强自身的能力建设，内外兼修，进一步强化社会责任，在带动农民增收致富、发展现代农业方面做着巨大的贡献。

第三节　大农业模式农企如何运用战略新品跑赢市场

从前面讲的农业龙头企业所具有的优势，我们不难看出，在大农业模式下，农业企业成功转型依靠着核心精髓——战略新品。它帮助众多企业完成了向大农业模式的成功转型，不仅使企业拥有了持续带来巨大利润的新品，企业的发展更是扶摇直上，很多都迅速上升到了行业第一，坐稳了行业大佬的“金”交椅，成为行业中的领跑者！

农业企业的成功就是战略新品的成功

河北壹州食品有限公司是集研发、生产、营销于一体的综合型梨果饮料生产企业。但让企业困惑的是，在如此好的资源优势下，这几年发展却不太顺利，成长速度低于企业期望。

通过对壹州企业的现状进行了深入分析探讨，发现企业背后产品线混乱，虽然产品很多，但却没有核心产品，并且缺乏系统科学的产品分类。

在对壹州企业优势劣势正确评定后，为产品做了全新战略定位：“中国雪梨产业运营商”，打造“壹州梨园”文化果汁饮料品牌，推出了“雪梨蜜系列”、“百年系列”、“千年系列”等一系列战略新品。

2013 年 3 月 25 日，“壹州梨园”战略新品系列全面上市，亮相当天便引起了巨大的轰动效应。经销商纷纷到访壹州展区，对壹州梨园的产品高度认可，招商现场签约十分火爆。

4 月 10 日至 15 日赵县“梨花节”期间，“壹州梨园”战略新品已得到了众多游客的良好反馈。同时全国出货迅猛增长，这是第一时间来自市场的积极信号！

“壹州梨园”的成功，是战略新品的神奇功效，我们同时对多家农业企业调查研究发现：那些卓越企业或百年老店，如卡夫、雀巢、蒙牛、石药果维康、同福碗粥、龙润茶业等，共同拥有一个最重要的成功基因——战略新品。

在《战略新品》一书中，我们创造性地提出：产品是企业的真正王道，战略新品的命运就是企业的命运。一款成功的战略新品足以改变企业命运，以弱胜强，起死回生。

而伟大企业的核心能力就是能够不断地推出战略新品。

以战略新品驱动为核心，缔造农业龙头企业

产品对企业来说，非常重要的，有产品，才会有利益。许多龙头企业做大做强也是依靠产品，但是很多农业老企业却很忧愁，产品不少，但却业绩平平，这是什么原因呢？

面对这种现象，有找到解决办法吗？答案是：有！秘诀就是：以战略新品驱动为核心。这是大农业模式企业发展的驱动力，有了它，一切都会迎刃而解！

这里所说的战略新品，就是那些能够在未来3～5年内，能为企业贡献绝大部分利润和较大部分销售额的核心产品。数款持续成功的战略新品则会创造出一个伟大的企业！大农业模式下，企业只要以战略新品驱动为核心，重视创新经营，成为龙头企业并不难！

七把创新利剑，助农业企业崛起腾飞

维持性创新：根据企业既定的战略与品牌方向以及市场的发展，渐进性地完善现有产品，向市场提供更具需求性的产品，逐步抢占更多消费人群以及销量。这是企业基本的产品创新模式，是企业不断跟进市场需求的重要手段。善于集团军作战，稳扎稳打、步步为营、扎实稳健，能够利用自身的优势逐步侵轧对手，从而达到抢占更大市场份额。

代表作：战略新品助润心茶油成就茶油第一品牌

应该说，青龙高科的成功就是在于没有大的企业变动情况下，进行维持性创新，开创第二代高品质食用油，提升了产品内在价值，提高了产品的价格空间，使润心茶油走上了高端路线。正是这款战略新品帮助青龙高科提升知名度和销量，使其成为“中国第一山茶油”。

商业性创新：通过富有创造力的营销、包装和促销方法，推动现有产品的销售增长。商业性创新更多的是对产品现有卖点的重新梳理与定位，并通过营销模式、包装及促销方法的改变，对产品进行重新打造，让消费者全新的认识，以达到促进企业成长，提升企业品牌，带动企业其他产品销售。

这更像是重装骑兵营，旗帜鲜明、冲击效果好，能够快速的撕开市场，并取得显著效果。

代表作：乌江榨菜，突破行业瓶颈实现品牌腾飞

快、准、狠的商业性创新，达成战略新品迅速抢占市场的目的。商业性创新的成功不是偶然的，它需要在前期进行大量的准备工作，从产品包装、产品卖点，到后期推广、促销安排都需要环环相扣，并充分利用好每个环节的作用，如此才能达到最终商业性创新的目的。

转型性创新：严格来说，他是"维持—转型性创新"，即在企业原基础上进行一定革新，重新构建现有产品种类，一般会极大地改善甚至彻底改变某项业务，而且常常会在产品的市场份额、利润水平和消费者接受度方面带来突破性的变化。

需要说明的是转型性是在集中挖掘企业优势的前提下，针对市场或潜在市场进行品牌、产品、营销模式、渠道等的合理转型性创新。

沙场上，他是稳健著称的"参谋"，以消费者利益为出发点，经过多方沉着考虑，调研分析，综合全面情况后，才全完成战略性的转型创新，打造消费者最喜欢的战略新品。

代表作：今麦郎，"弹"出百亿大市场

在充分利用原有资源优势的情况下，企业进行战略转型，不但可以提升品牌地位，而且可以最终赢得消费者，和消费者一起共同创造共赢的神话。

颠覆性创新：企业以全新的产品或服务进入全新的业务领域，或对市场原有结构进行颠覆，从而重新界定产品属性，创造全新的市场价值。颠覆性创新堪称埋葬市场原有产品的终结者。

应该说，他是两军阵前，稳坐军帐，执掌帅印的"将军"，根据敌我双方的实际变化寻找并制定出最适合企业的战略新品。其思想超众，动作幅度大，顷刻间完成一个奇迹产品的从无到有，为企业的腾飞奉献最完美的方法！

代表作：白家“爱紫记”让我“石破天惊”

爱紫记的诞生受到了广大市民的热烈追捧，更是得到了崇尚时尚健康的年轻人的青睐。应该说，颠覆性创新不仅是产品创新，更是企业战略的创新。只有清晰的战略规划，才能发挥企业的综合优势，为新产品空间的占位提供源源不断的动力。

整合性创新：指企业围绕自身独特的资源能力、优势，设计链条性关联盈利模式，挖掘利益相关者间的吸引力，为利益相关者编织一张盈利模式矩阵，让他们各取所需，各得其利，从而达到降低交易成本、分散交易风险、升值交易价值的目的，形成生态价值网络。

他是典型的“和平家”，有他在，战场变成了演习。他更多时候会从企业利益出发，通过完整的调研、分析、综合考虑后，结下利益链条网络。前提和最终目标一致，利润需明确，执行过程紧密相关又各自运营，以“利益”这一关键点作为核心，共同创造赢利奇迹。

代表作：中国茶业第一股

现在，龙润普洱茶稳居第一国礼茶，国内第一高端政商茶饮品地位。志起未来认为，龙润普洱的发展模式，代表了一种全新的力量！整合性创新是建立在企业对于行业、消费者、消费环境、大趋势、利益相关者的利益点关联度等各方面的深刻理解之上，对各种因素的统一运用，以各方利益最大化为出发点和归宿点，才是成功的关键。

破坏性创新：利用行业的进步效应，从产业的薄弱环节进入，颠覆市场结构，进而不断升级自身的产品和服务，一跃进入行业的领先地位。

他更像是“军医”，看到企业被满身“瘤”压得寸步难行，大胆下刀，彻底割除原先的市场结构，洞察瞬息万变的市场，寻找新的切入融合点，为企业“再生”创造机会！同时，他也是拳头产品的完美缔造者，为企业筑造坚不可摧的产品壁垒，并迅速抢占行业老大的宝座！

代表作：同福“碗粥”——创造3年15亿传奇

自同福碗粥诞生以来，产销量以及市场占有率在全国一直遥遥领先，品牌知名度和美誉度持续上升，并斩获“中国碗粥行业最具影响力第一品牌”的殊荣。

破坏性创新只有在打破原有市场格局，才能发现新的市场契机。创新的本质，即是传统的颠覆，就像好产品不是开发出来的，而是缔造出来的，创新是企业亘古不变的生存法则。

同福碗粥的故事告诉我们，企业即使在“无经验、无渠道、无品牌”的恶劣形势下，在有强势的竞争对手的环境中，依然可以根据企业自身条件与市场环境，打造适销对路的、成功的战略新品。而它的成功将是企业发展过程中最重要的一步。

模式性创新：商业模式已经远远大于并包容了盈利模式，商业模式是“企业战略中的战略”，只有创新了商业模式，企业才能少走弯路，突破成长瓶颈，进入低风险、高成长、高利润的黄金区域，获得超额利润，更能进一步对接风险投资从而登陆资本市场。

七个兄弟中，他排最后，却也是最有商业头脑的“君王”，凭借他作敏锐的观察力，深谙：得商业模式者得天下。凭借这独一无二的法宝，便可占领市场的最高点，成为笑到最后的明君！

代表作：多利农庄——有机蔬菜再贵都好卖

多利农庄堪称成功典范。因为多利独创的“品牌＋连锁”会员直销商业模式，让你相信这真是有机蔬菜，这可以使品质得到保证，将效益实现最大化，更能将规模迅速扩张。

从上面七大不同背景的例子，我们可以看出：

创新，是企业的一把利剑！只有不断创新，推出战略新品，才能不断成就一个企业。

成功创新的企业能获得20％甚至更高的成长率；如果企业80％的收入来自新产品开发并坚持下去，五年内市值就能增加一倍。

创新是企业的生命，志起未来的七大创新“武器”，更是从七个角度，七种思维，适用于大农业模下的不同企业，不同市场背景，他能帮企业发现更多创新机会，提高战略新品的成功率。

以创新经营为重点，助企业“赢”战市场

战略新品驱动是企业洞察商机，成功转型的核心，那么创新经营则是农业企业持续发展、跑赢市场的重点，是对企业成功转型大农业模式的有力工具，也是对这种全新农业产业化发展模式完美的诠释。

革命性创新：更像是“颠覆性创新”，它是产品“从无到有”的神奇“裂”变！

改良性创新：其与商业性创新等有类似地方，是对企业产品的深入分析后的“变法”，打造对企业更有创造力的战略新品。

微创新：大农业模式下，很多农企都在不断地进行着微创新，它是企业不断迎合市场，更新产品的最好体现。

这三种产品创新模式，可以单独使用，也可以组合使用，获取更强大的威力！

让我们来看看这三种创新模式的例子：

蒙牛集团在2008年“婴幼儿奶粉”事件后，国内乳品业进入低谷。蒙牛在这时诞生了全新高端奶“特仑苏”，成为蒙牛在风雨中依然能够支撑品牌价值的台柱。这是**革命性创新**。

2010年，排毒养颜胶囊在旺销市场十几年后，面临市场竞争加剧，未来发展道路狭窄，经过对其卖相和销售人群的二次包装后，排毒养颜胶囊再次成为盘龙云海的战略新品，抢占了更为广阔的市场份额。这是**改良性创新**。

DQ的冰淇淋种类很多，然而却是来得快去得快，很难留下品牌痕迹。1985年，DQ推出战略新品“暴风雪”。从原料、口感上进行改进，上市后迅速席卷市场、好评如潮、吸金无数！这是**微创新**。

看到这里，很多企业决策者都会问，战略新品具有这种神奇的力量，那么，是不是每个产品都可以成为企业的战略新品呢？答案是：不是。从定义上我们可以看到，成为战略新品的最大条件，就是其要具有持续性、长久性、要在未来的3～5年内为企业带来利润和销售额上的巨大突破。

必须承认：战略新品是改变农业企业未来5年命运的伟大力量！

有太多企业在一般的产品中迷失了自我，做品牌、做营销、做广告，就是忘却了做战略新品。

如何在纷繁冗杂的产品中找出适合企业的战略新品？什么样的产品才能成为战略新品？战略新品为何与众不同？

今天，我们就来揭秘战略新品六大基因检测方法：

基因检测一：产品是否符合公司和市场未来的发展战略和方向？

基因检测二：在未来几年是否具有良好的成长性？

基因检测三：有没有可能成为行业第一？

基因检测四：有没有较高的防火墙？尤其是自主品牌和核心技术？

基因检测五：产品在市场上有没有足够的定价权？

基因检测六：有没有比较高的盈利能力？

由此可见，并不是什么产品都可以成为战略新品，这是有标准的。

我们认为，在一个高成本、高通胀、大衰退时代，战略新品可能是拯救企业脱离困境的最好选择。

在危机四伏的时代，与其忧心忡忡，不如埋头实干，回归产品原点，以战略新品打天下、得天下，产品是企业最大的策略。

“战略新品＋创新经营”是大农业模式下农企迅速崛起、实现双赢的唯一秘诀！是农业企业经营的真正王道！

第三章

大农业经典案例：米

粮食是我们安心立命的基础，米是我们每天都会接触到的，做粮食的企业，关乎着百姓民生。本章用生动案例，深度分析了粮食企业运用战略新品的运营模式，成功向大农业转型的过程，希望为更多企业带来希望和光明。

第一节　美国邦吉，从农场到终端全过程

案例描述

邦吉是四大粮商中最老的粮商，于1818年成立于荷兰的阿姆斯特丹，经过一百多年的发展，今天的邦吉已经发展成为一个庞大的跨国农业集团。根据相关媒体的报道，截至2010年，它是全球第四大谷物出口商；美国第二大大豆产品出口商；美国第三大大豆和谷物出口商；巴西最大的物出口商；阿根廷第七大谷物出口商。

志起未来点评

邦吉从小小贸易公司，发展成今天颇具实力和规模的跨国集团，靠的是什么？

1. 掌控产业链上游，和农户合作共赢

邦吉强大的根本原因，就在于对产业链上游的控制。通过控制了产业链上游的农产品原料来源，从而形成了邦吉强大竞争力的源泉。

邦吉是如何控制产业链上游的呢？

主要是源于其独特的经营理念，那就是和农户之间合作共赢的理念。和普通给农民单纯卖化肥不同，邦吉是在给农户一个解决方案。同时，邦吉还积极推广农艺学，向农民推广和普及农作物栽培、育种、土壤管理、施肥、病虫害管理、农田灌溉和排水、农产品初步加工和储存等方面的知识，从而帮助农民提高农作物种植的效率和产量。

2. 垂直整合产业链，打通全产业链最后一公里

在四大粮商中，邦吉以注重从农场到终端的全过程而有名。在产业链的上游，邦吉把自己生产的化肥卖给农业生产者；在中游，邦吉收购农产品并进行深加工；在下游，邦吉把加工的食品在全世界范围内销售。这样，邦吉完成了从田间到餐桌之间的全产业链，邦吉的产品和服务，能够从农田一直延伸到零售终端。

大农业模式启发

大农业模式鼓励农业企业积极开展多元化经营，扩展到上下游，注重产业链间的互持，注重企业的战略创新规划。邦吉作为世界大农业模式企业的优秀代表注重产业链整合，和农户建立合作共赢的关系，不仅有战略、有创新，而且树立了品牌，这才是农业企业实现持久发展，做大做强的根本条件。

第二节　中粮全产业链，玩转整合营销赚大钱

案例描述

中粮集团是中国最大的进出口公司之一，世界500强企业，是从事农产品和食品进出口贸易历史最悠久、实力最雄厚的中国企业，连接中国粮油食品市场与国际市场的重要桥梁，是中国领先的农产品、食品领域多元化产品和服务供应商，致力于打造从田间到餐桌的全产业链粮油食品企业，建设全服务链的城市综合体。主要业务包括农产品贸易、食品加工、地产开发、酒店经营和金融服务，下属企业主要有中粮粮油、中粮国际、鹏利国际、中粮发展、中粮金融、中土畜总公司。

志起未来点评

自从2009年初提出“全产业链”战略转型之后，中粮集团就开展了一系列的并购、整合与扩张行为，全力打造这艘中国粮油产品航母的立体产业链条。那么，中粮集团的全产业链战略转型将会给企业带来什么样的竞争优势，又会迎来怎样的挑战？

1. 把产品做到极致，玩转立体产业生态链

中粮集团作为国内龙头农业产业集团，已经从单一的粮油贸易延展到全产业链。通过涉及农业的各领域，包括技术、信息、种子、金融服务、网络、渠道、终端等进行投资和整合，从而使产业链的各个环节进行全方位的投资与服务开发，在米、面、油、糖、肉、奶、饲料、玉米深加工产品、番茄酱、葡萄

酒等领域取得了一定的市场规模和影响力。

整合产业链是基础，玩转产业链的各大环节才是王道！在志起未来服务的很多农业企业中，涉及米面粮油、鸡蛋、榨菜等各大领域，虽然他们只涉及一个细分产业，但却把产业做到了极致！

2. “智慧＋资本”，玩转业务重组和资产整合

中粮集团根据总体发展战略，通过资本运营的方式，不断进行业务重组和资产整合，优化产业结构。迄今为止已拥有 4 家香港上市公司和 3 家内地上市公司，即中国食品、中粮控股、蒙牛乳业、中粮包装、中粮屯河、中粮地产和丰原生化。

中粮的大规模并购始于 2004 年，之后包括深宝恒、华润生化、华润酒精、吉林燃料乙醇、丰原生化和新疆屯河等在内的企业陆续被收入中粮集团麾下。这也正是通过历次的资本并购，中粮集团成为了中国粮油食品市场上名副其实的“巨无霸”。

近几年，中粮集团积极根据集团战略的要求，采取了大量的资本运营活动，积极向食品产业上下游扩展，构筑全产业链，实现一体化。

3. 微博营销，玩转媒体新营销

在传统媒体萎缩，微博大行其道的时候，2010 年 7 月，中粮开展了世博营销中最成功的一笔——历时四个月的“中粮美好生活”活动。该活动以新浪微博为平台，提出分享“美好生活”的主题，鼓动网友通过发微博、上传世博照片、转发、评论多种形式来分享自己的美好生活。分享的同时，让他们参与“链上中粮”的互动环节，不仅与世博口号“城市让生活更美好”相呼应，更成功地将中粮与“美好生活”绑定在一起。活动引发了超过 600 万用户的参与，产生微博超过 1 000 万条，有超过 42 万名用户挂上了“中粮美好”勋章，并登上了新浪微博的热门话题榜，中粮美好生活的官方微博获得了逾 23 万的粉丝。

14 款粮票对应 14 个不同的中粮子产品，“中粮大家庭”借这个形式进行了统一展示，建立了品牌矩阵。2011 年，中粮集团推出“好食库新浪健康社区”——一个专注于饮食健康应用的平台由此诞生，成为中粮微博矩阵的重要

补充，引爆微博营销。

大农业模式启发

任何企业都需要根据动态的市场环境来实时调整自身的竞争策略，才不至于被竞争对手所超越，中粮集团贯通农业上中下游，尤其是大发展上下游产业，打造全产业链，是战略新品大农业模式企业最需要打通的脉络，它的发展路径和思考方向，代表着众多中国企业谋求强大市场地位以应对激烈国际竞争的态度与决心。

第三节　日本“越光”大米天价之谜

案例描述

2 千克一袋的日本大米，售价 198 元，却依然受到中国消费者的追捧。越光大米米粒颗粒均匀、饱满、胶质浓厚、色泽晶莹透亮，引发国人追捧。自 2007 年起，日本天价大米畅销致北京、上海，引起轰动，价格是国产大米的 20 几倍却仍然脱销。不可否认，越光大米以其独特的地理环境，造就了优良的品质。但是，其独特的营销方式也是日本大米得以卖到天价的原因。

志起未来点评

为什么平常的一袋大米在中国能卖出天价？是中国人疯了，还是另有原因？

1. 质量精益求精，打造完美客户体验

日本对大米的种植和加工标准实行了近乎苛刻，比如不能使用化肥、除草剂以及农药，只能使用生物有机肥料、防病治虫也只能采用生物和物理的方法、一年只种一季。

另外，日本将对大米配备了“身份证”，大米生产者要在米袋的条形码上标明生产者姓名、栽培经过、米的种类、认证号码和产地等；加工者要标明是否是精米、加工批量及号码；销售者要在商店提供产地信息备查号码。消费者可网上查到生产流通的所有数据。

在包装运输上日本通常使用一种很厚的特殊的防虫加工的牛皮纸袋对玄米进行保存，精成白米后都是真空包装，短时间内销售，更加保留了好的口感。

越光米米粒均匀、饱满、胶质浓厚、色泽晶莹透亮。无论香味、白度、光泽以及吃起来的香甜、弹性与黏度，堪称大米中的精品。所以，越光大米在日本就是家喻户晓的米中精品，到了中国更加得到追求健康生活品质的高端人士的喜爱。

2. 全民皆推广，启用总统代言人

打造品牌的过程就是持续强化消费者的认知的过程，而要强化消费者的认知，就必须与消费者进行全面又深层次的沟通，也就是足够的沟通。

凡成功的品牌，无一不是与消费者沟通的强者。消费者乐意为企业的产品支付钞票，无不是企业长期或隐或现地沟通的结果。

越光大米漂洋过海来到中国，首先带头购买的是来华的日本人，此举不仅激起日本来华爱国人士的爱国之情更给中国消费者造成产品畅销的感觉，直接带动越光米在中国的销售。甚至连时任日本首相安倍晋三甚至在会见温家宝总理时都在为越光米推销：“用中国的麻婆豆腐配上日本越光大米，多少碗都能吃得下。”

3. 定位高端，卖生活方式

每一个高端品牌的成功在于它所标榜生活方式。选择怎样的品牌，就体现了怎样的生活态度和生活方式。日本越光米首先给自己定位不是卖大米的，而是卖高端、健康生活方式的。通过前期的消费者教育，再辅以高价，越光大米在中国人心中已经建立起高端形象，受到中国消费者追捧。

大农业模式启发

高端品牌营销的终极目的就是要把消费者变成信徒，让这些信徒去卖“品牌”。从被中国政府禁止进口到卖到天价，越光米除了在质量上精益求精，打造完美的客户体验，更注重的是营销方式和传播手段上的突破。

不管是多利农庄还是有机农场归根到底销售的都是一种健康、有机的生活方式，随着消费者对有机、健康、高附加值产品的需求将不断上涨，那种点子营销或者一时的营销热炒让一个企业一飞冲天的时代已经一去不返，现代商业发展至今，企业的成功则更多地需要提高产品附加值，依靠整合营销，打造强势品牌。

第四节　孟乍隆书写泰国香米传奇

案例描述

“孟乍隆”泰国香米，之所以能在泰国香米市场上一枝独秀，完全不同于普通香米，就在于其不同于一般香米的，单一的原产地，和原产地之间的相互独立性，确保泰国茉莉香米的原汁原味。

4 年前，提起“孟乍隆”三个字，人们还颇感陌生。而今，“孟乍隆”已是泰国最高品质香米的代名词，成为卓越高品质泰国原产地香米的首席代表。

短短的 4 年，“孟乍隆”走过了品牌极速成长之路，书写了在中国消费市场泰国香米的传奇：

2002 年 12 月 26 日，泰国商业部香米推介团在深圳威尼斯酒店召开盛大新闻发布会，“孟乍隆”香米开始正式进入中国。

2003 年至 2006 年，“孟乍隆”香米以其独一无二的高端品质，在中国市场取得骄人的市场业绩，连续 4 年被泰国商业部香米推荐团作为指定在中国各大中心城市推广泰国香米的代表产品之一。

2005 年，“孟乍隆”香米更是荣获了“乌汶府原产地物产精华”泰国官方唯一认证，成为首个且唯一获得此项官方认证的泰国香米品牌。原产地的权威认证，给了喜爱泰国茉莉香米的消费者以品质和价值的可靠保证。

志起未来点评

一个产品能在短时间热销市场，获得消费者认可，不仅因为它好的品质，更因为它为消费者实现了尊贵生活的价值选择，是什么支撑“孟乍隆”每年150％的增长率？

1. 独特的全程品控系统，打造产品产异化

泰国大约有 13 个府都能种植香米，其中又以乌汶府等地种植出来的香米品质最好。但是，优质产地的大米价格自然昂贵，所以出现了很多掺假现象，为了打造泰国香米第一品牌，“孟乍隆”联合当地最具规模的出口米商全面合作，成立亚洲金谷有限公司，打通香米品种、产地、加工、包装等一系列的产业链，实行严格的品控流程。

经过与鱼龙混杂的其他香米的长期艰苦的斗争，“孟乍隆”建立了一套完整的体系，实现单一最优品种、单一独立原产地，独立加工厂的生产流程模式，确保泰国茉莉香米的纯粹与纯净，成就了泰国茉莉香米第一品牌的荣誉。

2. 严格的质量把控，每一粒米精挑细选

“孟乍隆”比一般的泰国香米的质量要求精细。每一粒米从进厂都要经过七个环节的检验和加工才能装袋出厂。米首先会被投在不同的流水线上，然后清洗、去杂质，混在米中的石子等杂质都会被一一筛选出来。接下来是抛光、除尘、分筛、激光色选等环节，按米粒的破碎长度从整米到米碎分出五个等级，保证每一粒大米都晶莹洁白。每一批大米经过这七关之后，大约有 10%的米会在流程中被“淘汰出局”。

在泰国香米质量参差不齐，屡屡曝出掺假的情况下，“孟乍隆”香米仍然严把质量关，坚持每一粒米都精挑细选，对高品质茉莉香米的孜孜追求，使她在短短的几年间已经走到了中国代表深圳人生活方式的最前沿，创造了泰国香米的“孟乍隆”奇迹。

3. 超越同行，创造泰国香米“品牌时代”

“孟乍隆”香米纯度已经超越了《泰国茉莉香米标准》“红玛丽”，92%香米纯度企业标准更高。当同行努力追求 92%的纯度，争取“红玛丽”这个标志时，“孟乍隆”已经超越 92%香米纯度企业标准，制定行业标准将来自泰国著名产地的高纯度优质香米按质论级，划分为“银玛丽”、“金玛丽”、“珍品金玛丽”三个等级，引领香米全面进入超越“红玛丽”的时代。

大农业模式启发

一流企业卖标准，二流企业卖专利，三流企业卖服务，四流企业卖产品。

在大农业行业已经成为顶尖的企业，可以制定行业标准打造引领行业发展方向。这对于企业来说意义重大，因为这不仅意味着企业已经成为行业公认的“领头羊”，也意味着企业在行业中有至高无上的话语权，当然对于大农业模式企业来说，只要做到了这一点也等于引领了整个行业的发展。

第五节　金健米业，中国粮食第一股的财富传奇

案例描述

湖南金健米业股份有限公司位于我国重要的商品粮基地湖南常德，于1998年4月在上海证券交易所上市，是湖南粮食集团控股的一家国有上市公司。是我国粮食系统率先跻身资本市场的企业，首批农业产业化国家重点龙头企业、“十五”第一批国家级科技创新型星火龙头企业、全国优秀食品工业企业、国家水稻工程优质米示范基地、农业部稻米工程研发分中心、中国粮油企业100强、中国大米加工企业50强。

金健米业下辖13家分子公司，主要产品有大米、面粉、面条、植物油、

米粉、牛奶等，金健牌大米、面条为中国名牌产品，金健产品拥有较高的市场知名度和美誉度，以大米为产品龙头构筑了面向全国的营销网络平台，产品覆盖了全国所有省份85%以上的大中城市市场，米粉、面条和软塑输液出口美国、欧盟、日本、韩国、东南亚和中东地区。

志起未来点评

金健以优质粮油深度开发和新型健康食品研制为发展方向，坚持农、工、科、贸一体化的现代农业产业化经营模式，经过十五年的发展，形成了以粮油食品精深加工为主业，药业和房地产业为辅业的多元化产业格局。作为国家重点龙头企业，湖南金健是如何一步步创造自己的财富传奇的？

1.“全国性品牌＋区域化产品＋地级城市运作”模式

根据大米行业的特点，金健米业在公司推行“全国性品牌、区域化产品、地级城市运作”的运作模式，在全国范围内统一策划、推广品牌，生产和销售组织实施区域化，市场拓展的重点放在地级城市。

金健在大米产区建立原料和加工基地，一个基地服务一个区域市场，根据不同地区不同的消费者习惯，研发适合当地消费者口味的产品，这样不仅降低了运作成本，而且能使产品更加贴近市场的需求。金健重点拓展三、四线地级城市，这类市场竞品少、进入和维护费用较低，操作难度低。自进入地级市销售以来，金健的小包装品牌大米一直备受消费者欢迎。

2. 构建平台，进军电子商务

快捷的购买方式，便利的收货渠道，使得粮油产品电子商务市场迅猛发展。从2011年开始，众多电子商务平台开始重视粮油产品的引入和销售，各电子商务平台的搜索关键词“粮油产品”也随之一路高速增长。

经过精心筹备后，2012年9月，金健米业第一个电子商务平台天猫金健旗舰店开张试营业。开张短短十几分钟，16 000余袋大米就被蜂拥而来的数万网友抢购一空。2012年11月11日，天猫购物节当天，金健旗舰店销售再次出现高峰，当天销售额达到10多万元。通过电子商务，金健米业让消费者享受到更加快捷、新鲜、便利、放心的购买体验，金健官方旗舰店也将成为粮油行业电子商务的新起点。通过一个季度的运营，金健米业已经在电子商务市场逐步摸索出一套成熟的营销方法。

3. 立足主业，调整产业结构

自上市以来，金健米业形成了以粮油食品精深加工为主业，药业和房地产业为辅业的多元化产业格局。但此经营模式下造成了资源分散、主业规模始终无法扩大的情况。金健集团重新梳理产品，确定了“立足主业经营，调整产业结构”的新的产业结构。

据金健集团相关人士介绍，金健米业年初开始从多元化发展模式向专业化发展模式转变。一是明确主业定位，突出粮油食品精深加工和新型健康食品研制的发展方向，拟通过调整产业结构，回归主业经营，积极推动米、面、油、奶、粉产业升级，扩大主业规模和市场份额。二是制订未来三年主业发展规划，提出到 2015 年粮油食品精深加工产业销售收入达 50 亿元以上，产品经营利润达 3 000～5 000 万元。大米产业保持国内行业龙头地位，面条、油脂、牛奶、米粉等发展成为中南地区强势品牌的发展目标。

4. 借助外脑，构建立体营销

2013 年 3 月金健完成重大资产重组、湖南粮食集团成为金健米业大股东后，金健米业需要重新构建营销体系，布局市场，为了未来 5 年实现 100 亿的目标金健选择和咨询公司合作。为此，金健在全国考察超过 20 家咨询企业，在为时三个多月的时间里经过最严格的选拔考核，并最终选择北京志起未来营销咨询集团作为战略营销顾问。有着 10 多年丰富农业食品行业经验的志起未来专家团队全力以赴，为协助金健实现全新发展目标而一起努力，让金健成为全新的金健，让金健成为湖南农业、湖南粮食的最强名片！

大农业模式启发

分散的传统农民经济没有议价能力，没有市场眼光，更没有抗风险手段，所以极其脆弱。农业营销关键在体制，重点在产品，亮点在电商。事实证明大农业模式企业要想走出固有模式必须立足主业，调整适合企业的产业结构。借助外脑，才能立于不败之地，创造行业神话。

第六节 福娃，米业最耀眼的“奥运冠军”

案例描述

湖北福娃集团有限公司是国家级农业产业化重点龙头企业，其前身是湖北银欣集团有限公司，创建于 1993 年 6 月，是国家财政部农产品深加工重点支持企业、委、省政府十二五期间重点支持的十一家销售额过百亿的龙头企业之一、中国优秀民营科技企业、中国大米加工十强企业、全国农产品加工示范企业、湖北省高新技术企业。湖北省领导曾多次到公司视察指导，对福娃产业化经营给予了充分肯定。

目前，福娃集团已形成稻米加工、食品加工、房地产开发三大产业体系，现下辖 6 家食品公司、3 家精米厂、并已建成 4 万亩有机稻和 120 万亩①优质稻生产基地。

福娃集团已先后通过 ISO9001 国际质量体系认证、HACCP 认证、C 标志认证、ISO14000，拥有 9 个绿色食品标志、3 个有机食品标志，并多次被评为“放心大米”，公司按照“扬资源优势、抓政策机遇、用科技手段、做稻米文章、争行业龙头、创百亿园区”的发展战略，力争未来五年实现“做全国稻米产业化的领军企业、糙米食品的专业制造厂家、糙米卷类第一品牌、销售额过百亿元”的目标。

2001 年 9 月，福娃食品被评为“湖北名牌产品”。

2001 年 12 月，福娃九种产品被评为“绿色食品”。

2005 年 9 月，集团公司通过 ISO9001：2000 质量管理体系认证。

2007 年 4 月，集团公司通过 HACCP 食品安全管理体系认证。

志起未来点评

2009 年 10 月，福娃集团首次推出糙米卷。截至 2010 年 12 月，短短一年

---

① 1 公顷＝15 亩。

多时间，这一小产品在市场上引起了极大的轰动，销量迅速过亿。根据福娃集团传来的捷报，不仅市场订单纷至沓来，出现了产品供不应求的局面，甚至引起了几家国际上著名的风险投资基金的注意，纷纷向福娃集团抛出合作的橄榄枝。福娃一跃成为全国知名品牌！

1. 农业龙头企业的共同困境

福娃集团是农业部等九部委评定的首批农业产业化国家重点龙头企业，然而光环背后，却难掩盖集团遭遇的困境：产品影响力不大，发展始终局限在区域市场，最大的利润来源依然还是稻米原材料的销售。而这，也是国内众多农业产业化国家重点龙头企业的共同困境。如何做品牌，如何做市场，成了福娃亟待解决的战略思路。

2. 充满疑虑的突破点

福娃集团既能依托江汉平原丰富的粮食资源优势，又拥有成熟加工技术，但长期以来福娃始终没有自己的拳头产品，无论是福娃雪饼，还是福娃鲜贝，都被认为是市场上的跟随者，品牌影响力弱。

2009年，福娃集团转变营销思路，开始了品牌创建的探索之路，对旗下添加了糙米的雪饼产品抱以重大希望，以实现市场竞争中的单品突破，更带动品牌升级！

经初步研究后发现，福娃的竞争思路是正确的，但一款糙米雪饼恐怕难以承载福娃品牌成长的能量。

a. 相比较于旺旺，福娃的品牌势能过于微弱，在现阶段难以与旺旺进行直接的竞争，只能切割部分市场份额，难以实现打造强势品牌的战略意图。

b. 雪饼是一个已经发展十几年的品类，各方面都趋于成熟且稳定，利润空间掌握在领导品牌手中，新品牌没有定价的话语权，难以为福娃品牌的后续发展注入强大动力。

由此看来，福娃集团耗费大量资源去与娃哈哈等强势品牌做竞争，明显不是明智之举。而饼干品类早就发展成熟，福娃饼干也没有太多可作为空间。

福娃只有根据自己的特点，另寻优势品类，打造全新品牌。

3. 成功实施品类战略的四大原则

随着市场的成熟，消费者需求的变化，品类分化也成了趋势。国家对农业产业化的支持，农产品深加工的可挖掘性，也决定了众多的农业龙头企业有打造大品牌的机会与环境！

“正确的战略思路＋方法”是保证福娃品牌战略有效实施的关键。

原则1：开创新品类要符合消费者认知　开创新品类也要符合消费者的心智认知，有心智认知基础才有可作为的发展空间。

福娃糙米卷推出之前，市场上已经存在相应的产品进行销售。无论是产品形态，还是包装概念，消费者都有了一定的消费基础，较易接受。香飘飘奶茶的推出也经过了市场上街边奶茶店的多年培育。反之，类似啤儿茶爽这种完全创新性的产品，将茶与啤酒结合在一起，代表养生与激情的两个概念在中国消费者的心智中难以融合，注定了只是昙花一现的产品。

原则2：顺应社会环境与消费观念的发展　在休闲零食行业。消费者的喜新厌旧，健康观念的改变，政策法规的调整等各种因素都可能导致一个品类的崛起或衰落。企业唯有把握行业发展动向，从消费者心理出发，开发符合社会大环境和消费观念的品类，才能赢得市场。

福娃糙米卷如果是在八九十年代推出市场，必定不会引起太大的关注，因为当时人们的物质生活正处在发展的初始阶段，追求吃得好味道好，没有太多的健康概念。到了21世纪，随着物质生活的极大丰盛，消费者开始追求吃得健康，搭上了健康风潮的顺风车，福娃糙米卷的健康特性才能受到市场的追捧。

原则3：占领顾客心中制高点，让品类成为持续领导品牌　随着我国农产品的深加工发展渐趋成熟，新品类也将不断涌现，每一个新品类都有可能诞生一个强势品牌，谁先夺得先机，谁就有成为第一的机会！

在竞争导向的营销年代，品牌只有做到顾客心目中的第一，才能获取持续赢利的能力，成为长寿品牌，才能成为品类的领导品牌。

原则4：多方面协作配合，确保战略成果得已巩固　志起未来认为，快消品的上市，有一个合适的代言人，往往能够从众多同类产品中跳脱出来。对于福娃集团来说，尤其需要一个有分量的代言人，在创建强势品牌的初始阶段，给品牌势能加分。

糙米卷立足糙米，代表的是一种健康新观念。代言人除了要有一定知名度和影响力，还必须在消费者心目中拥有健康向上的形象。代言人孙俪不仅贴合产品定位，体现健康时尚的感觉，更能进一步影响目标顾客，使糙米卷呈现出不同于一般零食的高价值感！

在渠道选择层面，福娃糙米卷毅然舍弃大流通，专攻商超，确保产品高端形象的同时，也保证了经销商的利益，能最有效地带动经销商的积极性，共同推动糙米卷品类的发展壮大。

大农业模式启发

湖北福娃集团原是一家主要以主营项目的涉农企业，随着国家对三农政策的进一步落实，全国粮农的种植热情也逐渐升温，福娃集团及时看到了市场的机遇。为了掘取政府扶持金，福娃集团绞尽脑汁，但是一直苦于没有好项目可立。

达成战略合作后，志起未来迅速帮助福娃集团梳理了资源，建议其开发

“有机糙米粥”战略新品，同时提出了竞标战略，一举赢得政府的大力资金支持，成为了重点建设项目。进而利用国家加快农产品流通网络铺设这个机遇，将福娃的终端销售渠道进一步下沉到广大农村市场，销量剧增。在去年的长沙糖酒会上，福娃集团借此得以“黑马”形象抢先亮相，受到市场追捧。

随着中国经济和农业的快速发展，农业产业化已成为发展趋势，农产品的深加工业，也将成为各大农业龙头企业的兵家必争之地。同时，农业的地域性又决定了每个区域的农业龙头企业都有其独有的地域农业资源优势，都有打造强势品牌的机会，重点在于能否找到一个可作为优势的品类。

志起未来也祝愿所有农业龙头企业，在正确品类战略的指引下，都能够找到优势品类，创建强势品牌！

第七节　同福碗粥：0 到 15 亿销量增长背后的“神策划”

案例描述

一碗粥如何撕开市场缺口，玩转成熟市场？创造业绩传奇，实现 3 年从 0 到 15 亿的跨越？答案就是：战略新品。

2009 年安徽同福集团准备进军中国方便食品市场时，方便粥行业已经有了娃哈哈与银鹭两家企业，并且在市场中形成了寡头垄断格局，这个时候进入方便粥领域几乎无一优势。

无奈之下企业找到志起未来，志起未来利用破坏性创新帮助同福打造战略新品“同福碗粥”。同福碗粥一举颠覆了传统的罐装八宝粥市场，打破方便粥的众多局限，打破消费者对于方便粥过于大众的品牌印象，使同福成为碗粥这一方便粥新品类代名词，受到消费者和经销商青睐。

自此，同福碗粥产销量以及市场占有率在全国一直遥遥领先，品牌知名度和美誉度持续上升，并获“中国碗粥行业最具影响力第一品牌”的殊荣。并在当年创造单个产品销售 10 亿的佳绩震撼了方便食品市场。自此，同福碗粥一举成名，成为业界营销的经典案例。

同福是全国碗粥首创企业，同福碗粥产品在国内的上市，开创了粥类产品的新品项、新纪元，掀起了快速消费品领域的一场革命。

志起未来点评

1. 同福碗粥——破坏性创新的产品之路

同福要想撬开方便粥市场的大门，亟待需要一款战略型新品，来与对手抗衡，围绕以上的思考志起未来迅速寻找到了开启这个魔方的钥匙，打造了“碗粥”这个全新产品系列。“碗粥”战略新品一举颠覆了传统的罐装八宝粥市场，“碗粥”这种产品不但是包装形式的全新变革，而且解决了传统铁罐装方便粥食用不便、难以加热和成本居高不下的三大缺陷，符合现代消费趋势。“同福碗粥”的诞生无疑是革命性的创新成果。

2. 在消费者心中迅速建立品牌印象，以时间换空间

同福碗粥的策略就是颠覆、颠覆、再颠覆，破坏、破坏、再破坏，在确定了战略新品策略以后，作为新品类一旦在市场活动成功，跟随者就会立刻蜂拥

而至，所以志起未来需要把同福碗粥的形象迅速推广出去，让更多消费者建立品牌认识，从而让跟随的企业短时间难以超越，使同福碗粥的印象先入为主，同时同福必须打破消费者对于方便碗粥过于大众的品牌印象。

为此，志起未来在不同阶段，根据企业市场开发和规模成长的需要，选择最合适的产品形象代言人。从 2009 年至今，同福先后分别牵手蒋勤勤、倪萍、赵忠祥，范冰冰四大明星人物，在消费者心中从建立更权威、更真诚到更时尚的产品印象，2009 年底，同福一举成为央视黄金时段广告招标会上的黑马，以绝对的领先优势成为中国食品界新秀。

3. 做好战略，让同福成为碗粥的代名词

根据全新的新品战略，志起未来全力打造“同福＝碗粥”、“碗粥＝同福”的概念。调查发现，在行业中品牌与品类挂钩更容易获得认知，同福与碗粥挂钩、画等号，可以让同福更快地切入市场，获得消费者认知。

实际上，同福集团以科技创新回归行业本质，打破方便粥的众多局限，这本身就是一个走向全国的品类概念！“同福＝第一碗粥”——中国第一个碗粥新品类，成为方便粥适应消费趋势进而创新的新品类。当碗粥概念做大，同福对行业的贡献也将随之走向全国。所以，这样的同福，将完全具备做大做强的成功潜质。

4. 全国战略市场，一路凯歌

围绕着这款战略新品，企业在 2009 年秋季糖酒会正式推出了同福碗粥系列产品，一经亮相就吸引了广大同行与经销商的热捧，现场签约的经销商络绎不绝，并从此开辟了中国方便碗粥的新市场，为同福进军方便粥市场打下了良好的开端。

通过一系列的创新，同福碗粥受到消费者和经销商青睐，产销量以及市场占有率在全国一直遥遥领先，并斩获“中国碗粥行业最具影响力第一品牌”的殊荣。

在后续的操作中，同福碗粥系列产品（谷物纤维粥、同福养生粥等）不断推出，为消费者提供更适合市场、适合不同消费群体的产品，通过产品创新保持领先地位，受到消费者和经销商青睐，产销量以及市场占有率在全国一直遥遥领先，品牌知名度和美誉度持续上升，并斩获“中国碗粥行业最具影响力第一品牌”的殊荣。

5. 完善自身产业链，奠定核心竞争力

在取得了不错的市场成绩以后，同福不仅仅开发新的粥类品种，并且将打造一个粥品的上游、中游、下游产业链，形成规模效应，提高核心竞争力，打造真正的“同福粥品王国”。

上游产业：建设 10 万亩农业生产基地。在国内优质大米、红豆、桂圆、坚果等原物料的主产区，选择专门生产基地，并对以上原物料做深加工，并聘请杂交水稻之父袁隆平教授作为产品顾问，彻底保证源头质量。

中游产业：碗粥做大做强、推陈出新，保持产品及营销上的领先和竞争优势，产品有大、中、小碗；口味有原味、甜味、咸味。

下游产业：同福食品将涉足粥品快餐业，在各地开设千家“同福粥铺”，在全国建立上万个社区早餐点，形成碗粥产业的独特竞争格局。

大农业模式启发

成熟市场就没有机会了吗？市场地位已经被瓜分了吗？你真的不能分到一块大蛋糕了吗？其实，成熟市场一样有大机会。成熟市场有自身的魅力和特点，只要能够抓住机会，有效的创新，实效的战略，一样可以老树开新花，迅速串红！企业即使在“无经验、无渠道、无品牌”的恶劣形势下，在有强势的竞争对手的环境中，依然可以根据企业自身条件与市场环境，打造适销对路的、成功的战略新品，完善自身产业链，奠定核心竞争力，对于大农业模式企业来说，将是发展过程中最重要的一步。

第八节　米老头，一年 3 亿的秘诀在哪里

案例描述

四川米老头食品工业集团有限公司成立于 1997 年，是以生产焙烤类休闲食品为主的专业厂家。公司是以生产焙烤类休闲食品为主的专业厂家。

在短短的11年时间里，公司始终坚持以蓬勃发展之势，活跃在中国休闲食品行业的前沿，以连年翻番的销售业绩，快速、稳健的发展步伐，在数以万计的企业中脱颖而出，现已拥有广汉、富达、马家、泰兴、山东、湖北、浙江7家食品生产公司。其主打产品米麦通、粗粮通等占据国内同类产品市场的半壁江山，统领市场。

志起未来点评

经过十几年的铺垫，近几年米老头的市场呈爆发趋势，销量倍增，引领米类细分行业趋势，究竟是什么样的秘诀让米老头发展如此迅猛？

1. 不断推战略新品，占领品类制高点

为了确保产品跟上时代潮流，米老头十分重视产品的开发，2004年正式建立了以食品技术专家为首的研发队伍，成立技术研发中心，米老头产品丰富，每一款都是经过公司研发团队千辛万苦开发出来的。方格煎饼、双线夹心蛋卷、饼干、蛋卷、米麦通，个个都出色，款款都经典，不管是米类产品还是麦类产品都占领该细分品类制高点，因为每款不同产品在其细分领域定位不同，产品之间并不冲突，组合起来反而形成米老头特色，增强产品的竞争力。

为寻求产品的差异化，公司加大力度推广战略新品，并且立足中国市场，深入研究消费者心态，不仅每年会有2～3款新品上市，同时还会备留2～3款新品。巧妙的结合国外的成功品类和不断地推出适合中国消费者的战略新品。

2. 把握未来趋势，深耕电子商务渠道

经过多年辛苦布局，米老头渠道布局已趋于完善，仅县级经销商就已达到三百余家，米老头安排专门的人员考察市场，主动留意竞品销售情况、探讨产品走势、调查消费动向、做好产品跟踪服务。当终端出了问题时，执行人员扎进终端，了解经销商遇到的难题并从销售现场寻找解决问题的思路与办法。这样做不仅稳固了经销商和企业的关系，对于产品的市场动态也了如指掌，还可以更有效的改进经销商政策。对于新兴的电子商务渠道，米老头也强势铺货，深耕1号店、我买网、京东商城等一线电商，不到两年的时间，米老头的产品已经在几大电商卖断货。

3. 品牌布局，从产品驱动到品牌驱动

一开始，米老头的产品生产粗放，营销模式也没有做有效的规划，米老头还未从生产型企业转型为以市场为导向的销售型企业。当然，那是米老头在全国是靠自然销售完成的，整个公司所有产品的销售额加起来仅为 1 000 多万，等到米老头真正走出四川，走向全国时，公司领导开始意识到企业在不同的发展阶段，需要制定相应的营销模式。这就迫使米老头必须转变营销思路，引进现代营销理念来促进品牌的发展，通过广告宣传和品牌运作去引导消费，促进生产和销售。

近几年，米老头携手湖南卫视、江苏卫视、浙江卫视等强势媒体，持续推动消费者购买力、提升企业形象。布局电视媒体和行业强势纸媒，把广告做到全国，提升品牌知名度和美誉度。

大农业模式启发

对于企业来说，好产品才是王道！有太多企业在一大堆虚浮的概念中，迷失了自我，做品牌、做营销、做广告，却忘了重视做好产品。对于大农业模式企业来说只有真正将产品摆上战略高度，看清楚一个战略型产品对于企业的意义，真正重视产品，才能找到正确运作的方法和路径，提升产品的品牌价值。

第四章

大农业经典案例：面

面是贴近百姓生活的基础生活品，未来提升空间很大，从事米面的企业若想做稳基础产业位置，必须率先实现现代化，完成重大战略转型。而战略新品运营，正是助其实现这历史性蜕变的重要武器。本章以真实的案例为您诠释了面“企业战略＋创新模式”的成功开拓。

第一节　农心辛拉面：韩国最好的方便面是如何炼成的

案例描述

韩国农心集团是世界上最大的方便面品牌公司之一，辛拉面是公司旗下重要的高档面品牌。辛辣面于 1998 年上市，源于韩国传统家常菜，以牛肉精粉和天然虾粉为主要原料，调配出正宗的香辣牛肉汤风味和鲜虾美味。再搭配农心劲道滑爽的面条，口感绝对独一无二。其独特的辣味受到中国、日本、美国、新加坡等世界各地消费者的喜爱。

韩国农心成立于 1965 年，是以制造方便面、膨化食品及其他食品加工为主导产业的韩国大型食品生产集团。迄今为止，农心开发出的畅销产品有辛拉面、安城汤面、Neguri 面、炸酱面、细丝牛肉汤碗面、鲜虾大碗面、辛拉面大碗面、生生乌东面等方便面，种类之多，数不胜数。农心在世界各地建立了

强大的销售网络，农心从容应对无限竞争时代千变万化的外在环境，现正向韩国第一企业这一目标迈进，在世界 80 多国家普及韩国风味与品牌，跃升为“世界的农心”。

志起未来点评

在愈演愈烈的方便面之战中，农心辛拉面另辟蹊径，从占领航空食品开始，打开了方便面推广的另一扇门，农心辛拉面如何是如何克敌制胜，在众多方便面中脱颖而出的?

1. 占领制高点，成为航空食品

现如今，中东地区最大的航空公司——阿联酋航空上的顾客的午餐又多了一个选择：辛拉面。迄今为止，辛拉面已经成为大韩航空、韩亚航空、法国航空、英国航空、夏威夷航空、宿务航空等客机的机舱必备食品之一，搭乘经济舱、商务舱和头等舱等所有顾客都可以选择辛拉面。同时辛拉面将成为唯一一个在美航客机内提供的面食，每月将供应 5 000 多桶。

2. 名扬世界，赞助围棋锦标赛

由农心集团赞助的“辛拉面杯世界围棋团体锦标赛”，是世界上水平最高的围棋团体比赛。该赛事由中、日、韩等世界围棋强国组队参赛，以擂台方式举行，因此又称“农心辛拉面杯三国围棋擂台赛”，简称“农心杯”。

从 1999 年开始，比赛每年一届。每届由中、日、韩三国各派出 5 名棋手，棋手以擂台赛的方式轮番上阵，最后留在擂台上的团队获得冠军。通过这一围棋界的最高赛事，农心辛拉面在韩、中、日等多个国家与消费者建立深入的互动，进一步提升了品牌自身的影响力和品牌价值。

3. 关注学子，推出校园争霸赛

辛拉面以其独特的口味深受中、日、韩三国大学生的喜爱。农心集团也对庞大的大学校园市场关注已久，但苦于一直没有好的结合点。在“农心辛拉面杯三国围棋擂台赛”开战之际，农心在中国举办“大学生围棋争霸赛”。通过 20 余所大学的强势宣传，将农心公司关注围棋发展，关注大学生文化生活这一高端形象迅速推广。

辛拉面也成为大学生围棋赛的代名词，在中国的大学校园里与统一、康师傅、今麦郎等老品牌展开斗争，并获得初步成果，“农心大学生围棋争霸赛”不仅促进了围棋事业在中国的发展，更提升了农心品牌在中国大学生中心中的知名度。加深了品牌和大学生消费者之间的互动。

大农业模式启发

农心集团打通航空渠道，使辛拉面成为航空食品，赞助世界围棋锦标赛，提升产品的国际知名度，赞助学生围棋校园争霸赛，进一步提升了产品在学生中的影响力。对于大农业模式企业来说当产品所在行业的竞争激烈产品无法从众多产品中脱颖而出时，这时候企业就应该考虑赞助国际性活动拉动产品销售力，提升品牌知名度。

第二节　克明面业：经典广告语开创竞争新格局

案例描述

克明面业股份有限公司从 1984 年开始从事挂面生产研究，经过二十多年来的奋力拼搏，现已发展成为国内挂面行业领先的民营食品高科技企业。

以研发生产挂面为主，产品涉足调味酱、纯净水等食品行业，资产总额达 3 亿多元，员工 2 000 余人。公司挂面年生产能力达 24 万吨，销售额达 12 亿元，其产能、销售额、市场占有率均名列全国挂面行业第一。

公司始终专注于中高端挂面的研发、生产及销售，一直以“中国挂面第一品牌”为发展目标，高度重视产品质量安全，选用定点厂家生产不含增白剂的面粉为原料，采用获得 10 多项国家专利的制面设备和生产工艺生产的“陈克明”牌营养、强力、绿色、高筋、礼品、儿童等 6 大系列、300 多个挂面规格品种推向市场，以其“柔韧、细腻、口感好，易熟、耐煮、不糊汤”的独特品质，赢得了广大消费者的好评。

1984 年 5 月，陈克明面条厂成立。“陈克明”牌面条正式面世。

2001 年 8 月，克明面业正式通过 ISO9001：2000 国际质量体系认证。

2004 年 7 月，经国家农业部农产品质量安全中心批准，陈克明面条通过无公害产品论证。

2005 年 6 月，陈克明牌系列面条通过中国绿色食品发展中心绿色食品认证。

2007 年 11 月，中国资产评估机构认定："陈克明"品牌价值高达人民币 56 797.50 万元。

2012 年 3 月，克明面业在深交所中小板块成功挂牌上市，成为"中国挂面第一股"。

志起未来点评

近几年来，克明面业凭借强劲的发展势头，已在全国 30 个省市区设立了销售网络，生产也形成了战略性的布局，已经成为广大消费者"一面之交、终生难忘"的首选品牌。十几年来，克明面业怎么走出一条上市之路？

1. 打造独特产品，推出宣传语

在中粮、金健等全国一线品牌产品层出不穷的情况下，克明面业能连续保持市场占有率、超市综合权数市场占有率全国第一的成绩。这其中玄机是什么？克明面条产品以"柔韧细腻口感好，易熟耐煮不糊汤"著称，拥有其他企业没有的技术——"三醒三蒸"的工艺，加工出来的面条厚薄得当、粗细均匀、不干、不沾，煮出来的面条吃起来有股自然的麦香，嚼劲十足，备受消费者追捧。

克明面业顺势推出广告语"一面之交，终生难忘！"，一句平常的话用在面业上立刻从几百个平庸的面条品牌中脱颖而出，根植在数以亿计的消费者心里。并在 2011 年荣获首届"湖南省最具影响力十佳广告语"，当广告达到一定的规模后，再通过电视媒体、门户网站、报纸媒体、行业杂志及城市楼宇广告、农村墙体广告展开全方位"海、陆、空"的宣传攻势，最终抢占品牌制高点成为家喻户晓的品牌。

2. 建设销售体系，构建销售网

十几年来，克明面业构建直营、专营、主营和兼营四大销售体系，并将这四种销售结构有机集合，组合成不同的组合，已达到最佳销售效果。

直营体系——公司已设 11 个办事处，直接管理公司核心区域的十几家 KA 级商超的销售。

专营体系是克明面业最值得一提的经销商模式。专营体系是指以“子弟兵”为主，专做克明面业产品的经销商队伍。“子弟兵”是克明独创的销售模式，公司挑选具有较高品牌忠诚度的经销商，培训他们如何针对不同市场选择品种，如何制定价格，如何协助处理各种前期工作。并且帮助这些“子弟兵”开拓市场，指导他们管理维护市场。“子弟兵”队伍忠诚度高、吃苦耐劳，迅速成为公司经销商的中坚力量。

兼营体系相对于“主营”而言，是指销售公司产品的总金额未达到其总销售额 50% 以上的经销商体系。但这类经销商在挂面类产品领域原则上只经销克明面业产品。

3. 冠名赞助女排，提升知名度

八一女排在我国排坛长盛不衰，获得了全国人民的喜爱，八一女排在参加国内外一系列的重要比赛中曾荣获 27 次冠军，其中有 48 人先后效力国家队，获得 19 次世界冠军。

在 2008 年赛季结束后，八一队面临着重新选择合作伙伴的问题，正在此时，克明面业向女排提出合作要求，经过双方的协商，克明面业冠名赞助敢打敢拼的“铁娘子”——八一女排，为期 3 年。此后，不管是赛场还是在八一女排的训练赛上都有克明面业的标志，此举大大提升了克明面业知名度和美誉度。

大农业模式启发

平平凡凡的常规产品就没有机会了吗？市场老大、老二都无法超越了吗？产品平凡，营销决不能平凡。克明面业的营销成功证明：不平凡的营销手段，能够点石成金，让平凡的产品爆发与众不同的新生机！对于大农业模式企业来说，只有利用现有资源构建立体营销体系才能在激烈的市场竞争中长盛不衰。

第三节 康师傅：持续创新，爱心为美味加分

案例描述

康师傅控股有限公司成立于1992年，主要在中国从事生产和销售方便面、饮品及糕饼。1996年起扩大业务至糕饼及饮品。

目前康师傅的三大品项产品，皆已在中国食品市场占有显著的市场地位。以销售量为基准，康师傅于中国的方便面及即饮茶饮料的市场占有率分别为43.8%和47.5%，稳居市场第一位。康师傅作为中国家喻户晓的品牌，经过多年的耕耘与积累，深受中国消费者喜爱和支持。

2012年，康师傅连续五年获得福布斯亚洲50强称号，品牌价值高达13.08亿美元，并荣获华夏时报评选的“引领未来的中国品牌”称号。这些荣誉的获得，不仅是对康师傅品牌力、竞争力的肯定，更激励着我们不断努力，致力于为消费者提供更丰富、美味、安心的产品，以回报社会和消费者对康师傅的信任与喜爱。

长久以来，康师傅不断完善遍布全国各地的销售网络，令新产品更加快速、有效地登陆市场，使得集团产品始终处于行业领先地位。截至2012年12月底，康师傅共拥有571个营业所及95个仓库以服务32 424家经销商及107 131家直营零售商。

志起未来点评

自2008年开始，方便面行业面临着销量连续下滑，企业数量持续减少——从最初的1 800多家已急剧萎缩到与现在的不到200家。

难道方便面就真的没有前途了？

老品牌康师傅出山前，很多人也这么认为。但很快，康师傅秉持创新观念，不断推出新品，并“从农田到餐桌”全程进行质量控制，不仅为消费者筑起一道坚实的食品安全屏障。更是用实际告诉市场：只有创新才能求变，只有不断持续出新，才能占据市场。

不改变，就只能等着被改变，这是方便面行业近几年学到的铁一般的教训。一场以高端创新为关键词的变法运动正在方便面行业悄然开展，康师傅等各龙头企业纷纷悉数上场。

1. 创新求变，应对市场的低谷

提及方便面，许多人长期以来受知识普及不力、产品创新不足等原因的制约，在经历了 80 年代的“奢侈品”时代后，方便面在当下被贴上了“不健康”的标签。

数据显示：2008 年以来，中国方便面业的产量逐步下降，其中 2008 年下降 10％、2009 年下降 3.9％、2010 年下降 3.5％，康师傅、统一等主流品牌均呈现销量下滑的趋势。

在此背景下，方便面在经历了 20 年在口味上的小打小闹和渠道斗法后，一场暴风骤雨似的产品创新纷至沓来。

在这种情况下，康师傅采用创新方式，提升调味料价值，快速拓宽销售对象。并对面体结进行创新，形成行业板块增容，并将在未来持续发展。

2. 打起高端小算盘，开创市场新天地

近些年一直稳坐方便面老大哥宝座的康师傅，其相关负责人就曾公开表示康师傅在努力诉求脂肪含量数字降低，力求最大限度上降低油炸方便面面饼的油含量的同时，也尝试把盐分降到最低，慢慢走向以天然萃取物为主的调味料。

其实，康师傅此前便已开始通过聚焦高端的策略开始进行产品调整。自 2008 年下半年开始对方便面业务进行战略性调整，开始聚焦中高端将产品由 260 种削减到 100 种以来，由于保留下来的都是高毛利、高附加值的产品，毛利率也因此大幅上升。

大农业模式启发

作为国内农产品加工业的龙头，康师傅对三农经济可谓贡献良多：仅以 2007 年为例，康师傅控股有限公司主要农产品白糖、茶叶、牛肉、小麦分别占全国产量的 1.83％、0.60％、0.13％、0.53％，随着康师傅每年逾 30％的成长率，这些农产品购买比率还在大幅增长。

第四节　今麦郎:“弹”出 100 亿的品牌传奇

案例描述

1999 年之前，华龙方便面等于农村方便面。

1999—2001 年，华龙完成了今麦郎弹面的整体营销策略，为华龙全面进军城市高档面市场打下了坚实的基础，帮助华龙真正实现了“农村包围城市”的品牌升级和战略转型。

2002 年，今麦郎销售额占到华龙整个销售额的 20.78%。

2003 年，华龙集团以超过 60 亿包的方便面产销量跻身方便面行业第二位，仅次于康师傅。自此，中国方便面市场康师傅、华龙、统一三足鼎立的市场格局正式形成。

2005 年，今麦郎骨汤弹面一分钟广告在央视黄金时段爆出冷门。以“1 分

钟 160万 2亿人”的事件营销效果，创下自央视黄金标段以来第一次一分钟长度播出的历史。今麦郎品牌正以不可遏制的势头迅猛上升，真正成为名副其实的中华面业巨龙。

困局：华龙的不安与不满

到1999年，整个中国方便面市场形成“以康师傅、统一为代表的高端城市市场，和以华龙为代表的中低端农村市场”两大主流。

经过近10年的市场沉淀，华龙在整个中国农村市场的老大地位已经确定。但在城市市场，华龙方便面仍是一片空白。华龙中低端农村品牌的消费印记非常明显，对此，华龙感到深深的不满。

与此同时，康师傅、统一等大品牌也从华龙身上看到了中低端方便面市场的巨大潜力，大有大举渗透农村市场的倾向；而且，在农村市场，华丰、白象等仅次于华龙的方便面品牌，也大有与华龙一争高下的雄心壮志。前有大鳄，后有豺狼，巨大的危机感迎面袭来，让华龙感到由衷地不安。

志起未来点评

如何进一步巩固华龙在方便面市场前几名的地位？如何撕开华龙在高端市场的突破口？如何将竞争对手远远地甩在身后？如何拉近与品牌大鳄的距离，树立自己牢不可破的市场地位？

1. 副品牌创意，今麦郎改写华龙命运

根据战略定位，重新打造副品牌，打造今麦郎全新高端副品牌，与华龙面低端品牌印象彻底划清界限，这一转型性创新命名创造巨大的销售力。

同时“今麦郎弹面”邀请张卫健作为产品的形象代言人，通过略显夸张的手法进行广告片创意借助明星效应，创造性传播，从各个角度诠释弹面效应，一时间内，全国人民家喻户晓，甚至第三方媒体也争相转播此条广告。

2. 弹面＝巨大的新品类市场

消费者对于方便面的概念仅仅停留在方便快捷的饮食层面，大品牌并未在面上下足功夫，通过企业的深度走访以及消费者调查，发现消费者对于方便食品的品质需求在不断上升，而“弹”最能给人高品质感，最能表现面的韧性。

于是“弹”面横空出世。

弹面的问世，为中国方便面市场开启了新的产品品类，使消费者对于方便面的联想由快餐食品上升到美味、享受的更高的联想层面，“弹”面从传统方便面的基础上，进行转型性创新，这一战略新品有效地阻击了竞争对手的产品策略。

3. 从“墙体广告”、地方“电视广告”到“央视都市报”的转变

多年来，在农村低端市场，华龙主要以“墙体广告地方电视广告”的投放策略打开市场。华龙在冀、鲁、豫和西北、东北各省的国道两侧和农村公共场所，书写墙壁广告近万条，面积达 25 万平方米，其数量、质量在全国户外墙壁广告中遥遥领先。这些墙体广告与电视广告结合在一起形成了一种互补的、立体的广告攻势。基本上达到了“乡乡有广告，人人知华龙”的轰动效应。“华龙面，天天见”也一时成为社会流行语。

然而，这套投放策略显然不适宜城市市场，因此，志起未来为华龙量身订制了“新 1＋1”传播模式。直到现在，这种“新 1＋1”媒体组合仍在发挥它极大的威力。“今麦郎弹面”正式上市后，高空覆盖的央视广告和地方都市报的强力渗透，让今麦郎迅速走入城市主力消费群心中。

4. 不走寻常路：今麦郎价格和渠道突围

当时，康师傅、统一等品牌几乎都是通过超市、商场终端到达消费者手中。康师傅和统一几乎买断了商超终端的有利位置。今麦郎作为一个全新的品牌，如果走相同的渠道路径，显然是比不过它们的。

今麦郎弹面，能够发现全新的市场，全新的产品，为什么不能发现和开创全新的渠道?

通过对消费习惯的进一步研究，志起未来发现，消费者之所以选择吃方便面，就是出于便利的目的。而商超并不是最便利的场所，相反，社区附近的便利店以及小卖店更具优势而且销售面更广，康师傅等大品牌还没有进军该领域，市场潜力巨大，于是华龙自建新渠道。在此基础上，今麦郎采用价格跟进策略，以略低于康师傅、统一的价格出售，给消费者高质低价的实惠感。

2002 年今麦郎上市后，在渠道上，采用以面打点的方式，上演了一场

"农村包围城市"的精彩游击战；加上它比康师傅和统一都低的价格，具有相当的诱惑力，成为销售快速增长的有力武器。

大农业模式启发

今麦郎的成功，不仅为华龙带来了史无前例的改变，而且对整个食品行业新产品营销带来深刻的影响，为新产品成功营销和企业二次创业树立了榜样。它再一次证明：本土企业也需要科学的营销；本土企业不仅能做销量也能做品牌；本土企业完全是可以自己掌握自己命运的。

现在，在低端市场上，无数农村小品牌和康师傅等一线品牌已经开始蚕食华龙农村市场。如果没有今麦郎在高端市场的突围，华龙将永远处于防守的位置，只能眼睁睁看着个人独占的市场被蚕食鲸吞。想要做好大农业最重要的就是主动出击，变被动为主动，敢于挑战大品牌，在时机成熟的时刻、在必需变革的时刻，进攻是最好的防御。

第五节　老坛酸菜：单品 40 亿的背后

案例描述

AC 尼尔森最新数据显示，2012 年，酸菜面在所有口味的方便面中的市场占比已经由 10.4%上升至 14.7%，增加了 4.3 个百分点，超过了此前独霸天下的香辣牛肉口味的方便面。值得注意的是，而这 14.7%的酸菜面市场份额中，统一"老坛酸菜牛肉面"占据了 8.8 个百分点，相当于占据了酸菜面 60%的市场，保持着行业领先位置。

2012 年，统一方便面业务的一支明星产品——老坛酸菜面销售额达到 44.6 亿元，成功占据中国方便面市场第二大口味的位置，仅次于康师傅"红烧牛肉面"。而就在 2008 年，这个数字还仅仅为不到 2 亿元，甚至不及康师傅一个方便面产品的销售零头。

短短 4 年，老坛酸菜面何以实现跳跃式增长？

志起未来点评

1. 聚焦，聚焦，再聚焦，打造超级战略新品

2008年，统一方便面推出“凤凰计划”，寓意“浴火重生”。该计划决定放弃低价面，以高价面为主要战略方向并且培养和确定“超级战略新品”——那些能够在未来3～5年内，能为企业贡献绝大部分利润和较大部分销售额的核心产品。

当时，统一方便面有100多个单品，经过一系列严格的测算，统一最终砍掉了所有低价面，只保留了10个单品。这10个单品中，统一计划选择一个作为“超级战略新品”培养，经过上万次的试吃和小规模投放市场，老坛酸菜脱颖而出，在四川市场的表现相当出色，广东市场的爆发也让统一最终决定聚焦、聚焦、再聚焦，把企业主力聚焦到“老坛酸菜”这一个单品身上，集中优势兵力打歼灭战。在战术上老坛酸菜制定三大聚焦，引爆市场。

SKU聚焦，壮士断腕：聚焦大口味老坛酸菜；聚焦大品牌来一桶等。

区域聚焦，核心省份：星星之火，可以燎原；率先裂变，鼓舞士气。

业务聚焦，推广主导：围绕吸引新的消费者；围绕提高重复购买率。

2. 上天入地，全线出击，占领推广制高点

先做样板市场，就做一个卖场。在卖场做促销，以压倒一切的力量超过“老坛酸菜”的销量，然后复制到全国，激活全国市场。在做推广活动时，“由点到面”规模化、持续、密集地开展，至少接触60%的消费者，每个消费者至少接触3次，以最大限度地吸引、培养新消费者，进而带动业绩激增。

数字广告、传统广告和网络营销三管齐下，展开宣传攻势，占领推广制高点，极大地提升了品牌知名度。

大农业模式启发

很多农业龙头企业虽然占据市场很久，但产品始终不能突破，这时候就需要企业改变营销思路，大胆创新，聚焦、聚焦、再聚焦，打造自己的超级战略新品。但创新需要以消费者利益为出发点。打造消费者喜欢的战略新品，不但可以提升品牌地位，而且可以最终赢得消费者，并和消费者一起创造共赢的神话。

第五章

大农业经典案例：油

油，我们天天都会用到它，这可以说是我们生活中的一部分了，我们曾经帮助过很多做油的企业成功树立了品牌，完成了战略转型；也成功创立了对企业有着很大贡献的战略新品，本章把这些案例拿出来和大家一起分享，希望对大家有所帮助。

第一节　诺瑞斯：把橄榄油卖给中国老百姓

案例描述

西班牙 COREYSA 橄榄油集团位于西班牙安达卢西亚的小镇，成立于1917年，主要从事特级初榨橄榄油、精炼橄榄油、果渣油、高油酸葵花油的生产和销售，产品包括瓶装和散装。年产量为 3 000 多万升，在西班牙橄榄油公司中位列第 8 位。

公司取得了德国 IFS 食品卫生证书以及英国 BRC 食品证书以及西班牙政府的卫生证书。是可以直接饮用和美容的橄榄油。

西班牙 COREYSA 橄榄油反式脂肪酸为 0。单不饱和脂肪酸：80.5%，单不饱和脂肪酸越高越容易被人体吸收。

橄榄油是不会轻易被替换的，因为它不同于其他油脂。它可以调节胆固醇，因此可以帮助心血管系统良好运行。它可以高度消化，此外帮助维生素，矿物质包括钙的吸收。可以防止皮肤内脏的老化，同时有助于脱钙骨矿化。

志起未来点评

诺瑞斯公司是一家百年品牌，成立于 1917 年。和很多百年品牌一样，它也是一个家族企业，由艾斯邦尼（Espuny）家族拥有。

1. 三代人经营出的百年品牌

创始人丹尼尔·艾斯邦尼先生年轻时来到安达卢西亚创办橄榄油生产企业，他成功的关键点在于引进了高新技术——用特级初榨橄榄油提取机来生产橄榄油，安达卢西亚地区虽然盛产橄榄油，但这种技术是之前当地人从来没有使用过的。艾斯邦尼的诺瑞斯橄榄油很快就在当地众多品牌中脱颖而出。

丹尼尔·艾斯邦尼先生也是一个优秀的企业家，在他的经营之下，企业迅速发展成为了西班牙最大的橄榄油工厂。

丹尼尔·艾斯邦尼先生去世后，公司在他儿子们的经营下，诺瑞斯橄榄油大量出口到意大利和美国。

诺瑞斯公司的第二代领导人更重要的是购买并种植橄榄树，这些橄榄树为诺瑞斯集团提供了优质的原料。

诺瑞斯公司第三代管理者将先进的科技利用到生产过程中。在诺瑞斯的橄榄油工厂里，还有一个热电厂，热电厂把加工橄榄油所产生的废热利用起来，通过蒸汽压力机转化为能量，并与西班牙电力公司 ENDESA 合作，把能量转化为电能。

创新的科技还大大提升了诺瑞斯公司的产能，目前公司不仅生产橄榄油，还生产葵花油、大豆油，每日的生产量是 20 万千克，销往全球 40 多个国家。

2. 灵活运作，诺瑞斯开拓多渠道市场

专业人士透露，未来的橄榄油市场竞争中，一定会有一次洗牌，商超、团购等将成为橄榄油市场的主力渠道，面对这一局面，诺瑞斯将橄榄油铺向医院、社区、养生会所、4S 店等特殊渠道。并更多地宣传如何用诺瑞斯橄榄油烹饪菜肴，让顾客感受橄榄油所带来的清新、时尚和尊贵感。

与此同时，诺瑞斯还增加了电话营销和网络购物。电话营销主要面对中老年人，网络购物则是年轻人，面对不同的群体，量身定做不同的销售策略。

3. 在华建设立分公司，让诺瑞斯走进中国

不久，诺瑞斯集团将在中国建立分公司，直接运作中国市场。

目前进口商所代理的产品包装规格不同，所面向的消费群体也不一样，这些大包装规格的产品主要是面向家庭消费者。

进入大众家庭消费市场是诺瑞斯集团在中国设立分公司最终的目的。诺瑞斯根据中国市场的独有特点，对橄榄油进行了清晰定位——不做礼品，面向大众。新推出的橄榄油规格主要为 1 升、3 升和 5 升的家庭装，制定了较强的产品性价比，尽量减少中间环节及运营成本，这种合理的设计，最终诺瑞斯橄榄油走进了中国千万大众家庭。

大农业模式启发

随着群众生活水平日益提高，“健康”成了一种生活用品选择的主要标准之一。诺瑞斯橄榄油作为健康安全的食用油，迅速席卷了中国的食用油行业。

占据着中国高端食用油市场的主导位置，并已形成了一条完整的橄榄油产业链。

据统计数据，2001 年中国进口橄榄油只有 392 吨，2005 年已经一路飙升到 4 500 吨。近 5 年当中，橄榄油的进口量基本上以每年 170 多吨的速度递增。

未来，诺瑞斯将遵循世界营养专家公认的健康理念，生产出高品质纯天然的橄榄油，为中国油行业带来一种清新的健康风，让追求高品质的亿万中国人生活的更有品位、更健康！

第二节 金龙鱼如何成为益海嘉里的拳头产品

案例描述

金龙鱼是世界 500 强公司丰益国际旗下著名粮油品牌，作为中国小包装食用油行业的开创者，金龙鱼积极倡导国人吃得安全、吃得健康营养的科学消费理念，立志为国人打造世界最安全的餐桌食品。

经过 20 年的发展，金龙鱼系列产品涵盖了食用油、大米、面粉、挂面、杂粮、豆乳、调味品、餐饮粮油八大领域，旗下 16 个品牌在金龙鱼的带领下，都已成为每一个专业领域内公认的领先品牌，为消费者的健康餐桌提供了丰富的选择，深受消费者的喜爱。

凭借金龙鱼品牌在中国市场的出色表现，其母公司丰益国际继 2012 年 3 月荣登美国《财富》杂志全球食品生产行业最受赞赏公司排行榜榜首后，2012 年 7 月荣登《财富》世界 500 强 223 位，较去年大幅跃升近百位，跻身全球三大粮油集团。

志起未来点评

经过 20 多年的发展，金龙鱼如何成为益海嘉里的拳头品牌？志起未来认为：

1. 一主多辅，多品牌战略胜出

截至目前，在食用油市场金龙鱼共推出了 16 个品牌，除金龙鱼领导品牌外，还有鲤鱼、元宝、胡姬花、香满园、花旗、手标、巧厨、嘉龙、万黛兰、海皇、花鼓、卫星等 15 个品牌。

嘉里粮油的多品牌策略在食用油市场取得了巨大的成功。在每个细分市场中，金龙鱼都推出一款战略新品，最大化的满足不同的消费需求，追求最大化的市场利润。

金龙鱼的具体做法是推出新的品牌开拓新的市场，金龙鱼已经将食用油做成了一个高度细分的市场，“金龙鱼”提供食用油的通用产品，讲究健康的可以用“胡姬花”，喜欢吃菜籽油的去找“鲤鱼”，喜欢吃棕榈油的可以买“海皇”、“花鼓”、“卫星”，喜欢吃大豆油的可以选择“元宝”，在所有食用油品类，金龙鱼一网打尽。

2. 品牌管理，多品牌竞争、协同

虽然嘉里粮油旗下有 16 个食用油品牌，但嘉里粮油专门成立了公司，负责嘉里粮油所有食用油品牌在中国的市场开发、渠道建设和管理、营销策划及广告宣传等事务。建立全国性的营销网络，成功实现对多个品牌的统一管理。

金龙鱼推出了 16 个品牌参与市场竞争，在食用油包装市场，金龙鱼打出“与其让竞争对手蚕食所有市场，不如推出自己的品牌”。建立品牌间的竞争，发挥整体品牌优势，占据陈列优势、品类优势、规格优势，从而能够争取到有不同需求的消费者。

3. 激烈竞争，低价位制胜终端

小包装食用油市场竞争激烈、福临门、鲁花、西王、多利等各大品牌纷纷大打价格战的同时，为了应对价格战，而又不损害到金龙鱼的品牌形象，嘉里粮油推出元宝、胡姬花等二三线品牌与其他食用油品牌进行价格竞争。

在这样的价格措施保护下，金龙鱼作为嘉里粮油的核心品牌，受到旗下其他品牌的支持和保护，在以往的食用油的价格战中，金龙鱼的价格一直很坚挺，主要得益于嘉里旗下的其他品牌的价格支持，其他品牌降价，鲤鱼、元宝、胡姬花、香满园的降价比竞争对手还多，一系列的降价使竞争对手毫无招架之力，而金龙鱼即使不降价也牢牢占据高端市场。

4. 紧跟对手，战略新品开拓新市场

市场变幻莫测，如果仅以核心品牌进入新市场会存在极大风险，面对市场上层出不穷的食用油新品牌、新概念，金龙鱼的做法是不断推出战略新品以应对新的市场挑战，等市场条件成熟以后，金龙鱼品牌再强势进入。在推出“元宝”品牌进入豆油市场、“鲤鱼”品牌进入菜油市场都是出于这种考虑的。当然这样的策略要取得成功必须要有强大的实力作保证，要有行业专家的技术，完善的销售网络，优越的品牌优势，这样才能够使新品牌顺利推广。在条件成熟时，将金龙鱼定位为高端产品与原有品牌互动，形成整体优势。

大农业模式启发

对于大农业模式企业来说，进攻是最好的防御，在激烈的市场竞争中，根据不同的消费群体，推出不同价位、不同档次的品牌，实施多品牌战略，既保护了主要品牌又和竞争对手拉开了档次，是企业营销制胜的不二法门。

第三节　西王“食油战争”，爆出黑马，战略新品全国热销

案例描述

志起未来战略合作伙伴——西王集团，是亚洲最大的玉米胚芽油生产基地，作为国内最大的玉米油加工生产商，这个有着“中国玉米油城”之称，年销售额超过 150 亿的巨型集团企业。二十多年来一直从事于工业品输出的 B2B* 业务模式，但这个水下大鳄在中国的消费品市场却少为人知，多年来都是在给其他品牌提供原料的。

2010 年开始，一直为人做嫁衣的水下大鳄终于按捺不住了，想要进军小

* B2B：电子商务的一种模式，是英文 Business-to-Business 的缩写，即商业对商业，或者说是企业间的电子商务，即企业与企业之间通过互联网进行产品、服务及信息的交换。

包装市场，来提升其品牌盈利能力，于是企业找到志起未来。

志起未来点评

经过多番的考察与交流，志起未来深入调研并根据企业需求提出实际的解决性方案：

1. “西王玉米胚芽油”横空出世

高度决定一切。站在行业的高度思考，我们看到：随着近年来食品界刮起的健康风潮，具有健康理念的产品已成为消费者追逐的新宠和食品营销创新的新趋势。但是食用油行业，具有真正健康理念的产品都屈指可数。对于消费者来说，真正既能够满足他们对完美生活品质向往，又不会对身体造成危害的健康产品，其诱惑力也可想而知。

针对以上情况，西王集团利用其玉米深加工的优势，开发出了西王玉米胚芽油这款战略新品。

西王玉米胚芽油：100％玉米胚芽压榨而成，含有 86％的不饱和脂肪酸、丰富的维生素 E、磷脂和其他氨基酸等众多营养元素，营养价值十分丰富。适用人群广，有多项保健功能。2011 年 4 月 19 日，国家食品药品监督管理局向山东西王食品有限公司颁发国产保健食品批准证书，西王玉米胚芽油成为国内首个获得保健食品证书的玉米油产品，也是国内唯一无添加成分的保健食用油。

2. 启动明星代言，一线城市高调亮相

西王玉米胚芽油，聘请张国立、邓婕夫妇，诠释了高品质生活阶层用油，也很好的区别于其他中低端食用油，进一步拉近了产品与消费者之间的距离，提升品牌美誉度和产品公信力。

3. 西王食品成功上市，玉米油成 A 股亮点

2011 年 2 月 26 日，西王食品（000639）借助战略新品大获成功的东风，成功在 A 股上市，其中西王食品的主营业务小包装玉米油成为亮点。

大农业模式启发

只有打破原有市场格局，才能发现新的市场契机，创新的本质，即是传统的颠覆，就像好产品不是开发出来的，对于大农业企业来说唯有创新才是企业不变的生存法则。

第四节 润心晶粹：抢占中国高端茶油市场制高点

案例描述

油茶是我国特有的油料树种，其果实可提炼重要的天然绿色有机保健食用油——茶油。据《山海经》记载，我国栽培油茶已有 2 300 多年的历史。然而，令人惋惜的是，由于种种原因，茶油却长期以来“藏在深闺人未识”。在全国油茶之乡——江西省宜春市，有一家驰名海内外的茶油生产企业，它生产的“润心”牌野茶油获得了我国首张有机野生植物产品认证，还被定为 2008 年奥运会专用油，这就是青龙高科。

青龙高科是典型的农业龙头企业，在培育油茶资源的过程中，建立了“公司＋基地＋农户”的农业产业链发展模式。公司现为国家科技部“863”重大攻关项目承担单位和我国唯一的油茶产业化专项及示范工程项目单位，同时也承担了国家农业开发办“油茶综合开发项目”以及省科技厅“星火计划”项

晶粹™野茶油
晶粹™野茶油
晶粹™野茶油

Wild Camellia Oil
晶粹
野茶油
净含量 2L

目，是我国油茶产业的重点企业、江西省龙头企业。

战略合作伙伴志起未来帮助青龙高科打造出战略新品——“润心晶粹”茶油系列。产品一上市，引发抢购狂潮。很快在北京、上海卖断货，在高端植物油销量受到全球金融危机严重影响的大背景下，润心晶粹油茶籽油一枝独秀，在上海的销售额从 3 000 万迅猛增至 5 000 万。全面升级后的润心很快在众多竞争者中脱颖而出，为中南海特供，取代了橄榄油成为唯一入驻中南海的高品质食用油，最终成就中国高端山茶油第一品牌。

志起未来点评

江西宜春有油茶林 190 多万亩，是全国有名的“油茶之乡”。2001 年，江西著名民营企业家宋伟峰在宜春成功重组一家国有茶油厂，创办了青龙高科。依托我国南方丰富的油茶资源，公司以技术研发为主线，致力于油茶籽、壳、麸的精深加工，增加产品的附加值，并且已形成了食品（食用油）、保健品、化妆品、有机肥的新型农业工业化产业链。

国内的食用油领域经过多年的发展和积淀，行业格局已经基本形成。250 万吨的小包装油市场已经是巨头垄断，金龙鱼、福临门、鲁花等大企业垄断了小包装食用油的大部分市场，后起者在残余的市场厮杀，新品牌不断产生，又不断消亡。对于小品类食用油而言，橄榄油、茶油、红花籽油、核桃油等品牌多而杂，同质化竞争严重，产品质量鱼龙混杂，最严重的是，除了橄榄油以外，其他小品类食用油的高价值仅被区域市场所认知，成为走出区域发展的瓶颈！青龙高科的润心品牌，由于多年来一直以土特产形式销售及宣传，根深蒂固的“土特产”帽子始终无法摆脱，成为桎梏品牌发展和销量提升的又一难题。

那么，这些问题该如何解决呢？

1. 农业品牌策划关键：全新的战略规划和产品创新

正是这种情况下，青龙高科结识了中国农产品策划排名第一的志起未来营销咨询集团，力图通过志起未来最擅长的战略规划和产品创新，从竞争空前激烈的食用油领域闯出一片天。接手青龙高科润心茶油“突围”任务后，志起未来为润心茶油做了全新战略定位。

2. 避开大众市场，瞄准高端市场

很多湖南茶油企业采用茶油调和油的方式，力图杀入竞争激烈的大众市场，无不铩羽而归。无论是从企业追求、食用价值还是市场定义来看，志起未来给润心茶油的建议都是：锁定高端市场，走纯茶油路线。

那么，高端市场又如何？瞄准高端食用油范本——深入研究橄榄油。从某种意义上来说，中国的茶油与地中海橄榄油应该处于同一个坐标系。近现代西方文明的扩张造就了地中海的橄榄油奇迹，一个小小的食用油品类，原本并不稀奇的资源被赋予引人遐想的符号化光环，成为高贵生活的代表，入侵到世界各个高尚角落，享誉全球，它改变了餐桌、改变了生活方式、改变了消费选择、改变了产业竞争格局，它的影响是深刻而深远的！

而茶油，是世界四大木本植物油之一。也是中国特有的油料树种，仅在我国南方少省份有所种植。其栽培历史可以追溯到 2 300 年以前，是中国最古老的油料树种。翻开浩瀚如烟的经史典藏，茶油满载着中华五千年的文明。印证千年古国文明传承的足迹，茶油是历经时光锤炼而沉淀的精华。

3. 梳理企业的核心优势资源，是战略构想的基础

产地：世界顶级茶油地标，“中国茶油原产地”、“中国油茶之乡”江西宜春，“山明水秀，土沃泉甘，其气如春，四时咸宜”，犹如地中海之于橄榄油。

原料：润心十万亩有机油茶林基地，志起未来谓之“茶油核心区”：北纬26°黄金纬度、海拔 500 米的温润气候，孕育上千年油茶植被的酸性红壤，全年几乎不断的完美阳光。挑剔得近乎完美的天时地利，为润心百年树龄油茶树创造了得天独厚的自然条件，造就了完美的天然、绿色、有机油茶果，可谓自然天成。

设备工艺：秉承严谨、纯正的工艺要求，斥巨资全套引进欧盟尖端生产线，严格按照 ISO9001：2000、HACCP 运作流程管理，润心独家采用低温冷榨结合完美的欧盟软塔技术，是目前国内唯一一家全套采用欧盟尖端设备的茶油企业。

人种天养的油茶树，从原料上保证绿色自然，全程物理压榨和提纯，确保

了润心油茶籽油晶莹剔透，润泽鲜亮，品质更出众、质地更纯粹、更营养，形、色、气、质地达到行业最高品质标准。无论是茶油本身还是青龙高科的极致追求，都让润心油茶籽油具有了当之无愧的高品质、高品位，具有了成为第一的绝对基因。

4. 精准打造标签，引爆核心势能

润心这么多的优势，任何一个都是行业领先，志起未来无法舍弃任何一个，那么，能不能找到一个更高且更精准的“点”，把“第一”优势完美融合并集中体现呢？

润心的独有优势，克服了传统植物油药物残留、果渣多、反式脂肪酸含量高等诸多缺失，尤其是其反式脂肪酸含量控制在1%，是目前国内唯一达到欧盟食用油标准的高品质食用油。

于是，志起未来提出：第二代高品质食用油！

润心油茶籽油，轻脂肪、黄金配比、均衡营养——第二代高品质食用油！以欧盟标准的名义，开创高品质油的新标准，开创高品质生活的新标准！

第二代高品质食用油——润心油茶籽油，不仅在原料上精益求精，优选“茶油核心区”的油茶果，更重要的是，首家全套引进欧洲尖端设备，独家采用低温冷榨结合完美的欧盟软塔技术，纯物理提纯，无任何化学残留，将反式脂肪酸含量控制在1%以下，优于国家标准4倍以上，轻脂肪、黄金配比、均衡营养，全面符合欧盟油脂健康标准，第二代高品质食用油全面升级！

润心还需要一个引爆点，一个区别于行业内所有茶油的“高端标签”！

高品质，晶莹剔透，精华，国粹。即“晶粹”两字。

润心晶粹油茶籽油。一个更贴切的，更完美的表述：晶粹，品质之精国之粹，真正堪称国粹的茶油，更晶莹剔透的好油。一个符合消费新贵们对回归自然的渴望、对纯朴、纯粹的重新冲动，返璞归真的内心渴求的标签：晶粹，如水晶一般纯粹。一个将润心晦涩的高端技术参数，让消费者通俗易懂，引起共鸣的概括！润心晶粹油茶籽油，“珍稀好油，润心养身”！

5. “借梯”巧妙传播，酒香不怕巷子深

志起未来需要一个好的机会和平台来吆喝。让志起未来这个“第一”为更多的人所认知、熟悉并认同。回顾志起未来所了解的市场，志起未来发现了一个很好的梯子——橄榄油。

润心晶粹油茶籽油的高品质只有橄榄油与之最接近，而在高端食用油市场，橄榄油的品类认知和营养价值认知也是最高的，可谓“一枝独秀”。志起未来看到，作为目前高端食用油市场的领军品类，橄榄油市场目前仍是散兵游勇状态，有品类，无品牌，竞争分散，并无强势的产品品牌，是典型的伪巨人。用好这个梯子，志起未来的市场行动将事半功倍。于是，志起未来的市场行动要领为：“一点三线”传播模式，线上线下，双向互动。

围绕一个核心传播点：揭橄榄油黑幕，树立润心第二代高品质食用油形象认知。

锁定传统媒体，创新媒体和销售终端三条传播主线：一点三线全方位传播，借橄榄油这个广为人知的梯子，快速实现了润心晶粹油茶籽油的高调占位。

通过全面的品牌塑造和系统的传播，润心晶粹油茶籽油“第二代高品质食用油”形象深入人心，产品销售迅速提升。在全球金融危机的影响下，高端植物油的销量受到严重威胁。而润心晶粹油茶籽油在上海的销售额却从 3 000 万迅猛增至 5 000 万。全面升级后的润心很快在众多竞争者中脱颖而出，为中南海特供，取代了橄榄油成为唯一入驻中南海的高品质食用油。并以高质高价竞标资格成为国内多家国际酒店高档宴会的指定食用油。

高端茶籽油在京沪热开锅！随后，青龙高科与韩国某国际食品集团达成战略合作协议，润心成为其旗下某品牌的高品质食用油原料供应。至此，润心开拓了进军国际市场的又一新空间！

大农业模式启发

山茶油作为中国独有的高品质油品，其营养价值比橄榄油有过而无不及，但这一有着数千年历史的高端油品，多年来一直养在深闺无人识。虽然企业在茶油行业有着一席之地，但是受到行业及自身品牌的影响，品牌发展和销量提升一直难以得到突破，企业发展步履维艰。

与志起未来合作后，志起未来通过周密思考，决定运用维持性创新，帮助青龙高科打造出一款战略新品——“润心晶粹”茶油系列，正是这款战略新品有效帮助青龙高科提升品牌知名度，拓展企业市场，改善企业利润，最终将润心打造成为“中国第一山茶油”品牌。2010年“金浩茶油苯并芘超标事件”的爆发，更加进一步地证明了当初志起未来建议开发“晶粹”战略产品时的前瞻性和预见性。

当时的中国茶油行业也一直处于一个尴尬的境地，昂贵的成本以及散装山茶油造成消费者购买量的偏少，而低毛利点让众多企业对宣传投入望而却步，面对着低端的大豆油、棉籽油和高端的橄榄油等食用油的双向挤压，叫苦不堪。茶油企业之间基本都采用价格竞争和调和油路线两个方向在勉强维持。

我们给出的战略建议是：坚持走纯茶油路线，在原有山茶油的基础上，进行维持性创新，开创第二代高品质食用油。提升产品的内在价值，提高产品价格空间，走高端路线。最终，润心“晶粹”山茶油的横空出世，并且构建了“晶粹”的金三角——轻脂肪＋黄金比例＋均衡营养。以欧盟标准的名义，开创高品质油的新标准，开创高品质生活的新标准！

这彻底打破了山茶油行业的传统市场观念，为企业带来了全新的变化。

我们认为，战略新品的诞生必须配以合适战略部署，打破以往山茶油土特产的土帽子形象。“晶粹”产品的定位与标准提升，青龙高科现有的营销模式与渠道已经难以承载，而新的营销渠道与模式又该如何确定？晶粹的未来空间在哪？根据产品的特性、市场发展与消费者诉求等特点的总结，项目组发现了晶粹完全符合一、二线城市高品质生活家庭的需要，因此提出进军一、二线市场的现代战略思想，将眼光放在熟悉山茶油功效与益处的南方一、二线市场，以点打面，以一线城市影响周边城市，再因势利导逐步铺入二、三线市场，然后向北扩张，最终全国开花的晶粹的三级跳战略。

第六章

大农业经典案例：饮料

饮品业，是高成长性的行业，长期以来，纯净水及各种果汁饮料一直是饮品市场的主导，很多成熟饮品增长稳定，而一些新兴的饮品的增长更快，随着消费者对健康元素的逐步认识，需求上渐呈多样化、多元化，人们更加需求那些能够给身体补充各种微量元素，更健康的饮品。本章通过一些饮料企业的成功案例，论述了在这种独特的市场构成下，利用战略与创新，双轮驱动，双管齐下，共同将饮品业带入春天。

第一节　雀巢：不断的维持性创新造就百年长青

案例描述

百年老企业雀巢自从收购了上海知名品牌“圣麦乐”、“五羊”品牌，一举奠定在华南市场的优势，同时也获得了这两大品牌的销售网络。却频频犯错，导致中国冰淇淋市场的失败。究其原因，因为雀巢当时没有很多在中国销售冰淇淋的经验，更不了解其特殊性。所以，整个冰淇淋业务下滑非常快。

针对这些错误举措，最好的办法就是推新品。于是，2013 年 3 月一款定位于年轻人的新产品——“笨 NANA”诞生了，它是一种不同寻常的冰淇淋，可以像真正的香蕉一样吃。可以说“笨 NANA”的诞生改变了冰淇淋的吃法。针对年轻人的特点注定了它的推广将离不开创新的营销方式。此时，雀巢深刻的理解并熟练地运用社会化网络进行话题营销，让雀巢的新款冰淇淋在 3 大品牌（伊利、蒙牛、和路雪）几乎垄断市场的背景下突出重围。

“笨 NANA”到底有多红？

据了解，2012 年整个夏天，雀巢的互动微型网站获得了 1 000 万网站独立访问用户活动官方微博账号收获 7.5 万微博粉丝，“笨 NANA”的主动传播者已经达到百万名。

也许有些夸张，但如此风头，却是令人咂舌，让人不禁联想起当年那些颇受消费者追捧、风光并不亚于“笨 NANA”的经典冰淇淋。“笨 NANA”还能红多久？我们并不清楚，但是那些经典冰淇淋十数年来的热销却已为广大消费者所见证。

志起未来点评

雀巢“笨 NANA”的成功是一次成功的营销，那么雀巢成功的营销方式都有哪些？

1. 趣味营销，制造需求

食用时当从顶部咬上一口可剥离的果冻壳，就可以像剥香蕉皮那样剥出美味的冰淇淋。不过“笨NANA”在品牌上获取成功，仍然任重道远。

从营销的角度，NANA冰淇淋“好玩”的食用体验无疑是一个绝佳的卖点，而崇尚分享的社会化网络自然成为最适合的平台。事实上对于这款产品微博上的讨论也大多集中于此，比如“史上第一只可以剥开吃的冰棍”、“吃香蕉不吐香蕉皮”等带有趣味的评价得到了大量转发。

2. 互动营销，引爆网略

雀巢发现，中国的年轻人几乎都是互联网、手机用户，他们喜欢谈论新鲜事物，并且相信口碑传播；他们花费在传统电视频道上的时间已经越来越少。而雀巢“笨NANA”的“剥开”，可以满足年轻人追求新鲜、好玩、时尚，并且乐于分享的消费心理。

为此，雀巢在社交巨头QQ上建立了互动的微型网站，在一个满是猴子的热带岛屿背景的网站里，都是动画“笨NANA”游戏，并鼓励网友分享“笨NANA”的可剥离，可食用外皮的有趣体验，这是“笨NANA”的关键卖点。同时微博用来宣传造势。电视、户外及搜索等媒介作为辅助宣传。

在这次“笨NANA”冰淇淋营销中，雀巢开创性地为单一一款产品在腾讯平台上搭建互动的微网站，结合产品本身的有趣体验，借助新媒体的全方位多媒体的冲击，给潜在客户带来直观的体验。同时引入社会化网站新浪微博进行社交营销，带动产品的口碑传播。

3. 持续热炒，持续火爆

2012年2月，雀巢“笨NANA”开始全国范围预热，一边开始投放电视广告，一边在微博上发表“大陆也能吃到‘笨NANA’了”的信息，为消费者带来切合实际的期盼，此时“笨NANA”开始在广州小范围上市。3月2日“笨NANA”开通新浪微博，之前的预热显出效果来，第一条微博转发量一天内超过1 000次。

从3月份开始，随着更多的人在本地吃到“笨NANA”，网络上热传的“笨NANA”微博内容就更丰富起来了。如“心急吃不了笨NANA”，“有一种崩溃叫买不到笨NANA，有一种甜蜜叫今年我们一起追的笨NANA”。这些微博在不知不觉中形成转发或创造相同主题的内容进一步传播。在 3 月份，“笨 NANA”登上新浪话题榜第一名，并 7 次登上新浪热搜榜。

大农业模式启发

很多农业龙头企业都已占据市场很久，何还能老树开新花，产品在市场上屹立不衰？缘于他们在营销思路，产品定位上的准确和大胆创新！中国冰淇淋市场发展这么多年以来，年年推陈出新，然而绝大多数的新品只能昙花一现，而雀巢“笨 NANA”却因为全方位的营销以及新的营销方式的应用火热一直持续到今年夏天。雀巢有什么秘诀？秘诀就在于“雀巢笨 NANA”不是普通的冰淇淋，它们是创造需求、引领消费、改变消费者生活方式的战略新品。

在此次营销方式上，“笨 NANA”冰淇淋“好玩”的食用体验无疑是一个绝佳的卖点。雀巢启动微博营销，在产品热度下降之后又在 QQ 上建立互动微型网站，并利用游戏与网友进行互动营销，不断制造话题，形成宣传攻势，让“笨 NANA”持续火热。

第二节　美汁源果粒橙营销：喝出来的乐趣

案例描述

美汁源是可口可乐公司 2004 年 4 月份上市的一个品牌，是全球销量最大的果汁品牌之一。目前，该产品分销 100 多个国家。果粒橙，精选每一个产自佛罗里达的阳光香橙，通过全程深度榨取技术，致力于保留香橙中的营养成分，并融入了饱满的阳光果肉，不添加防腐剂和人造色素。

美汁源拥有超过 60 年的专业果汁生产经验。2004 年来到中国并成功推出了“美汁源果粒橙”含真正果肉的橙汁饮料，深受广大消费者喜爱。美汁源果粒橙精选了来自加州的天然果园生长的美味香橙，每颗香橙都接受了超过 200 天的阳光照射，给人带来真正水果般的享受。

志起未来点评

对于可口可乐而言，“美汁源果粒橙”的成长路径可成为一个最佳范本：在可口可乐公司的500多个子品牌中，只有“美汁源果粒橙”是在中国市场本土研发、“土生土长”的品牌，2011年，“美汁源果粒橙”销售额超过10亿美元，成为可口可乐公司第14个品牌价值超过10亿美元的品牌。

在推出“美汁源果粒橙”之前，可口可乐也曾在中国市场新推出旗下包括天与地、酷儿等多个品牌，然而，这些品牌都只有着短暂的灿烂，只有“美汁源果粒橙”完成了可口可乐在中国市场打造明星产品的使命。这款可口可乐体系中独一无二的产品，只用了短短三年多时间就成为了中国饮料市场低浓度果汁市场的销售冠军，并保持至今。

1. 差异化竞争，造就美汁源的成功

差异化竞争是“美汁源果粒橙”成功的要因。1979年进入中国市场后，可口可乐除了巩固既有的碳酸饮料这一优势阵地外，一直尝试寻找新的增长点，而并购汇源本是其进入果汁饮料市场的最快捷途径，不过在失手并购汇源后，其继续深耕果汁饮料市场的机会顿失。

而此时，中国饮料市场的热点几经轮换，从茶饮料到果汁饮料再到乳饮料。在这个领域，统一、康师傅等一系列品牌在果汁市场已经占据先机，市场格局基本确立，可口可乐如何才能把握住机会？

创新是可口可乐成功的关键，中国果汁饮料市场的竞争已日趋白热化，要想在市场竞争中取得领先地位，满足消费者需求，符合市场需要的差异化经营则是关键，这就需要生产厂商从产品研发、生产、销售、市场营销等方面打造差异化竞争力。

2. 创新再创新，美汁源不断向更高攀升

为了和市场上已有的果汁饮料有明显区别，可口可乐从西方果汁饮品的制作上得到启发，打算在橙汁中加入新鲜果肉——这一次果汁与果肉的“混搭”造就了中国市场上第一个含果肉果汁饮料。

含有一粒粒果肉的美汁源天然、原汁原味，顺应了消费者的心理需求，这个创新是别人所没有的，它带给消费者一种新鲜的感受和新奇的体验。

而在设计上，“美汁源果粒橙”的外瓶上部分状如橙子，表面布满了凹凸不平的颗粒，它帮助“美汁源果粒橙”实现了“拿在手中，果肉在眼中”的效果。这的确是一个不小的创新。在中国市场，人们对混搭饮品却情有独钟，因此，才有果粒橙的成功。

随后可口可乐沿袭这一“混搭”产品模式，研发推出了更多品种，新口味的加入不仅进一步丰富了美汁源品牌的产品线，也为销售数字做出了巨大贡献。

作为一家拥有 10 余个 10 亿美元品牌的巨头，可口可乐绝不会满足于仅在中国市场获得成功，其全球资源平台和专业技能，是否能够将“美汁源果粒橙”的成功从中国复制出去？

很快“美汁源果粒橙”遵循着由近及远的原则，进入亚洲的 14 个国家和地区，2009 年，它进入拉美市场。今天，这一产品成为全球销量最大的果汁品牌之一。

3. 整合才是王道，美汁源进步确定品牌地位

“整合市场营销是‘美汁源果粒橙’，乃至可口可乐公司在市场营销策略的制胜之道。”通过全方位的市场整合营销策略，把品牌的精神和信息自然地带入消费者线上线下体验中。

“美汁源果粒橙”每年有10亿人次的饮用量，如何持续性地与品牌消费者进行沟通，并不断扩充更多的“粉丝”是美汁源一直专注的重点。

“美汁源橙客团”的成立就是美汁源建立自身圈子文化的一个体现。

随着多元化生活的开始，不同的人们已经开始形成自己的圈子。在规模化的营销平台之外，必须建立圈子文化的互相认同，通过圈子中‘意见领袖’的号召力，达到对品牌和文化感兴趣的受众的互动，并使得他们对品牌的认同最大化。

依靠这个原则，美汁源在新浪微博、腾讯微博、人人网都建立了“美汁源橙客团”公共主页，这就为品牌粉丝创立了专属的交流平台，同时也为品牌日后的传播活动积累广泛的粉丝群。至此，美汁源进一步的稳固了自己的品牌地位。

目前，中国已经成为可口可乐全球第三大市场。可口可乐公司董事长兼首席执行官穆泰康在接受新华社记者采访时透露，可口可乐中国市场2011年二季度的业绩令人瞩目，增长达21%，其中“美汁源果粒橙”增幅高达36%。这一成绩与品牌的整合传播策略不无关系。

大农业模式启发

说到“美汁源果粒橙”，我们会想到明媚灿烂的阳光，粒粒饱满的鲜橙果肉？“美汁源果粒橙”这种带着果肉的饮品，以阳光、健康的形象深入人心。美汁源最新的广告语告诉我们：阳光的果汁可以为你带来诸多乐趣。而这，是很多农业深加工的饮品企业都在追求的。

“美汁源果粒橙”的成功，与其他所有成功品牌推出时候一样，它的出发点是以对消费者的了解和对消费者的认知。正是秉承这一点，美汁源在众多农产品饮品企业中脱颖而出，成为大众喜欢的饮料品类。

第三节　可口可乐也卖萌，贴近消费者

案例描述

可口可乐公司是美国最大的软饮料、糖浆、果汁及咖啡、茶叶生产企业之一。总部设在佐治亚州亚特兰大。其前身可追溯到1886年创立的一家饮料企业。

1919年，可口可乐正式注册，并组成该公司。

1960年以前，基本上单一生产可口可乐饮料。后陆续兼并、收购一些企业的股权，逐步向各种经营业务发展，包括生产果汁，加工咖啡和茶叶，生产塑料包装材料以及水净化系统等。

1977年通过报刊、电视、广播等宣传媒介大做广告，使可口可乐成为世界闻名的饮料，行销世界各国。

其主要子公司设在美国以及加拿大、日本、德国、西班牙、阿根廷、巴西等国，并在很多国家设有装瓶厂。

1992 年，可口可乐公司资产总额 110.52 亿美元；销售额 132.38 亿美元。

可口可乐是全球排名第一的碳酸饮料，也是全球最著名的产品之一，以其酷爽怡神的口味和自由活力的品牌形象备受消费者青睐，特别是年轻消费者的欢迎。如今，可口可乐不仅是一种怡神的饮料，更成为了流行文化的一部分。

志起未来点评

可口可乐的营销术经常被学界当作典型案例进行研究分析，每个时期，可口可乐都会打出不同的营销标语。比如 2000 年可口可乐营销的主题是“Enjoy”；2007 年强调自我，“要爽由自己”；之后强调分享，2010 年的广告语即“你想和谁分享新年第一瓶可口可乐”。

近年来，消费者会在电视广告上看到可口可乐在打亲情牌，强调家庭聚会中的亲情与分享。

1. 可口可乐新装“卖萌”

近年来，中国的饮料市场竞争如火如荼，果汁饮料、茶饮料、乳酸饮料大战此消彼长，而碳酸饮料市场则相对沉默。

而最近，细心的人们可能会发现，街边小店中的瓶装可口可乐换了新包装，瓶身标签印上了诸如“高富帅”、“白富美”、“喵星人”等 90 后新新人类熟悉的网络流行语。可口可乐公司称，这种新包装被称为“快乐昵称瓶”，是可口可乐今夏的新装。

这批产品已从 2013 年 5 月底开始生产铺货，渠道覆盖全国各大卖场、超市、便利店等。首批产品涵盖二十几个快乐昵称，将出现在可乐 300mL、500mL、600mL 的 PET 独享包装中。

“可口可乐‘卖萌’可以说标志着营销已经进入 90 后时代。”宣亚培恩国际公关公司的洪磊告诉记者，80 后营销的主流方式是用当下最红的明星做代言，靠明星的价值激起消费者对品牌的忠诚度与美誉度。而 90 后的年轻人，喜欢用更加草根的方式张扬自我，以“我”为中心实现自我价值的肯定与表达。

北京志起未来营销咨询集团董事长李志起认为，比起以往，可口可乐的这轮营销更加“接地气”，更加放下身段，接近和迎合了年轻消费者。

2. “非主流”的阶段性诉求

志起未来董事长李志起指出，今夏可口可乐的这批“快乐昵称瓶”仅是个“非主流”的阶段性诉求。“饮料企业常常求新求变，靠各种改变来吸引消费者的眼球，让消费者没有厌倦感。比如：可口可乐的 LOGO 每隔几年就会调一次，这是品牌商在为自己造势。”

“像可口可乐这样，一款面向大众的产品对人群进行细分，进行个性化的营销，随着营销技术、手段以及大数据样本的支持，应用会越来越广泛。”李志起特别强调，这种细分式的营销策略，应用要特别小心，需要控制好数量与渠道，避免对品牌造成伤害。李志起认为，从目前看，可口可乐只在 PET 领域创新，并没有因此将整个市场及可口可乐的文化价值观做根本的改变，在吸引年轻人眼球和尊重老消费者方面做了很好的平衡，是个较为安全的策略。

3. 从品牌传导到引导消费者参与

“卖萌”不是可口可乐的独创与专利。从淘宝的“亲，有什么需要帮助”开始，到刘强东的“今晚，莫名其妙地兴奋”，再到星巴克的“卖萌闹钟”，用可爱、幼稚的语言做营销噱头就一刻没有停止过。

“快消进入卖萌时代，并不代表全是 90 后趋势，80 后甚至 70 后也能接受这种方式，一方面是受 90 后年轻人的影响，同时意味着这些人也期待着拥有一颗年轻的心。”

不过，迎合消费者，特别是年轻消费者的心似乎越来越难。李志起认为，像过去那样通过集中的广告运作席卷整个区域已经不可能了，更好的营销模式是尊重、倾听年轻消费者的心声，根据他们的喜好、兴趣点与之互动，并不是像猜谜语一般臆想年轻人可能喜欢的产品或元素推给他们，这显得过于草率了。以前的营销，是品牌传导理念、价值，消费者被动接受，现在消费者正成为营销的主体，品牌的主要工作是引领消费者参与互动。

“目前来看中国快消行业的营销方式，更多的是让消费者做‘选择题’，要么'Yes'要么'No'，是一种简单粗暴的互动，聪明的营销者应该为消费者出'填空题'，测试出消费者的喜好，与消费者沟通，真正贴近消费者的喜好。"李志起说。

大农业模式启发

在确立了饮品界龙头老大后，20 世纪 80 年代，可口可乐开始对全产业链进行改造，以期得到一个更集中、可控和系统化的运营系统。

随着计划的展开，可口可乐开始收购装瓶商，回购特许经营权，向着农业下游环节慢慢渗透，对大型的装瓶厂进行现代化改造的同时，可口可乐还在区域内积极地进行广告营销。通过这种模式，可口可乐渐渐获取了对全产业链的控制权，定价和市场营销的方面的决策也得到快速的统一执行。

第四节　红牛：战略新品决胜终端

案例描述

1966 年，红牛功能饮料诞生在东南亚美丽的国家——泰国，成为全球最早的功能饮料品牌之一。从此，红牛和其他领先品牌共同掀起了持续四十多年的功能饮料潮流。

通过长期的开发与宣传，红牛品牌逐步走出泰国，走出亚洲，并传播到欧洲、美洲和大洋洲，进入一个又一个国家。如今，红牛已经行销世界近 140 个国家和地区，2007 年全球销售额超过 40 亿美元，成为全球领先的功能饮料品牌。

在亚洲，红牛于 2001 年入选"亚洲二十大品牌"，在泰国，红牛是全国第三大产品与服务品牌；在中国，红牛是家喻户晓且富有品牌独特魅力的成功的海外品牌。

在美国，经过短短十年的开拓，红牛不仅名列第一能量饮料品牌，带动了一百多个竞争品牌，并位居全美十大饮料公司之一，在 2003 年美国饮料业年会上荣获"年度最佳饮料公司"称号。

在大洋洲，红牛被澳大利亚和新西兰的顾客所认同，行销工作迅速取得突破。

志起未来点评

“累了 困了 喝红牛”。红牛能够在全球范围内传播，并成为世界功能饮料市场的领军品牌，与红牛的全球营销策略是分不开的。

红牛品牌的成功依靠五大策略：品牌定位聚焦能量与活力，积极进行产品推广，长期坚持运动营销，锁定年轻顾客长期进行培养，广泛开展终端推广的“暗营销”。

作为一个特点鲜明的功能饮料，红牛既不能丢掉自己传统的功能属的诉求，又必须根据时代和市场的变化为品牌注入新的活力。

在中国市场上，功能饮料竞争品牌越来越多，因此，红牛必须要建立一个强势品牌，而不能仅仅满足于一个知名品牌。

1. 建立强势品牌 知名度要落地

红牛缺的并不是品牌的知名度，而是如何才能将这个知名度向美誉度转换，将知名度变成消费者的忠诚度。

首先要将阻碍消费者购买的心理障碍祛除掉，争取红牛相当一部分的游离消费者。这些消费者之所以游离是由红牛多年来的宣传策略造成的，消费者认为红牛的产品功能太强，而在消费者心目中，功能太强的产品一定具有某种程度的负面影响。其次，要赋予红牛一些特定的品牌含义，创造消费者的消费欲望，最后，使消费者从拥有消费欲望转变为购买冲动。这样，那些游离的机会消费者就会成为忠诚消费者。

2. 媒介投放多元化 让知名度落地

在红牛以往的媒介使用策略中，会把70%～80%的资源放在电视广告上。但对红牛这么一个高知名度的品牌，电视广告宣传是主要的，但一定不是最重要的。打造产品的亲和力和美誉度，更多的是需要公关活动或者是平面媒体。

通过开展公关活动和媒介策略的调整，红牛飘在空中的知名度被拽到地上来，落到红牛更广泛的消费人群中来。

3. 活力＋动感＋时尚＝今日红牛品牌创新见成效

从90年代末期，人们的消费已经过渡到追求偶像、追求体验、追求感觉的阶段，更多的消费是心理消费、体验消费、感情消费。如果当一个消费者对一个品牌产生了感情，这个品牌就达到最高境界了。

红牛以往的品牌策略只注重了产品功能属的宣传，这只是品牌内涵六个层次中比较低的层次，在价值、文化、品牌等更深层次的内涵上以及使用者的定位方面都没有考虑。在新的竞争形势下，要扩大消费群体，就必须去扩大品牌内涵，而随着品牌内涵的扩大，消费人群也就会扩大了。

4. 新定位：从丰富品牌内涵开始

从2003年4月份开始，红牛将自己的品牌内涵定位为动感、国际、活力，并开展了一系列公关活动，深化这个品牌内涵，尽可能淡化产品功能。如赞助一些时尚的篮球赛、高尔夫运动，或支持一些白领职业人士的健身运动、旅游和极限挑战运动。通过这些公关活动，并通过媒体将这些活动所蕴涵的理念传播出去，红牛极力塑造自己动感、国际、活力的品牌形象和附加价值，让消费者在喝红牛的时候会感觉我是活力的、动感的，而并不是我困了、累了，喝红牛。让消费者在喝红牛的同时感受到自己的价值。

大农业模式启发

作为中国品质优良的功能饮料供应商，红牛公司将继续发挥世界著名品牌和中国农业龙头企业的优势，继续扩大市场网络建设，坚持不断创新、与时俱进，坚持走企业可持续发展之路；并将不断提高管理与服务水平，用安全优质的产品充分满足消费者的消费需求。

第五节　王老吉：商业性创新打造出的销量奇迹

案例描述

加多宝集团是一家以香港为基地的大型专业饮料生产及销售企业。集团成立之初一直缺少一款主打产品，1995 年加多宝集团寻找到并推出了他们的战略新品——红色罐装“王老吉”，并对这一战略产品进行耕耘与打造，通过不断的商业性创新最终成为中国饮料行业的一个传奇。

加多宝集团获得王老吉罐装饮料的销售权后，一直坚持着红罐装，2005 年“怕上火，喝王老吉”的口号已经响遍全国。翻开加多宝王老吉的大事记，每年基本都被一个商业性创新事件或主题所代表，当然，与创新相对应的就是王老吉年销量近乎翻番的增长。伴随着王老吉这一加多宝战略新品的销量的突飞猛进，加多宝集团也得到了飞速的发展。

2002 年，销售额 1.8 亿元。

2003 年，销售额 6 亿元。

2004 年，销售额 14.3 亿。

2005 年，销售额 25 亿。

2006 年，销售额近 40 亿。

2007 年，销售额近 90 亿。

2008 年，销售额近 120 亿。

2009 年，销售额近 130 亿。

2010 年，销售额近 150 亿。

2011 年，销售额近 160 亿。

2012 年，销售额近 200 亿。

志起未来点评

几近天价的销售额背后是营销的巨大成功，那么，王老吉巨额销量背后的秘密是什么？志起未来认为：

1. 良好的节奏感把握，给予消费者良好的形象特质

加多宝对于战略新品的商业性创新运用可谓是一张一弛，挥洒自如，充分利用消费者的感官新鲜感保持度，节奏感的运用非常好，有频率进行商业性创新，既不会给消费者带来感官疲劳的厌恶感，又能连续的增强消费者印象，将王老吉这个战略新品进行持续不断的打造与推广，保证王老吉在消费者心目中的形象永远是正面的、积极的。

2. 精准的商业性创新投入，最大化价值所在

在加多宝每次商业性创新中，基本都是处于大手笔的投入，这种投入虽然不是每个企业都能效仿的，但是其精准的投入，并将价值所在最大化的层面确实值得每个企业学习的，在战略新品创新过程中坚持红色理念，持续的主题宣传，为消费者做好情感嫁接，也是增强消费者认知，红色已经成为王老吉的颜色，这也是加多宝依靠战略新品迅速扩张的一大关键。

大农业模式启发

产品具有高附加值，是大农业模式的标志，也是影响企业竞争力的关键。随着消费者对高附加值产品的需求将不断上涨，涉农企业只有立足自身资源，提高品牌内涵，嫁接品牌资源，全力打造品牌价值，才能创出更加符合消费者和市场需求的精华产品。

第六节　新奇士：一颗美国橙的中国梦

案例描述

“新奇士”是个有 108 年历史的非营利性协会。新奇士合作社每年销售水果约 8 000 万箱，是美国十大供销合作社之一，也是世界上最大的水果蔬菜类合作社。

1934 年，美国新奇士协会在上海设办事处，当时中国人叫它美国花旗橙，中国成为世界上花旗橙销量最大的国家。

1999 年，为争取加入 WTO，中国做出了让步，取消美国柑橘、肉类、小麦产地进口限制，这对中国取得永久性正常贸易关系待遇也起了非常关键的作用。

5 月中旬，1 800 箱新奇士橙在 2 个小时内被蜂拥而至的江浙经销商抢购一空。

志起未来点评

一只小小的橙子缘何能从美国漂洋过海来到中国，并大受欢迎呢？

1. 建立合作社，专业化管理

“新奇士”的热卖是和它的商业模式密不可分的，美国甜橙由于个大汁甜儿被世界人民所喜爱，但是因为质量参差不齐、价格不统一造成橙贱伤农的现象。于是，原来分散在美国加利福尼亚和亚利桑那州的 6 500 个美国果农组合起来，使用统一的种植标准、统一的商标“新奇士”、统一的价格，同时随时注意市场变动，每周根据市场反馈做出新的价格调整。

协会本身是非盈利机构，但要负责“新奇士”橙全球市场的推广和科技改良等。这样一来，“新奇士”橙不仅在形状、外观上达到了统一，更在价格上掌握了主动权。合作社运作资金主要来自政府对果农的退税和对农业的预算补贴，以及会员缴交的会费。

在“新奇士”合作社的组织下，果农种植的橙子经过包装和加工，以统一的价格和统一的包装畅销世界各地。

2. 构建立体营销体系，抢滩中国市场

“新奇士”水果70%在美国和加拿大销售，30%出口到其他国家和地区。合作社在国外设有20多个销售代表处和分支机构，在53个国家有45家总代理。这些驻外机构负责市场调查和促销，根据各地需求向国内下订单。

“新奇士”合作社按照现代企业的运作模式，建立高效的管理和决策系统，聘请专业人士对产品实行销售策划。如1999年中国和美国签订中国加入世界贸易组织（WTO）协议后，合作社快速出击，抢滩中国市场，当“新奇士”从美国游轮登陆中国上海外滩时，其促销团队专门在中国召开新闻发布会，接着进行促销广告的地毯式轰炸，1 800箱橙子在两小时内被销售一空。最后，“新奇士”把橙子铺货到中国各大超市，果品投放时机、地点、数量、节奏都经过严密的策划，“新奇士”橙从此成为最受中国消费者喜爱的橙子品牌。

3. 打通水果加工全产业链，提高附加值

“新奇士”打通了橙子从采摘到出售、深加工的全产业链。大大提高了产品附加值。

为了提高产品质量，“新奇士”要求合作社的6 000家果农都有精确的电脑系统统计，从而使产量均匀公布在各个时期。为了达到全年都有新鲜水果供应的目的，合作社提供技术，使橙子一年可以收获两季，柠檬、葡萄柚和柑橘可以一年四季不断。为了提高甜橙采摘的存放时间，在收获季节，合作社安排技术人员专门向果农讲授采摘技巧。并且根据水果的质量不同分成不同档次，每个档次都有统一价格。合作社利用自己的包装厂，可以向果农提供摘、选、包全套服务。水果采摘完经过严密的筛选程序之后，外表难看或是体积大小不一的水果直接加工成饮料。

大农业模式启发

对于中国的小农业企业来说，要成功向大农业模式转型，必须摒弃传统以种植为主的单一经营方式，依靠科学技术，发展集约化经营，建立专门的营销体系对产品进行专业化管理、专业化营销，打通产品的上下游产业链，提高产品附加值，向着多种经营形势相结合的立体型农业的转变。

第七节　佳沛：新西兰奇异果布局全球

案例描述

新西兰自 1904 年引进奇异果，起初是无心插柳，但由于适宜的气候与水土条件，加上奇异果受人喜爱的独特风味，很快的许多果农纷纷开始栽种奇异果。1988 年为整合原有各自出口的产业组织，新西兰政府协助成立“新西兰奇异果行销局”，集中并整合果农资源形成单一出口的行销模式，加强从选育品种、果园生产、包装、冷藏、运输、配售及广告促销等环节的配合，使得新西兰奇异果成为全球奇异果市场的领导品牌。

虽然新西兰是世界上位居意大利之后的第二大猕猴桃生产国，但是却是世界上稳定种植和出口猕猴桃最多的国家，出口量占世界的 20%。全国共有 2 700 个种植园，每个种植园约 3～5 公顷，全国种植面积约 1.3 万公顷，总产

量约22万吨，其中约20万吨出口到世界70多个国家和地区，甚至又返销到了中国。

1997年，新西兰猕猴桃行销委员会更名新西兰猕猴桃国际行销公司，由新西兰2 500个种植奇异果的果农拥有。并决定以“佳沛”作为唯一品牌，负责新西兰在全球的营销管理。所有产自新西兰的奇异果——佳沛，每只大小匀称、微泛金光的果子上都贴着相同的品牌标签，它们全部通过新西兰佳沛国际公司销往世界各地。如今佳沛新西兰奇异果行销全世界七十多个国家，每年生产近八千万箱的奇异果，占全世界总产量的20%，广受世界各地消费者的喜爱。

志起未来点评

世界上种植猕猴桃的国家甚多，却没有哪一个猕猴桃能成为一个品牌并闻名全球，“佳沛”做到了，它不仅做到了而且还把猕猴桃卖到了全世界，成为最受欢迎的猕猴桃品牌，这其中又有何奥秘？

1. 统一管理，集中创造最大优势

以前新西兰的奇异果是分散种植、各自销售，没有形成统一的销售，导致价格低、产品质量参差不齐，为了解决自身的生存问题，1988年，新西兰2 000多户果农在政府的协助和配合下，纷纷注销了各自经营了数十年的品牌，组建了一个统一的销售窗口——“新西兰奇异果营销局”。同时，政府通过相关法令规定，任何果农以自己的品牌出口销售将被视为违法。新西兰奇异果营销局与果农之间是一种利益共同体的关系。相当于果农共同出资成立了营销局，又聘请了一个职业经理人团队，既通过销售产品赚钱，又通过营销公司的扩张得到分红。

“新西兰奇异果营销局”建立集约化经营管理，大力推广种植新技术，然后向各行业协会成员推广，新技术的应用不断提升了产品的质量与产量；产品质量也由参差不齐向统一高端品质提升。所有的奇异果在出口之前实行统一的质检，杜绝产品质量参差不齐。

使用统一的品牌名“佳沛”实行统一的品牌管理，建立统一的品牌形象和系统，最大程度的实现品牌累积，建立新西兰猕猴桃在全球的强势地位。

2. 建立标准化出口营销模式

在技术方面"新西兰奇异果营销局"，佳沛国际公司有独立的技术研究院，每年投入固定的费用作为研发经费，根据市场的偏好改良奇异果。1998年，新西兰根据亚洲人的口味改良了口味偏酸的绿色奇异果，推出了口味偏甜的黄金奇异果，产品一经推出便风靡整个亚洲。佳沛的技术人员佳沛通过国内的一家公司与果农签订合约，派出技术人员对果农进行统一的技术指导，等猕猴桃成熟以后，全权收购符合技术指标的奇异果。实现奇异果生产的标准化，最大程度的降低产品损益率。

3. 公益营销，带着水果去上学

"带着水果上学去"公益活动是2009年"5·20中国学生营养日"宣传教育活动的组成部分，此次活动由佳沛新西兰奇异果大力支持，并获得北京市学生营养餐工作办公室的积极配合。在5月20日中国学生营养日到来前夕，佳沛将向北京的小学生捐赠12万颗纯净无污染的新西兰奇异果，并随奇异果发放宣传手册，向小学生介绍水果营养的知识。此次活动提升的企业的知名度和美誉度，让佳沛的影响力深入到青少年人群。

大农业模式启发

对于我国的大农业种植模式来说，农户数目众多，规模小而分散，这决定了大农业模式必然会与农民建立较为特殊的联系。既紧密的，又松散的。这种松散的联系并不十分有利于农业企业长期、稳定的生产。

农业企业正面临前所未有的发展大机遇，大农业时代已是历史趋势，要想成功融入。对于粗放经营的农业企业来说，小农业企业必须放弃"小富即安"的思想，建立相关产业协会，制定统一的种植、生产、深加工制度，采用集约化经营，有助于提高产品的附加值，从区域突围全国，利用好资源和政策，运用战略新品模式，完成从种植向加工、从加工到品牌的迅速转变，才能真正做强民族品牌。

第八节 16元一瓶“零度果坊”为何卖断货?

案例描述

2012年年底时，“零度果坊”还只在15个城市有经销商，但到了2013年7月，这个数字迅速上升到了30个，销售额每月环比增长20%，鸿福堂现在也已经有20款凉茶和糖水饮料在内地出售，其中在内地销量最好的，是一款由芒果和西柚形成的糖水饮料“杨枝甘露”。

“有添加不一定是不好，但是无添加是更好。”的消费理念已经被大多数消费者认同，所以，“零度果坊”推出零添加纯鲜榨果汁赢得了众多追求自然、健康、养生的高端人群的欢迎。

志起未来点评

在众多饮料品牌以低价厮杀争夺消费者时，“零度果坊”却标榜小众，公然抛出16元一瓶的饮料，从一无所有到仅仅一年时间迅速占领30个城市还供不应求，销售额每月环比增长20%，它是如何做到的?

1. 创新战略新品，“小众饮料”开启大市场

“新面孔”这可能是大部分人对鸿福堂和“零度果坊”的第一印象，但是实际数字比这种印象要火热一些。2011年夏天才开始销售产品的“零度果坊”并不便宜，300mL一瓶的100%新鲜压榨果汁售价16元。

小众饮料的价值凸显，越来越多的公司正在加入这个阵营。如何保持小众饮料的先进性！这正是“零度果坊”目前面临的难题！经过深入的市场和消费者调研，“零度果坊”鸿福堂的研发团队每年大约研发出6～8种新口味，在研发和推广上着重强调的一点，生产更多保质期短的“新鲜品”，让便利店消费人群用搞价换取这种价值。鸿福堂发现和香港不同，内地消费者更偏好水果口味的饮料，所以他们有意识地在内地推广更多的水果饮料。

2. 精准定位，小众饮料的差异化之战

毫无疑问，“小众饮料”正在成长为一个大市场。对于这个夏天的饮料大

战，口味的作用相当重要，随着中国消费升级，在北、上、广、深等一线城市有越来越多的消费者注重生活品质和包装感受，不迷信大众品牌，并且有一定消费实力。

从资金实力和企业规模上“零度果坊”达不到康师傅、统一等一线饮料品牌的级别，做大众产品也做不过一线饮料品牌，所以“零度果坊”选择了差异化战略，在饮料市场越来越细分，新品类和功能饮料辈出的饮料界，“零度果坊”的目标是只满足目标客户群。

但在研发特别口味保持优势同时，小众品牌也兼顾了市场的普遍接受度，特殊的水果成分需要较长时间的消费者培育期，比较容易失败，所以除了口味上的独特，在了无新意的饮料行业，小众饮料带来了一些出人意料的变化，它给了消费者更多口味选择、更多新奇的感受，这是小众饮料最大的价值。

3. 玩转渠道，联合营销获成功

在渠道选择上，“零度果坊”在内地40%的销售都是在便利店，而剩下的60%则通过超市、街头商店和社区高档百货消化。至少在饮料行业，由于平均货单价更高、销售速度更快。便利店很容易给产品树立上档次的形象，往来便利店消费的年轻人便成了小众饮料的主力消费者。

“零度果坊”在便利店提出的陈列要求是冰柜一面墙下四层，芒果、猕猴桃、西柚、橙汁四种零度果坊的产品依次排开。不同口味的包装本身颜色就不一样，这样的组合在视觉上也最醒目。在产品上架一个月之后，“零度果坊”的销量就超过了味全“每日C”。

在运输上，“零度果坊”总经理充分利用了过去做牛奶积累起来的资源，找到了为伊利、蒙牛和光明做经销商的牛奶经销商，既节约了“零度果坊”需要全程冷链运输，而一辆冷藏车的价格是20万元左右，由牛奶经销商来分销，经销商不需要额外投入冷藏车的购买成本之余，还可以提高冷链的利用率。鲜牛奶的保质期是7天，“零度果坊”的保质期则有28天，经销商有足够时间去分销这些果汁。牛奶经销商往往比较擅长打入超市，这正好完善了“零度果坊”在便利店以外的销售渠道。

大农业模式启发

从“斯慕昔”到“零度果坊”，北京志起未来营销咨询集团认为，随着新崛起的年轻群体和中产阶级家庭消费理念、消费能力的提升，传统标准化、低价化、工业化的饮料产品阵营在开始瓦解，“小众饮料”时代正在到来，它的特征就是新鲜、营养、时尚、个性，在连锁便利店和写字楼渠道可以卖得很好。那些还在成长中的中小型饮料企业注意了，这可能是你们在面对行业巨头重压时，唯一的突围机会。

第九节　六个核桃：从 0 到 30 个亿的业绩神话

案例描述

养元六个核桃从 2005 年上市至今，短短 6 年时间，就创下从 0～30 亿的业绩神话，但是在刚刚进入核桃饮这个行业的时候，“六个核桃”却面临诸多问题：

1. 植物蛋白饮料品类定位不明确

植物蛋白饮料上市很多年依然不温不火，制约其发展的一个关键问题就是品类定位不明确，市场上大部分核桃露的诉求点都集中在针对女性的美容养颜方面。而美白最直接有效的是化妆品，纵观整个植物蛋白饮料行业都缺乏品类定位。

2. 植物蛋白饮料不易成为日常消费饮料

因为价格高昂，包装局限，在我国大部分地区，植物蛋白饮料并非日常习惯性饮用的饮料，都是逢年过节时送礼用。不容易成为日常的消费饮料。而植物蛋白饮当前面临的主要问题是如何跳出送礼的怪圈，成为消费者的日常饮料。

3. 消费观念的差异导致消费者选择差异

由于地域差异和种植物的不同，导致了在中国植物蛋白饮料市场的“北露露，南椰汁”的消费者认知和消费习惯。这就直接造成了两个植物蛋白饮料品

牌成长的地域困境，始终没有突破这个地域上的局限。直接导致露露产品在南方无人问津而椰汁的产品在北方卖不动的局面。

志起未来点评

面对种种困难，“六个核桃”是如何力挽狂澜，掀起植物蛋白饮品行业的新高潮的？志起未来认为：“六个核桃”之所以能取得今天的成就，主要有以下几大原因：

1. 聚焦战略新品

养元“六个核桃”从一开始就以偏执狂的精神把自己的主力聚焦到核桃饮这条路线不动摇，而且把核桃的功效、传统、文化不断深入挖掘，形成了核桃饮品专家的权威地位，而不是像其他中小饮料企业那样，什么火就跟随做什么，没有自己的定位和定力。

2. 一个会说话的好名字

“六个核桃”是养元的副品牌，显然对于消费者来说，它更加具有吸引力和亲和力。名称简洁、直观，且朗朗上口，用最直接、最大胆的形式表现产品卖点，成功塑造了品牌鲜明的差异化形象。

3. 强有力的品质保障

对于区域品牌而言，产品优势是其发展的一个关键，其品质的好坏直接决定了它能否走出区域，走向全国。在这方面，养元可谓是实力雄厚，它不仅是中国核桃乳饮料行业标准起草单位，更是中国最早研发、生产、销售核桃饮品的企业，汇聚了国内大批专业核桃饮品研发人员。所以在品质上，养元拥有着绝对的优势。

4. 农村包围城市、集中兵力的营销策略

养元巧妙地避开了强势品牌争夺的焦点——大中型城市，而以广大县乡农村的三、四级市场为根据地，采取农村包围城市的市场策略。显然它成功找到了区域品牌的突破之道和中小企业的成长乐土，这是胜利的关键。

5. 赢得口碑的线下公关活动

在市场营销方面，养元可谓是成功赢得了年轻一代消费者。它将产品特性与目标消费者相结合，组织了大规模的"'为成功加油'万名考生大赠饮活动"，不仅赢得了年轻消费者的芳心，更将产品益智、助眠等功效表现得淋漓尽致。

大农业模式启发

在农产品策划领域，作为农产品终端饮品的植物蛋白饮料的发展一直是不温不火，涉足的企业也比较少，而"南椰树，北露露"就算是为这个市场撑起了一片小天地。但就实力而言，它们依然称不上是行业的巨头，顶多是开拓者，原因很简单，因为植物蛋白饮料市场依然处在发展的初级阶段，还需要更多的竞争者参与进来才能达到最佳效果。目前，"六个核桃"的一鸣惊人可谓是掀起了市场的新浪潮，大品牌纷纷"下海"抢占市场，小品牌低价恶战谋取小利，一时间植物蛋白饮料市场的竞争愈演愈烈，六个核桃想要保持行业老大地位，必须坚持以不断地创新赢得市场。

养元"六个核桃"没有偏信定位、模式而是从一开始就以偏执狂的精神把自己的主力聚焦到核桃饮这条路线不动摇。大力打造自己的战略新品，而且把核桃的功效、传统、文化不断深入挖掘，形成了核桃饮品专家的权威地位，真正做到了创造需求、引领消费。

第十节　养乐多：奢侈的“酸奶贵族”

案例描述

酸奶是促进胃肠消化，有助于人体健康的食品。是我们日常中最常见的一种乳酸饮料，属于快速消费品。

饮用酸奶在我国有着悠久的历史，特别是边陲的少数民族最为青睐酸奶。但酸奶作为现代食品以工业化的模式迅速发展则是从1996年开始的。

然而养乐多的出现，改变了酸奶的平民面貌，给酸奶首次披上了贵族的外衣，养乐多打开了普通食品不能越池的禁地之门。

养乐多公司（Yakult）创业于1935年，是全球最大的活性乳酸菌饮品制造公司之一，至今已有70多年生产和销售发酵型乳制品的历史。

从1964年第一家海外事务所在台湾成立至今，养乐多的销售网络已遍及全球30多个国家和地区，并分别在日本东京和欧洲比利时设立了研究机构，专门从事益生菌的研究与开发。养乐多公司现已成为拥有食品、化妆品、医药、分析试验、研究开发以及社会公益活动等事业的国际性健康食品企业。

养乐多公司从2001年开始进入中国大陆，将益生菌健康理念带给中国人民。为满足更多消费者的需求，养乐多细分了产品类别。

普通养乐多凭借“越喝越美丽”的支撑，让整个产品都鲜活起来，个性鲜明，意义丰富。充分打造了酸奶的功效极限。综上，不难看出养乐多的另类营销路线成功运作，划分出酸奶史上不曾真实存在过的高端市场，开创了时尚酸奶的先河。

志起未来点评

作为世界最大的生产和销售发酵型活性乳酸菌乳饮料的制造商，养乐多公司的中国历程起步未久。养乐多目前的有效市场局限于以一线城市为主的沿海市场，并且在现有城市市场范围内的市场潜力也远待开发。

1. “活”性是关键

活性乳酸菌乳饮料是未经过杀菌处理的乳酸菌饮料，以高营养的乳类为载体，以乳酸菌和双歧杆菌等益生菌为主导，产品兼有营养和保健双重功能，在国际上通常也称为低温型乳酸菌饮料。活性乳酸菌饮料是乳酸饮料的一个分化品类，“活”性是决定其营养价值的关键，因此，必须贮存在2℃～6℃的冷库中以保持活菌数量，这也是活性乳酸菌饮料区别于营养快线、果之优酸乳等常温型乳品的最大特点。

2. 菌种决定品质

市面上销售的不同品牌的酸奶，外包装最醒目的位置大多印有不同的菌种名称。有的酸奶外包装还标注有菌群数目，为何小小的菌种如此受青睐？

志起认为，酸奶要想做到高质量，除了要保证可靠的奶源，优良的菌种是最为关键的因素。未来三年内养乐多的战略目标包括：第一，树立养乐多活性乳酸菌乳品第一品牌；第二，最大范围、最大限度地取得市场影响。

养乐多的市场策略，是以养乐多品牌塑造为核心，以现有市场为基础，逐渐向内地一级城市市场延伸，利用三年时间最大程度完成中国市场的全线布局。

大农业模式启发

乳品，是大农业重要的子行业，从事乳品的企业很多，而养乐多作为世界最大的活性乳酸菌生产企业，自从诞生那天起，就不断为追求更高品质的产品而努力，为保证更高的品质，

养乐多中的大部份原料都是经过精心挑选，从国外引进，养乐多在中国内地的两大生产基地的生产流水线皆是从国外引进，并由外国专家现场监控生产。

正因为有了严格的生产控制和质量保证，才成就了养乐多公司伟大的历史和今天。我们坚信，只有不懈追求高品质的产品，才能给消费者带来安全、健康的保证！

第十一节　康师傅冰糖雪梨：后来者居上

案例描述

2012 年 3 月，统一推出了新饮品——冰糖雪梨；时隔半年，康师傅的冰糖雪梨也上市了。且在推出当月，康师傅仅华南市场销售业绩就达 2 000 多万，领先于统一。相关数据显示，康师傅冰糖雪梨目前在全国市场暂时领先于统一。

2011 年 5 月上市的统一冰糖雪梨，虽面世不长，却以 16 万箱的销量给准备进入梨汁市场的众品牌们打了一剂强心针。

2012 年，统一不但在瓶装基础上推出利乐包，而且还在各团购网展开秒杀，赚足消费者眼球，同时牵手情歌天后梁静茹，全力烘热 2012 年梨汁市场。

康师傅入行较晚，去年 10 月推出冰糖雪梨，但出手就是满堂彩。康师傅的宣传更是在网、报纸、电视全面开花，2012 年，康师傅更是大规模进入重点城市旅游景点便利店，展开渠道拓展攻势。

2013 年 3 月起，梨汁先驱“一支笔”一改过去几年沉寂，开始在全国各种媒体上频频造势。

与此同时，区域品牌华一莱阳梨汁打破区域品牌的局限，开始在全国商超发力；合德堂等一些二、三线区域品牌也陆续加入冰糖雪梨竞争阵营。

志起未来点评

梨汁诸多品牌的种种表现，是否预示着一个新的饮料浪潮已经来临？康师傅如何决战终端，后来者居上？

1. 看准时机推新品，后来者居上

在任何产品的市场先进入的产品自然更容易占领消费者心智，自然有先入为主的优势，但如果企业能在增长期切入，就可以节省培育市场、培养消费观念的费用。统一早于康师傅半年启动冰糖雪梨市场，却被康师傅超越，是因为康师傅冰糖雪梨避开了消费者培育期，直接从认同期杀入，入市时间恰到好处。

2. 把准消费者脉搏，爆发口味大战

随着市场的需求不断变化，每一个市场甚至每一个时期都会有不同的口味、价格、诉求等需求的不同。为了抓住消费者的胃口，抢占更大的市场份额，就必须在把握消费者核心需求的基础上，实现产品的不断更新。

康师傅在产品口味上做足了文章。康师傅冰糖雪梨特选新鲜雪梨压榨成汁，融合晶莹剔透的特级冰糖，通过将传统口味与现代工艺完美结合，打造出独一无二的口感，获得了消费者的极大认可。

相比而言，统一冰糖雪梨口味偏甜，在传播上偏重于对产品营养的强化。因此，这也造成统一冰糖雪梨后来在市场上因为口味得不到消费者认可而被迫短暂下市调整。

3. 渠道 & 消费者 & 成本最佳组合

对于成熟的饮品业来说，消费者购买抉择受到产品本身的口味、终端动销等多方面的影响，高空轰炸式的广告投入，有如大炮打蚊子，成本高，收效不成比例。康师傅则将更多的费用用在终端陈列、渠道返利等方面，体现出极大的消费适应性。康师傅以降低容量的办法，压低了超市的零售价格，掀开了消费者的钱袋子。同时，成本的降低，也给予经销商更大的利润空间，实现渠道和消费者的双向动销。

大农业模式启发

康师傅冰糖雪梨的成功，表面上是产品的研发能力强和渠道建设上的成功，实质是因为它把握住了饮品行业的本质，在市场层面推出适合消费者需求的产品，从而引领了需求。

第十二节　香飘飘：边玩边卖，创出 24 亿的销量奇迹

案例描述

香飘飘成立于 2005 年，是浙江香飘飘食品公司生产的杯装奶茶，发展至

今已有 7 年，已经成为国内主要杯装奶茶的代名词。

公司总投资额 2.5 亿元，注册资本 5 000 万元，厂区占地面积一百亩，是目前中国最大的杯装奶茶专业制造商之一。

连续五年销售领先，香飘飘奶茶被称为中国奶茶业发展最快的企业之一，从 2005 年几千万元的销售，到 2008 年接近 6 亿元的销售，香飘飘真如它的广告上所说“一年卖出 3 亿多杯，杯子连起来绕地球两圈”。

在新的历史时期，香飘飘将以“做中国最好奶茶，创中国第一品牌”为使命，努力实现战略、机制、文化和能力的突破，实现生产规模化、管理科学化、市场全球化，本着“诚信、双赢”的经营理念，再展香飘飘品牌的时代魅力。

志起未来点评

香飘飘选择学校及其周边商超试销，香飘飘在每箱产品里都附上一张红纸条：本包装箱内多放了一杯奶茶，由香飘飘公司邀请店老板亲自品尝。市场渐渐有了反应，销售团队又根据不同试销点所在的位置，将方圆十几公里内的大中小学地址全部打印出来，然后再邮寄给试销点。

将学生作为产品的引爆点，“把奶茶卖到这些地方去。”正是香飘飘的绝妙之处，照此办法，逐一推进，香飘飘先后以杭州、郑州、南京、北京等几个有辐射力的大中城市为中心，做深做透，继而再向周边城市辐射、借势成事、水到渠成。

1. 重视广告效应，确立品牌地位

地面部队在加速推进，空中的广告轰炸则依旧选择聚焦。当年，资金实力尚不雄厚的香飘飘，只向湖南卫视砸下 3 000 万元广告费，香飘飘成了奶茶行业第一个做广告的。

为迅速打开全国市场，香飘飘决定砸下 3 000 万元进行广告宣传，树立品牌。

“对于比较容易被模仿的新产品，第一次出拳一定要重、要狠，一定要迅速打进顾客心里。”信念的力量，有时要比信心强十倍。这是香飘飘最出的信念。

于是我们看到了这 15 秒的广告：火车上，一个女孩拿着奶茶做出既想喝又不想喝的样子，啪！周围突然变得黑漆漆一片——原来火车进了隧道。火车马上又开出了隧道。咦？奶茶呢？原来被前面一个男孩子偷去喝掉了。这是一个足以让人“晕倒”的广告，殊不知效果却出奇的好。因为生怕观众看不懂，广告里不停地重复着“香飘飘奶茶”、“奶茶香飘飘”——整整七个“香飘飘”，这声音不断的冲击强化着消费者的心智。

做品牌，一定要选择一个好的品类，为品牌命名一个好的名字，为品牌进行准确的定位。

此前不止一次听人提起“迅速崛起的香飘飘”，香飘飘并不是迅速崛起的，而是稳健成长起来的。

2. 品牌要选择一个好的品类

首先要打造品牌，就要选择有潜力的产品。香飘飘在 2004 年进行市场测试的时候，并没有在全国市场投放，半年下来就基本上测试出来，该产品是有潜力的。

3. 品牌要有一个好的名字

一个好的名字对品牌非常重要。香飘飘的名字是 100 多个名字里面挑选出来的，其广告叫做“香飘飘奶茶，奶茶香飘飘”，目的就是让消费者知道产品是什么东西。如今，香飘飘已成为奶茶的代名词。

大农业模式启发

志起未来解读香飘飘奶茶的成功秘诀，将杯装奶茶变成时尚。

1. 挖掘消费需求，找到品牌蓝海

发现了消费需求，那么是否满足需求就可以成功了？立顿奶茶最早发明了杯装方便奶茶，但是市场反应平淡，香飘飘后起之秀，创造了消费奇迹，缘由何在？

香飘飘的成功在于发现了奶茶市场的这一结构缺陷，“结构的价值远大于细节的价值”，结构性的机会才是真正有利可图的大好机会。香飘飘借助这一点，实现了它的飞翔梦想。

香飘飘抓住了消费者的这一情感需求，并加以有效利用，通过满足这一需求，实现了品牌的突破和提升。

2. 创新演绎产品，创造娱乐价值

在体验经济时代，产品的娱乐价值已远远大于其故有的功能。“一包奶茶粉＋一盒珍珠或果条＋一个纸杯＋一根吸管”，这些就是一杯奶茶的内容物。从营养成分来看，富含维生素、植物蛋白质等，但有很多糖分，热量高。年轻人明明知道奶茶没有什么营养，为什么饮用者仍然众多？奶茶的娱乐化消费趋势很明显，他们更多是为了“喜欢”的那种乐趣和时尚追求。

作为深加工企业，香飘飘奶茶利用产品的娱乐趣味性将营销从一贯穿始终，从各个层面拉高了品牌形象，加深消费者品牌印记，继而利用这些影响力和拉动力，先启动小盘，在兴盛流行的热潮时，逐步扩延到周边，借势成事，水到渠成。

第十三节　北川维斯特：打造中国高山农业第一品牌

案例描述

北川维斯特科技农业集团是5·12汶川大地震后山东援建北川的国家重点农业项目，注册资本1.2亿，是现代化的电子交易平台，由山东寿光蔬菜产业集团斥资精心打造，主要从事果品蔬菜、特色农产品电子交易，物流仓储等配套服务。

北川维斯特科技农业集团位于北川农业高科技园区，依托现代科技，挖掘北川乃至周边地区丰富的特色农产品资源，运用强大的第三方支付平台，实现果品蔬菜和特色农产品资源与电子商务的优势互补，逐步建设成为果品蔬菜和特色农产品的信息中心、交易中心、定价中心和物流配送中心，致力打造中国西南部最大的电子交易平台。

志起未来点评

在找到中国农业咨询领域做得最好的营销策划公司——志起未来之初，北川维斯特面临着战略定位不清晰、管理方式老化、在当地无知名度等问题，项目启动举步维艰。

在深入调研和研究之后，志起未来充分利用北川维斯特科技研发优势与资本实力，以“创中国高山农业第一品牌”为企业战略发展目标，整合西部地区丰富的生态资源与旅游资源，打造具有“西部高山农业”特点的“生态农业全产业价值链”，最终确保以实体效益为目的的经营理念，立足北川、带动绵阳、覆盖西部、面向全国，走向世界的全方位发展。

1. 战略定位：打造中国高山农业第一品牌

“高山农业”不仅仅是一个概括性的名词，而是志起未来对北川维斯特集团在资源、政策、文化、经验、团队等五个方面的充分分析与研究的基础上提炼出的，其核心是要打“生态”和“高端”牌。志起未来看重“生态”是基于：生态农业是世界、中国农业发展的大趋势，是将来维斯特走向世界的一块奠基石。维斯特身处西部生态环境，拥有“蔬菜工厂”（有机蔬菜产业园）的生态技术支持；生态农业虽在中国受重视，但目前尚无领先品牌和企业，有市场空缺。高端农业定位是北川维斯特突破当今管理方式老化、无知名度现状的利器，区隔于中国农业企业粗放发展态势。

“高山农业”为维斯特的“生态”、“高端”发展路线赋予了一个实际的概念，同时使得维斯特在农业领域区别于所有竞争者，做行业的领跑者。

2. 做高山农业全产业链的价值创造者

在“高山农业”的战略下，以高山农业涵盖维斯特的特色农业、高端农业、农业旅游，构建高山农业全产业链，以三大板块创高山农业第一品牌。

特色农业板块，或西部特色农业，以西部特色或东部高产作物在西部驯化育种的新鲜蔬菜的种植、销售、配送、加工等为主。同时，在 10 个基地所在地，根据本地特色，发展当地的特色农业、农特产品。比如在北川基地发展高山农业，在新疆发展绿洲农业，在低地区域发展低地农业等。

高端农业，以生产、销售无公害、绿色、有机农产品为主，即高附加值、高利润的“农业奢侈品”，突出生态特色，抢占高端市场，为企业的主要盈利点。

旅游农业，结合每一个基地旅游资源，发展与生态农业相关的休闲观光旅游。

维斯特品牌立足于三大板块构成高山农业产业链，通过农业标准化建立，形成一条可规模化复制的价值产业链。

3. 包装出一批明星产品

“人靠衣装，产品靠包装”，包装的重要性对于产品和品牌来说是不言而喻的，而农产品企业对包装不重视，粗制滥造的包装比比皆是，使消费者对农产品包装形成了土特产式的固化形象。北川维斯特在包装上的惊艳突破，一改农产品的低端形象。在色彩、材质设计上将“绿色、天然、环保”等视觉符号融入包装上。同时，也加入了一些时尚、特色元素，高雅而不失高档，形成了维斯特独特的品牌个性。在终端，北川维斯特产品绝对是一道亮丽的风景线。也正是北川维斯特在包装上的良苦用心，使得高山蔬菜、高山茶油等产品热销于市。

大农业模式启发

当前我国农业发展的问题还很多，诸多企业面临着战略定位不清晰、产品加工初级、管理方式老化、知名度低等问题，在真正产业化、商品化、市场化方面才刚刚起步，即使是中粮这样的大企业也仅仅是在某些产品上的利用。由于当前国家对农业的重视，诸多企业“巨头”都纷纷跨界农业，如做 IT 的联想集团，做快递的顺风优选等。同时，生态农业的发展趋势更是让大中小企业挤破头都想分得农业的一杯羹，农业可谓是机遇与挑战并存。面对当前农业“内挤外拥”的现状，北川维斯特洞察国内生态农业缺乏主导品牌的先机，在充分整合自身既有资源的基础上，广泛链接特色农业、高端农业、农业旅游三大板块，形成高山农业的价值产业链，通过营销和产品创新，打造高山农业第一品牌。

北川维斯特的成功告诉我们，大农业模式的企业不仅需要战略新品，企业本身也是个大产品，也需要战略新品来突破瓶颈，开拓市场。那企业如何进行创新，打造成为市场上攻无不克的战略新品？首先需要经过前期大量的调研分析的基础上对企业定位及卖点的重新梳理，然后通过营销模式、包装及促销方法的改变，对企业重新打造，以便给消费者全新的认识，提升品牌形象，带动企业产品的销量。

第十四节　从天地壹号估值 40 亿背后应该看到什么

案例描述

天地壹号，一个饮料品类里十分偏门的醋饮料，在未上市前居然被全国排名第一的 PE 机构深圳创新投资集团估值 40 亿入驻。这个估值甚至比全国果汁饮料第一名，香港上市公司汇源果汁的市值还高近 10 亿元。

天地壹号以健康佐餐饮料为产品定位，以服务顾客为导向，产品自 1997 年上市以来，又不断致力于开发更健康、更安全、更优质的产品，现已发展到第五代陈醋饮料系列，最近又推出了原汁苹果醋饮料系列。天地壹号以独具特色的佐餐健康作用倍受广大消费者推崇，满足了现代人的健康生活需求，天地壹号醋饮料关注人们的饮食健康，因而开创了一个佐餐醋饮料新局面，在全国引领了醋饮料潮流。

志起未来点评

在天地壹号估值 40 亿胜利的背后，是其精准的定位和营销方式：

1. 精准的定位，抢占新一轮市场竞争空间

如果仅把天地壹号当一个普通饮料，很难想象它能做到上百亿的市值。但是如果将它定位在佐餐饮料，市场就不一样了。醋虽然是酸的，但它却是“碱性”食品，与酸性的大鱼大肉刚好互相中和，有增强人体免疫力的功效。天地壹号的目标，是要成为继鱼、肉、青菜、米饭这四道必备菜之外的“第五道菜”。佐餐饮料的定位让天地壹号从众多功能性饮料中脱颖而出。“雪碧＋醋”的口味也获得众多消费者喜爱，在基本没有竞争对手的情况下迅速占领市场。

2. 不断推出战略新品，开启醋类饮品多元营销

看似高手云集的饮料市场其实极度分散、产品跟风现象严重。天地壹号则坚持避开那些打得头破血流的所谓红海里的竞争，投入到饮料细分市场中去，

天地壹号短期内推出 3 款新品：分别为 2012 年 11 月推出的功能饮料“冲锋壹号”、今年量产的山楂味植物饮料“百草壹号”，以及已于 3 月下旬试产的纯净水“巴马壹号”。新品跨界很大，但中国消费者口味千差万别，爱好新奇。只要产品独特、消费者喜爱，那些看起来强大的竞争对手就变得不那么强大。天地壹号充分研究消费者习惯和喜好，不断推出战略新品，开启醋类饮品多元化营销，迅速抓住消费者，成为功能饮料界最大的“黑马”。

大农业模式启发

很多企业决策者都知道要产品是企业的核心力，于是不断地推出新产品，却不知道如何打造真正的有持久影响力的产品。

很多大农业模式的龙头企业，看重的是产品的持久性，他们的产品大都可以在未来几年内，持续为企业带来很好的销售额和巨大的利润，这是因为，他们在深刻洞察市场趋势后，充分整合企业自身资源、寻找可以引领市场的拳头产品，在巧妙嫁接市场的同时最大限度化解掉风险，以达到将产品优势全方位植入大众心里，抢占市场最高点的目的。

第十五节　致养 100：原浆核桃乳，开创核桃蛋白竞争蓝海

案例描述

和很多企业一样，在“致养 100”推出之前，由于采用灵活的市场应对策略和单纯销量实现导向，绿宝露并未在品类塑造上实施专注，尽管这种灵活的营销方式在历史上曾创下年销售几亿的不俗业绩，但随着近年来蛋白市场的品类化进程，这些渐渐成为企业进一步做大的桎梏。经过一番深入的市场研究和多次讨论，企业最后决定选择从已经成熟的“核桃蛋白”品类上入手，打造新的战略品牌并实施品类专注，“致养 100”应运而生。

选择用“致养 100”做核桃蛋白，不是一次简单的跟随和模仿，尽管前面有养元六个核桃遥遥领先，后面有诸多品牌在跟随和模仿，但绿宝露还是怀着

一颗敬畏的心，决意要开辟新的蓝海。在明确“致养 100”的品类方向和战略定位之后，“致养 100”原浆核桃乳成功上市，迅速在试销区获得认可，多个试销区更获得了月销量过万箱的不俗业绩。

志起未来点评

1. 聚焦战略新品

绿宝露在未推出战略新品“致养 100”前，采用灵活的营销方式也创造了不俗的业绩，但随着蛋白市场的品类化细分，绿宝露意识到了没有战略新品，企业资源就无法聚焦，过渡分散。企业不能形成核心的盈利模式，往往靠简单模仿和价格战为主，缺乏真正核心竞争能力。“致养 100”核桃乳的战略新品推出，给绿宝露这艘巨轮装上了不断前行的“核动力”。

2. 一个生动的品牌名

从品牌命名上，摒弃了跟随性企业惯用品名和概念上的模仿，而是选择从“营养”角度进行诉求。以“致养 100”命名，意为“极致营养百分百”，从而和众多跟随者区分开来。

3. 从产品概念、生产工艺和品牌诉求上进行了再创新

致养 100 借用了酒水营销中的“原浆”概念，赋予产品“纯正香浓”印象，并且从工艺上对概念进行落实，产品采用全核桃入料、坚果烘焙和低温冷磨工艺，从品质上锁定全核桃营养，更添加磷脂。坚果烘焙工艺更保证了口感上香浓。

4. 高档定价策略，拉高品牌形象

从产品定价上，“致养 100”并没有选择在成熟价位区间做价格纠缠，而是瞄准消费升级趋势，从战略考虑，选择从 75～80 元/箱这一远高于成熟价格带的区间进行发力，既保证了产品的利润优势，又保证“致养 100”在核桃蛋白饮料中的高端形象。

5. 深挖自身优势资源

企业自身的优势资源：a. 12 年专注蛋白行业，企业对蛋白市场有着系统而深刻的认识。b. 12 年专注蛋白行业，企业积累了丰富的市场运作经验，并

锻造了一支营销铁军。c. 12 年卓越品质，已经获得了经销商的高度认同，织成了一张便利的营销渠道“网”。

在核桃蛋白饮料品类中，“致养 100”以高档的品牌形象展现在消费者面前，与核桃蛋白饮料巨头“六个核桃”等诸多品牌区隔开来。“打江山容易，守江山难”，“致养 100”开辟了自己独特的品牌道路，要保持和建设好“致养 100”的高档化核桃蛋白品牌路线，将竞争对手远远甩在后面，“致养 100”还有很长的路要走。

大农业模式启发

近几年来，植物蛋白饮料行业被炒得热火朝天，植物蛋白市场也呈现出品类化趋势，众多商家都想从中分得一杯羹。在当前的核桃蛋白饮料这个细分品类市场中，“六个核桃”的绝对领先地位短时间内无法撼动，“大寨”、“露露”等众多品牌各自为营，相继发力，一时间核桃蛋白饮料市场竞争愈演愈烈。即使在这样一个成熟、竞争激烈的核桃蛋白饮料市场，绿宝露通过对市场需求与市场发展的把握，结合企业自身的情况，推出了“致养 100”核桃乳这个战略新品，不仅提高了品牌的知名度，也促进了整体品牌的业绩的提高。

“致养 100”核桃乳的成功经验告诉我们：企业即使在“无经验、无资源、无品牌”的恶劣形式下，在强势的竞争环境中，依然可以根据自身条件与市场环境，打造试销对路的、成功的战略新品。

第十六节　斯慕昔：引领非浓缩还原果汁饮料新风潮

案例描述

斯慕昔是什么？是可以喝的水果哟！

它是北京漫品食品有限公司推出的非浓缩还原复合果汁，原料只来自100%天然新鲜的水果，没有任何添加，甚至是一滴水。

谁也没想到，2006 年的斯慕昔还是一个未成形的 idea（想法）萌芽，到如今迅速成长为一棵引领果汁饮料市场的大树，成为中国第一个“NFC”复合果汁品牌，在果汁饮料市场独树一帜。斯慕昔主打“非浓缩还原果汁”这一健康、营养、天然的概念，是国内市场唯一的不用浓缩汁为原料，无任何添加剂，来自100％的天然新鲜水果。

如今，在网上商城、北京和上海的大超市、便利店，都能买到包装清新、口感纯正的斯慕昔果昔，深受白领、中高薪阶层的喜爱。“罗马并非一日建成”，斯慕昔成为中国第一个NFC复合果汁品牌这棵参天大树，成功的背后也经历了诸多艰辛。

1. 果汁饮料市场品牌众多、竞争激烈

果汁饮料是我国发展最快的行业之一，市场的明朗化直接导致了竞争的激烈化。众多知名企业纷纷生产果汁饮料，如汇源、可口可乐、康师傅、娃哈哈、统一、百事等，新厂家也涌现不断。据统计，国内生产果汁饮料的企业已达400多家，竞争压力可以说非常的大，使得外来品牌很难进入果汁饮料市场。同时，果汁饮料的价格日益透明化，厂家和经销商的利润在不断变薄。

2. 果汁饮料品类繁多，无明星产品

我国果汁饮料市场形成了数十种果汁饮料品类，其中包括苹果汁、柑桔汁、鲜橙汁、仙桃汁、葡萄汁、杏仁汁、雪梨汁、山楂汁、黑加仑汁、柠檬汁等各种水果原料汁，包括纯果汁、复合果汁，新品推出不断，品类可谓繁多，没有满足消费者共同喜好的“明星产品”。

志起未来点评

在新品辈出的果汁饮料界，斯慕昔是如何从几千种产品中脱颖而出，成为最受白领欢迎的果汁？

1. 高瞻远瞩，推出适销对路的战略新品

斯慕昔抓住了当今消费者对“健康、天然、营养”需求的心理，推出了国内市场唯一不用浓缩汁为原料，无任何添加剂，甚至是一滴水。从清新的包装、高定价到品牌定位，将斯慕昔定位为高端果汁饮品，定位于白领阶层、中高收入阶层的消费者。斯慕昔从产品各方面打造自己的特色，区隔于市场上一般的浓缩果汁饮品。

2. 社区会员直供，提供便利的购物体验

斯慕昔饮品在网上直接销售会员卡，只要会员一个电话，足不出户，几个小时之内就能喝上“特供”的饮料，再加上还有“月卡”、“季卡”、“年卡”等优惠措施，受到不少白领的喜爱。不仅如此，斯慕昔还走进社区便利店，让消费者能够更快、更便利的喝到纯正无添加的果汁。

3. 坚若磐石的品质，让斯慕昔立于不败之地

时下频发的食品安全事件给食品企业敲响警钟，斯慕昔从创办之初就从细节抓起，拒绝安全隐患于各个环节。在包装上，选用玻璃方瓶，玻璃瓶相比于PET瓶，折光率好、不易透气，这样可以更好的保证斯慕昔的品质。与玻璃瓶配套的瓶盖有一个安全按钮，如果安全按钮突起的话就不适宜饮用了，这样更方便消费者来辨别果汁的安全度。选择用方瓶如果不小心斯慕昔倒在桌子上，瓶子也不会滚到地下，造成不必要的麻烦。在水果的选取上，必须挑选100%新鲜天然水果，保证斯慕昔果昔的纯正口味。

4. 南北结合，口味繁多，满足不同需求

斯慕昔非浓缩还原果汁最重要是如何保障新鲜水果的来源，而且要满足斯慕昔各种口味的果昔。斯慕昔通过大量走访全国各地农场，最后从海南岛运来香蕉，从四季如春的瑞丽采下柠檬，从广西收获了芒果和百香果，从四川山里的老乡家里运来了楦子，从山东运来新鲜的苹果。采用南北结合，尽可能选取更多新鲜水果，满足不同消费者的胃口。

大农业模式启发

在国内，果汁饮料市场品牌众多，竞争激烈，利润空间不断被挤压；模仿与跟风成了果汁饮料的发展趋势，只要一品牌率先推出新品类产品，不用多久，该品类的品牌就如雨后般春笋；品牌的竞争力逐渐转向了品牌的实力，包括品牌知名度、资金、网络渠道等，这使得果饮料市场的话语权渐渐地被几个实力品牌如“统一”、“康师傅”、“可口可乐”、“汇源”等掌控，导致入行门槛越来越高。如何突破果汁饮料层层障碍，分得果饮料市场的一杯羹看似非常艰难了。奇迹就是用来创造的，斯慕昔做到了。在果饮料市场还是一片白纸的斯

慕昔通过对市场的大量调研，找到了最合理的切入点——非浓缩复合果汁市场的空缺，成为了第一个吃“NFC”螃蟹的品牌。

对于大农业企业来说，不能只限于推出新产品，还要考虑，从独具特色的品牌名、包装，到国内首家“NFU”产品定位，再到直销会员制推广方式等一系列的营销方式。只有把这些做好了，产品才能成功。

第七章

大农业经典案例：乳品

乳品一向是大众的关注和最爱，随着人们健康观念的不断提升，很多百姓早已养成了天天喝牛奶的习惯；同时，乳制品在国民经济中的比重不断提高。总产值逐年提升，人们对原味奶，酸奶等的强大需求，让起步较晚的乳制品行业仍有着广阔的发展空间，市场增长潜力很大。本章就通过经典成功案例，讲述了战略与创新对奶制品企业的重要性，只要合理进行品牌定位、有战略、有创新、有具体的实施方案，就会将乳制品业带入更高层次，赢得更多市场份额。

第一节　美赞臣：梦想成就爱心与产业

案例描述

美赞臣公司 1905 年成立于美国，是世界上生产营养品的大型跨国企业之一。一个多世纪以来，美赞臣一直全心全意，致力为全球婴幼儿提供科学营养，给他们带来一生最好的开始。

美赞臣营养品（中国）有限公司自 1993 年成立以来，致力成为中国最好的营养权威，为中国宝宝量身定造卓越的营养。

美赞臣拥有全球统一的全程质量安全管理体系，涵盖了从产品研发、供应商审核与管理、原料控制、生产过程、流通渠道，直到产品被消费的全过程。2004 年，美赞臣成为国内首批“儿童食品行业安全信用体系建设试点工程”企业，其安全管理经验被选作样本，在全行业内推广。

志起未来点评

在乳品业，美赞臣公司绝对算得上是王者了，一百多年的历史，世界上生产乳品的大型跨国企业，让美赞臣深入人心，致力为全球婴幼儿提供科学营养，给他们带来一生最好的开始，这也是美赞臣永不改变的使命。

探寻美赞臣的发展之路，我们不难看到以下几方面：

1. 品牌起源：一个梦想成就一份关爱

作为世界级营养专家，美赞臣多年来致力为全球婴幼儿提供科学营养，给他们带来一生最好的开始。而很多人可能还不知道，这份恒久的坚持，源于创始人爱德华·美赞臣的一个梦想。

早年，爱德华·美赞臣的长子泰德患有先天性心脏病，严重影响进食，曾一度濒临危险边缘。爱德华因小泰德的病情万分焦虑，四处寻讨救子良方。幸得“美国儿科之父”雅各布医生配制的婴儿食方，竟奇迹般地令小泰德转危为安。

泰德的经历使爱德华感同于天下父母的爱子之切，于是心底涌出了一个梦想：一定要让世上千千万万的孩子像小泰德一样，分享到优质婴儿营养品带来的健康与喜悦，让所有父母因此而更安心。

1905年，爱德华的梦想得以实现。如今，一代又一代婴幼儿正在美赞臣的滋养下健康成长，由最好的开始迈向非凡的人生。

2. 消费者可信赖的选择，成为高端品牌策略

美赞臣将“消费者可信赖的选择”作为核心诉求。在美赞臣看来，最大的和谐就是让品牌成为消费者的信赖之选。为了配合新的品牌主张，美赞臣将对产品及市场渠道等方面进行全面升级。

现今的市场，讲求渠道为王，渠道成为最稀缺的商业资源，把握住这两个时代的稀缺资源，就能在市场中占领先机，从而获得企业的快速发展。而当前，市场正进入买方市场的高级阶段，同行业中的竞争品牌越来越多，消费者的需求也越来越多元化、差异化。

消费者的心智资源就是指消费者的印象，即消费者头脑中固有的想法，也就是品牌在市场中的定位和相应的推广策略。

美赞臣现行品牌推广策略，其核心正在于运用公司资源集中传播“A＋高DHA水平”，“健康机灵，学的出色”的品牌诉求，从而牢牢占据消费者心智资源。

大农业模式启发

作为农业深加工企业，美赞臣以产品线框架、定价策略、渠道策略、零售体验、沟通策略为主导，构建品牌运营能力。以整合营销的方式，持续满足目标受众的需求，从而积累强大的品牌资产，并不断带来市场上的溢价回报。

乳品是大农业中的重要子行业，作为乳品的领军者，美赞臣的成功在于其一如既往的执着与坚持，一贯地专注于一、二线城市高端市场，一贯地使用“健康机灵，学得出色”这一品牌诉求，一贯地使用“A＋智力升级计划”这一沟通策略，一贯地在地市重点医院渠道精耕细作，并辅以一贯以市场为导向的组织架构，从而支撑了美赞臣在品牌战争中的地位。

第二节　多美滋：国际乳企拓展中国市场

案例描述

多美滋，来源于欧洲市场，多美滋的母公司达能婴幼儿营养食品，拥有近100年婴幼儿营养研究经验，业务遍及世界120多个国家。旗下众多品牌在荷兰、英国、法国、德国、瑞士、意大利、比利时和新西兰8大发达国家占有领先地位，是全球妈妈的信赖之选。

达能婴幼儿营养2011年在全球的销售额达36.73亿欧元，同比增长了10.7%，其中，亚洲是销售提升最为突出的市场之一。Dumex多美滋是达能婴幼儿营养在中国的品牌，2005—2011年连续6年全国销量第一。

从1996年开始，多美滋先后通过了HACCP（危害分析关键控制点）认证、ISO9001质量管理体系认证ISO14001环境管理体系认证、ISO22000食品安全管理体系认证等。

如今，多美滋在全球销量超过50亿罐。

1993年，多美滋首家将DHA及ARA加入婴幼儿配方奶粉中。

2006年，多美滋在中国率先将国际专利益生元组合添加到婴幼儿配方奶粉中。

2007年，多美滋在中国推出了全系列专业配方奶粉，满足婴幼儿的特殊营养需求。

2009年，多美滋旗下的品牌金装贝乐嘉在中国上市，全护营养配方，让宝宝享受健康快乐地成长过程。

2012年，多美滋优阶系列全新上市，为宝宝提供“分阶段营养强化”方案，让宝宝在各阶段展现成长优势。

志起未来点评

多美滋品牌首创于1946年。此后，多美滋逐渐发展成为在亚洲地区居于领先地位的知名婴幼儿配方奶粉品牌。

多美滋的生产线设备从丹麦、澳大利亚、新西兰、挪威等国进口，代表了世界领先的乳制品制造技术。多美滋在从原材料质量检测到产品检验出厂生产全过程中实施严格的质量监控措施。在国内，多美滋首开对原料牛奶中的抗生素和黄曲霉素残余物进行检测的先河，并对配方奶粉中的核苷酸进行分析和检测。先进的生产流程、持续的工艺改进以及优化的管理措施确保了多美滋产品的优异品质。

多美滋品牌的核心是4大品牌价值观：

1. 关切周到的营养

多美滋设身处地为消费者着想，不仅仅满足他们对营养的需求，而是提供他们确实需要的关注和关心。

2. 不容妥协的诚信

多美滋深刻认识到行为对许多人生活有直接影响，严格遵循品牌价值和公司行为准则。

3. 专业的精确营养

久经考验的经验和专业技术，是多美滋确保能够为消费者提供生命中每个阶段特定的营养解决方案。

4. 有意义的创新

基于对消费者的了解，多美滋用创新领先业界，让生活更轻松、更美好。

大农业模式启发

乳业，是农产品中产量最大的。近年来，我国的乳品需求量在逐年上升。

多美滋正是看准中国市场的好商机，紧紧抓住了这一趋势，推出了多款健康营养的婴幼儿奶粉，突显出其巨大的发展潜力。同时，也符合了乳品市场发展潮流和趋势，越来越受消费者喜爱，取得不错的市场反应。

作为世界乳品大企业，多美滋注重发展产业链结构，打造品牌优势，创出了世界一流品牌，不仅为企业带来了高附加值，更是进一步提升了品牌知名度。

第三节　兰特：总统喝的牛奶

案例描述

兰特，作为法国第一大奶酪品牌，是法国最具有代表性的奶制品品牌之一。它有着悠久的奶酪制作及加工历史，拥有 400 余种不同类型的奶酪，他们的产品销往全世界 140 多个国家。总统通过研发新产品及其包装，扩大销售渠道，以及其背后强大的广告宣传和促销活动，使得自己在市场中的地位不断增长。兰特品牌的宗旨为高品质，坚信念，求创新，全世界，每秒钟就有 20 个总统的产品被销售出去。

兰特黎斯集团诞生于 1933 年，迄今已成为全球最大的奶酪生产商和第一大乳制品集团之一，迄今为止，集团在 35 个国家共拥有 198 个生产基地，旗下的著名品牌在全球 160 个国家销售。兰特品牌于 1968 年在法国创立，现已发展成为法国领先液态奶品牌。

志起未来点评

lactel 兰特是法国兰特黎斯集团旗下的牛奶品牌。该集团旗下的 PRESIDENT 总统牌似乎更为人熟知。此款为脱脂牛奶，因脱去了脂肪所以口感可能不是十分香浓，但更健康些。瓶口有旋盖，方便喝不完存放。

lactel 兰特 100％由纯牛奶制成，富含钙质，每 100 毫升牛奶含 120 毫克的钙。

严格按照 HACCP 安全标准生产（HACCP 体系被认为是控制食品安全和风味品质的最好最有效的管理体系）。

原装进口：法国原装进口，品质优秀。

营养美味：富含钙，好喝又营养。

优选原料。

科学工艺。

总统品牌，作为法国第一大奶酪品牌，是法国最具有代表性的奶制品品牌之一。它有着悠久的奶酪制作及加工历史，拥有400余种不同类型的奶酪，他们的产品销往全世界140多个国家。“总统”来到中国的目的非常明确——让美食爱好者们无论在全国的哪个地方，都可以享受到专业的高品质的奶制品。

“总统”通过研发新产品及其包装，扩大销售渠道，以及其背后强大的广告宣传和促销活动，使得自己在市场中的地位不断增长。总统品牌的宗旨为高品质，坚信念，求创新，全世界，每秒钟就有20个“总统”的产品被销售出去。

大农业模式启发

作为乳品业来说，奶源是保证产品质量的关键，而好奶需要好牛，好牛又需要好草。法国兰特牛奶的奶源来自于本地适合放牧的独特的地理位置与温和湿润的大西洋温带气候，从西部的诺曼底、布列塔尼，到中央高原的草地，以及勃艮第地区的灌木林，每一个地区的独特风光均孕育出高品质的奶源。

在确保奶源后，法国兰特通过入股合作社方式将奶农与大市场紧密连接起来，形成了生产、加工、消费的成熟产业链，同时互为监督管理，为优质奶源的供给及乳品卫生安全打下坚实可靠的基础。

第四节　蒙牛：颠覆性创新，特仑苏终结乳业薄利时代

案例描述

2008年的婴幼儿奶粉事件，让国内知名乳品企业全年亏损，受到巨大影响，蒙牛作为被检测出三聚氰胺的三大乳品企业之一，也付出了惨重的代价。但就在大部分产品都被迫下架整改的非常时期，有一支产品，依旧销量坚挺，并且在短暂下挫后强势反弹，这就是“特仑苏”，可是说“特仑苏”作为中国第一支高端奶，成为蒙牛在风雨中依然能够支撑品牌价值的台柱。

志起未来点评

很多人并不知道，特仑苏作为高端牛奶中国乳业最具颠覆精神的战略产品，它的出现，打破了中国乳业的“黑铁时代”。在国内乳企的竞争已近白热

化阶段，面对利润空间不断被挤压，甚至“奶贱于水”的现状，蒙牛跳出竞品之间越陷越深的价格泥潭，以颠覆者的姿态奉献出影响了其后数年的——特仑苏高端牛奶，确实是石破天惊，引领中国高端奶市场风生水起。

无论对蒙牛如何评价，志起未来一直认为：蒙牛特仑苏，是蒙牛集团沉淀多年，看准市场先机，颠覆乳业市场格局，最成功的战略新品。它不只是突破，而是完完全全的推翻原有消费者对于牛奶的消费认知，这一史无前例的创新为蒙牛带来数倍于普通白奶的利润，成就了中国乳业真正的高端价值。

1. 颠覆乳业薄利时代，突破国家标准

国家每一百克牛奶中蛋白质含量标准是 2.9 克，从未有人想过可以超越这个标准。但是 2005 年特仑苏的问世却颠覆了这个标准，让 100 克牛奶中蛋白质含量天然达到 3.3 克（每百克牛奶）。使乳业进入了一个崭新的“黄金时代”，开辟了一片新的“蓝海”。蒙牛集团从建造位于北纬 40°、乳都核心区的特仑苏专属牧场开始，提炼每年牧场日照 3 000 小时，汇集四大洲的名种奶牛，精选 12 国牧草，在动物专家指导下的精心饲养，成就特仑苏最高端的品质保证。

同时特仑苏的市场零售价，从上市开始，就高于竞品最高价格牛奶 3 倍之多，这无疑一石激起千层浪，业内争议四起，对这个创造了乳业新标准的产品，所有人，都在等待市场检验的结果。

2. 颠覆市场售卖传统，突破消费习惯

凭借 3.3 克这个全新升级的品质标准和醒目标签，标新立异地证明了“廉价”并不是唯一打动消费者的杀手锏。特仑苏在为消费者提供高品质营养与品位的同时，让消费者接受了他天然的“高价格”。

这还没有结束，特仑苏再抛新概念——整箱买，不单只零售！

这无疑又是在颠覆市场售卖传统，一件特仑苏 12 支装，消费者只能整箱购买，一次性消费一箱就是 60 元。而这一次，市场再一次地证明了这个颠覆有理，特仑苏具备的强势高端特性，从战略层面，让市场消费习惯重新养成，一举站在高端液态奶市场前沿。

3. 颠覆单一品牌建设，打造全新产品理念

蒙牛显然很清楚推出特仑苏，是不断挑战的一个过程，而这一切高消费姿态必须建立在更创新的品牌传播上和全新的产品理念上。

第一，蒙牛颠覆了以往以企业整体品牌驱动子品牌，建立子品牌关联知名度的模式，让特仑苏独立出蒙牛的品牌系列，在弱化蒙牛的同时，强化特仑苏。从这一点看，蒙牛成功地借鉴了成功品牌的做法，源于蒙牛高于蒙牛让特仑苏有着很高的起点。

第二，特仑苏这个产品在被蒙牛发掘出来之前，只在有限的范围内传播，这给了蒙牛全新的可以作为的空间，特仑苏从诞生之日起就被蒙牛赋予了金牌牛奶产品的含义，并很快形成了品牌认知。对于这一点，品牌专家李光斗先生认为，特仑苏拥有了品牌等级和容易被识别的特性，因为在蒙语中，特仑苏就是金牌的意思，而它的品质也增加了成功的筹码。

第三，特仑苏致力于树立“金牌牛奶，特仑苏人生”的主张，传递出特仑苏与消费者共鸣的品质，一如进取、坚持、追求完美等独特文化元素，使得特仑苏的产品理念能够以一种积极参与的方式进入到主流人群的日常生活当中。

第四，特仑苏用一句“不是所有的牛奶都叫特仑苏”确立了自己的身份辨识，也树立了由特仑苏建立的高端品牌进入壁垒。对于消费者来说，“不是所有的牛奶都叫特仑苏”的潜台词就是不是每一个人都可以喝特仑苏牛奶，这种产品理念诱惑是无法拒绝的。

第五，特仑苏凸显了它的气质完全不同、包装完全不同、终端陈列不同。据调查发现，特仑苏在其销售终端KA里，总是处于比较显眼的位置，用最霸气的堆头，最精美的端架，完成了整体产品的理念打造！

4. 颠覆传统推广模式，打造整体传播方案

特仑苏在产品理念完善的基础上，将最后的推广模式完全颠覆。不再拘泥于普通牛奶影视明星，体育明星的广告代言，直接和被誉为“金牌出演者”的郎朗携手，顶级“金牌牛奶”特仑苏和顶级钢琴家合作，让品质感深深镌刻在生活中。

朗朗这样说：“特仑苏创造了不一样的牛奶，并且赢得了世界的认可，令

人感到不可思议。特仑苏是我代言的第一个中国食品品牌，因为‘中国制造’正在改变世界，而特仑苏如此优秀，它在未来将征服世界。”

此后，特仑苏更进一步，打造整体传播方案。联手国内最高规格的艺术团体及指挥家，在北京、上海、西安、南京、武汉、沈阳、广州等全国八大中心城市带来重量级的音乐盛会——特仑苏之声交响音乐会，为“名仕会”会员奉上高雅艺术的听觉盛宴。

大农业模式启发

很多农业龙头企业都已占据市场很久，缘何还能继续一枝独秀，产品在市场上长盛不衰？缘于他们在营销思路，产品定位上的准确和大胆创新！特仑苏上市已经将近7年，依然是奶制品市场“宠儿”，原因就在于它洞察了消费者需求，一直与时俱进，并引领了牛奶市场。从媒介到推广，从产品到品牌，从战略到执行，它颠覆的不是别的产品，而是乳制品行业的僵化思维，市场常态。

第五节　高培：360°体验，360°精彩

案例描述

新西兰高培健康食品有限公司诞生于100％纯净天然的新西兰，被誉为地球上“最后的一块绿洲”的天然环境享誉世界。高培总部设于奥克兰市，是一家专注于婴幼儿食品研发、生产与销售的高科技公司。采用新西兰无污染的纯天然优质原料，凭借国际领先的尖端科技工艺技术，联合新西兰经验丰富的专业团队，研发高培系列婴童产品，通过新西兰国家实验室等多家具有世界权威的第三方检测机构的检测，确保高培系列产品的安全高端品质。

2008年，高培刚进入中国，正是婴幼儿奶粉事件爆发，婴幼儿食品市场遭受极大冲击之时。作为舶来品的高培，一个陌生的品牌，缺乏大广告模式支持，与消费者之间的沟通屡屡受挫，如何亲近本土消费者，在暗流涌动的中国婴幼儿食品市场立足，让企业无从下手。在这样一个困难的时刻，高培选择携

手志起未来，用战略新品理论对旗下产品重新审视，并梳理产品线构架，树立品牌价值。

志起未来点评

1. 推陈出新，战略新品逆势发力

志起未来在选定高培第一款全国市场婴童高端营养品的时候，通过详细的终端市场调研，消费者访谈，在企业内部产品筛选立项的过程中，最终选定了鳕鱼肝油作为首支战略新品，这支拥有绝对技术优势的产品，配合高培全球产品研发理念，提出“科学配比，精准补充”的产品诉求，成功占位高端婴幼儿营养品市场！为高培进军中国婴幼儿市场打响第一战！

随后，高培推出 360 系列婴幼儿奶粉，全面进军婴童最大机会市场。360 系列奶粉，全面应用高培全球领先的研发技术，将纯净新西兰的品质带到中国。以全新的“天然活性”营养概念，开启了奶粉行业 360°客户体验营销新模式。

2013 年 7 月 16 日，借上海全国婴童行业大会之机，高培又隆重推出 360 系列奶粉高端产品臻智系列。GOLDMAX 臻智，是新西兰高培与奥克兰大学生物工程学院合作开发婴幼儿生物活性配方奶粉的营养研究项目。高培全国各地经销商 400 余人参加了此次大会。在会上，高培发布了奶粉全新战略新品“臻智”系列，赢得了与会专家及经销商的一致认可与好评，经销商现场订货额超过 1 亿元！在被称为奶粉行业最严新政的紧张形势下，战略新品逆势发力，助力高培赢得先机。

2. 特通流通双线并进，一举从五千万突破 4 个亿

在渠道模式方面，全面启动高培童盟战略。由海南为中心，三年时间辐射全国重点市场医疗、特通，教育特通，以及经销商大客户。更引进风靡欧美、领先同行的婴童产品营销模式，结合中国婴童市场特点，为中国婴童店全新植入了最大利润花的标杆营销模式、典范品牌战略、创新经营理念和系统专业的培训机制，全方位打造了中国婴童产业的独特推广模式——高培模式。让高培一举从五千万突破 4 个亿，成为特通流通双线并进的经典案例！

3. 360体验营销，树高端、大气形象

在消费推广层面，高培携手全国220个城市震撼联动“品质致爱赢未来”大型体验活动。依托高培强大的技术优势和产品力，以“不满意不买单”等各式新颖的体验营销形式，给消费者先体验后购买的体验机会，既牢牢抓住了消费者对品质鉴定的心理需求，又满足了消费者在消费过程中获得的“体验感觉”，从消费者认知的层面进一步巩固了品质与服务相融合的高端品牌形象。现场许多消费者纷纷拍摄活动现场并主动进行微博、微信亲友分享，比起铺天盖地的一面式广告轰炸，脚踏实地让消费者亲自体验产品更加有利于建立高度责任感的企业形象。

大农业模式启发

在消费需求日趋差异性、个性化、多样化的今天，消费者不仅仅关注产品本身所带来的“机能”价值，更重视在产品消费过程中获得的“体验感觉”。对于国际大农业模式品牌来说，凭借企业独特的资源以及过硬的产品品质，大胆创新，启动体验营销。发展童盟战略，牢牢吸引渠道商，通过互动体验，让品质深入人心，打通链接企业、渠道、消费者之间的关联纽带，引起消费者关注，成功突破企业营销瓶颈。

在一个相对成熟的市场竞争环境下，企业若想实现颠覆性的产品革新显得异常困难。只要有方法、有创意，一个恰如其分的改良，就可以让产品大放异彩。

第六节　伊利创造奶粉营销奇迹

案例描述

内蒙古伊利实业集团股份有限公司是中国唯一一家同时服务于奥运会和世博会的大型民族企业。伊利集团始终以强劲的实力领跑中国乳业，并以极其稳健的增长态势成为了持续发展的乳品行业代表。

伊利集团拥有液态奶、冷饮、奶粉、酸奶和原奶五大事业部，所属企业近百个，旗下有纯牛奶、乳饮料、雪糕、冰淇淋、奶粉、奶茶粉、酸奶、奶酪等1 000多个产品品种。伊利雪糕、冰淇淋、产销量已连续20年居全国第一，伊利超高温灭菌奶产销量连续多年在全国遥遥领先，伊利奶粉、奶茶粉产销量自2005年起即跃居全国第一位。

2013年上半年，伊利股份实现主营业务收入240.21亿元，同比增长13.41%，实现净利润17.38亿元，同比增长超过128%。

2005年11月16日，伊利通过全球最高标准的检验后正式牵手奥运会，成为唯一一家服务于2008年北京奥运会的中国乳品公司。

2009年5月25日，伊利集团再次成功携手世博，又成为唯一一家符合世博标准，为2010年上海世博会提供乳制品的中国企业。

2010年的世博会，伊利再次完美演绎了“中国制造”，提高了品牌实力，巩固了其在乳品行业的绝对领导地位。

志起未来点评

伊利集团对乳品质量的管控，正是中国乳业近几年来以质量为生命线、加快转型升级行动的一个缩影。

2008年婴幼儿奶粉事件以来，国家高度重视奶业发展，相继出台了一系列政策措施，帮助奶农和企业渡过难关，促进奶业恢复和振兴。三年多来，我国奶业产业素质不断提升，乳制品质量安全得到有效保障。

1. 提高奶源管理

奶源是乳业发展的基础，我国乳品市场多次重大的质量安全事件均起源于奶源。“只有抓好奶源这个源头，乳品质量安全局面才能得到根本扭转”，这也成为业内的共识。

推进奶牛的集中化、规模化养殖已成为转变乳业发展方式、保障乳制品质量安全的必然选择。2007—2011年，伊利在奶源建设方面的投入累计达74亿元。

伊利在全国已拥有自建、在建及合作牧场共1 300座，奶源供应比例中集中化、规模化养殖牧场达85%左右。

2. 实行封闭式管理

运奶车上的 GPS 系统只是伊利全程封闭式管理系统的一部分。伊利以 ISO9001 质量管理体系为主线，建立了全面质量管理体系，整合了 ISO22000 食品安全管理体系、ISO14001 环境管理体系和 OHSAS18000 职业健康安全管理体系，形成了“四标一体”综合管理体系运行机制，率先通过了 HACCP（危害分析与关键控制点）认证。

近年来，伊利累计投入 5 亿多元，配置各类精密检测仪器 1 100 台，监测能力达到国际先进水平。从原奶收购到产品出厂，需要完成的各项检验检测指标累计达 899 项，仅在原奶环节，伊利就实现了 117 项检测标准，大大超过了国家标准规定的数量。

仅奶粉必检的项目就有 64 项，还包括风险监测的项目一共有 108 项，其中 54 项由伊利自行检测，另外 54 项由上海 SGS 机构检测，通过双重保障确保产品的安全可靠。

3. 全程监控责任到人

在伊利集团现代化牧场里，每头牛的耳朵上都有一对耳环。这是“奶牛的身份证”，它能够完整记录伊利奶牛每一天的身体健康状况、膳食比例、挤奶量。通过电子耳环记录的信息，可以为每一头奶牛提供定制化的科学配餐。当原奶出现质量问题时，更可以迅速实现责任到牛。

除此之外，伊利在追溯体系上不断进行着完善和升级。市场的所有产品已经实现了全面可追溯。所有伊利的鲜奶包装盒顶端，除了印有生产日期和保质期外，还有一串条形标码，消费者可以查到这盒奶的生产资料，比如产自哪个厂区、哪个车间甚至是哪一头奶牛，以及奶牛饲料的相关数值。

未来，伊利致力于“成为世界一流的健康食品集团”的愿景，不断进取，坚持以世界领先的标准要求自己，以全球化视野、国际化胸怀竭诚满足不同区域消费者的健康需求，成就消费者的健康生活。

大农业模式启发

作为中国乳业的领导者，伊利在企业社会责任和社会公益方面一直走在中国乳品行业前列。截至 2012 年，伊利集团已累计纳税近 150 亿元，在其每年出色完成上缴国家利税的同时，伊利持续的公益事业投入，带动农业产业链发展、发挥着行业领导者的作用，为中国商界树立了新的责任标杆，成为推进和谐社会建设的有益补充力量。

长期以来，伊利秉承“厚度优于速度、行业繁荣胜于个体辉煌、社会价值大于商业财富”的发展观，坚持“绿色产业链”发展战略，以自身的良好经营、与环境的和谐共处、与社会的多方共赢，带动了企业公民理念在中国商界的普及。

第七节 圣牧高科：中国乳业发展的新传奇

案例描述

“婴幼儿奶粉”事件，让国人为之惊愕，为中国乳企蒙上阴影；香港限购奶粉新规，发酵为人们对国产奶粉新一轮的信任危机，许多人对中国乳业抡起大棒。“能航天，不能夯奶！”正当悲观情绪蔓延之际，圣牧人自信地站起来：中国，也能生产出令世界佩服的好牛奶！

内蒙古圣牧高科牧业有限公司，是在“婴幼儿奶粉”事件发生后不久成立的，也可以说，是在风口浪尖上起航的。这个时候，大大小小的乳品企业正在被信任危机所困！圣牧人颠覆传统乳业的发展模式，创造了从草业到牧业再到工厂，最终到市场的全程有机产业模式，开创了世界首个沙草有机循环产业链。

圣牧在沙漠中种植有机牧草，在固实奶源基地建设的基础上，投巨资建成了现代化的有机工厂，又迈出了创建“中国第一个高端有机牛奶品牌”的坚实步伐。

2012 年 7 月，圣牧正式启动产品上市工作，圣牧有机奶在众多一线城市和京东等电商网站同步亮相，年底销售市场成功辐射全国 200 多个城市！在刚刚过去的 2012 年，圣牧高科有机奶销售比去年同期增长显著，国内市场份额进一步增加。如今，圣牧已成为中国最大的有机奶源供应商，创造了中国乳业发展的新传奇。

据了解：2013 年，圣牧有机奶销售收入将达 8 亿元。未来三年，圣牧有机草场将增至 30 万亩，奶牛增至 10 万头，日产有机奶 1 500 吨，年产值突破 100 亿元。

志起未来点评

一个几千年没有 GDP 的地方，一下子创造出这么多生态 GDP！一个竞争高度激烈的市场，一下子出来头“黑马”，他们如何做到的？

1. 在产品概念上重新升级，打造战略新品——将“有机”做到真正有机

为实现 100%全程有机，圣牧在乌兰布和沙漠这个鲜为人知的神秘地带建成封闭循环的有机生态圈，实现有机种植、有机养殖、有机加工。

2. 在国内首家做到了“四场合一”：草场，牧场，工厂，市场

前“三场”都集合在同一片沙漠，构筑了无可挑剔的有机链。成为中国首家获得欧盟有机认证的有机奶！同时，也是首家获得国内、国际“双认证”的牛奶品牌，并连续三届斩获国际有机食品博览会金奖。

正是基于如此，圣牧通过全程有机产业链，引领中国有机奶的产业升级：一次升级是通过改善养殖环境、科学的饲料解决方案及优化的饲养流程等三个手段，对实现了集约化养殖的普通牛群进行升级；二次升级是采用先进的信息技术，对牛群进行精准化的管理；目前正在进行第三次产业升级，即打造世界级的沙草有机奶产业基地，计划投资 28.5 亿元，对乌兰布和沙漠绿洲的有机饲草种植基地进行开发，建成全国最具规模的高等级有机奶源基地和世界级沙草有机牛奶基地。如今，圣牧撑起国内有机原奶总量的半壁江山，成为中国有机原奶第一龙头。

3. 包装做足自我，让你第一眼就想“喝它”

在设计上，通过深入市场做调研，进行市场分析、产品分析等全方位的定位服务。提炼出有机产业链六项有机见证，汲取草原色彩彰显绿色环保无污染，产品包装及形象策划避开传统观念，从形象上着力体现全程有机奶的市场优越性和高端品质的定位，打造放心消费产品的形象设计。

4. 高毛利驱动市场。圣牧的牛奶怎么就可以这么贵

让我们来看看下面这张图表（表 7－1）。

表 7－1

内容	特仑苏	金典	圣牧
产地差异	乳都核心区——和林格尔高科技乳业基地，精选牧场优质奶源	顶级现代化的优质天然牧场园区	巴彦淖尔——沙漠绿洲，有机净土
产品差异	富含 OMP 造骨牛奶蛋乳蛋白含量高达 3.3g/100g，比国家标准高 13.8％	有机奶乳蛋白含量高达 3.5g/100g，超出国家标准 18.6％	天然乳蛋白含量高达 3.5g/100g，国家强行标准≥2.95kg
价格差异	特仑苏牛奶 250ml/4 元 OMP 牛奶 250ml/4.5 元、特仑苏礼品装 250ml/7 元	伊利金典 250ml/3.5 元、有机奶 250ml/4.5 元	圣牧 250ml/7.2 元
品牌差异	“金牌牛奶”青春、时尚的高贵形象	“天生尊贵”相对沉稳、保守的品牌形象	追求高质量的生活
广告定位差异	“金牌牛奶，特仑苏人生”	“天生尊贵，金典品位”	“圣牧，只是一杯好牛奶”

圣牧从产地差异、产品差异、广告定位差异，使之品牌明显低于竞争对手，充分做足了圣牧的品牌基因，让经销商，让消费者一目了然的清楚到自己是谁？自己为何就是比别人贵。自己为何就是贵的有理有礼有节！

巨大的利润空间，优质的产品，经销商自然有了清晰明智的选择。

5. 服务为王——从前台到幕后，步步为“赢”

为了迅速占领市场，抢占更多市场份额，圣牧做到内外结合，针对消费者直接让他们回归到真正有机，旅游参观牧场。针对经销商，圣牧的费用核销非常及时，并定期召开经销商大会，通过业绩激励，配发原始股，真正做到与经销商“同呼吸，共命运”。

大农业模式启发

从“养有身份的牛”，到“造可追溯的奶”，圣牧从源头干起，创造了从草业，到牧业，再到工厂，最终到市场的全程有机产业模式，开创了世界首个沙草有机循环产业链。其实整体看来，最有想象力的就是有机牧场竟会从沙漠拔地而起！但也恰恰就是这一点，让消费者经销商亲临牧场现场，眼见为实，一下子相信并爱上了圣牧的牧场、圣牧的牛，圣牧的所有。而这，恰恰是很多农业企业做不到的一点，但圣牧做到了，他的神奇之旅也就这样开启了。

第八节　庄园乳业：构造全产业链“6S 生态庄园”

案例描述

多年来，甘肃作为我国六大牧业大省之一，一直被人们津津乐道，但过去，甘肃乳品在全国范围内一直叫不响。兰州庄园乳业有限责任公司成立于2000年4月，属全资民营企业，注册资金5 000万元，总资产1.5亿元，是甘肃省目前投资规模最大的集奶牛养殖、乳品加工、销售为一体的专业化生产企业。在区域市场发展机会趋于饱和之下，庄园急需再创业绩新局，实现年30亿的目标突破，实属困难重重，重压之下庄园找到志起未来。

志起未来点评

1. 全产业链模式的“6S生态庄园”，雄踞西北，布局全国

峰回路转，2010年夏天，庄园乳业牵手志起未来，开启了“西北乳王”的雄踞西北，布局全国之旅。从“圣湖”全国品牌策略先行，到“庄园”区域品牌逐步提升的“攘外安内”战略模式，到加强奶源基地建设，打造全产业链模式的“6S生态庄园”品牌定位，再到利用高附加值产品突围，增加利润率，摆脱液态奶的产品策略等，逐渐形成了一套“西北乳王”的雄踞西北，布局全国的作战方针。

2011年庄园乳业向1 000家专卖体系正在扩张，15大牧场正在建成，其营销战略的精准与成功毋庸置疑。

2. 深度渠道战略，深耕细作，换个花样做渠道

庄园乳业成功的通过其社区直销、“庄园绿色班车”直销点、送奶到户、“庄园乳品小超市”展示架等方式，深耕细作，布局了一个由面到点、由点到户的深度分销网络。

社区直销：通过市场调查，庄园乳业决定构建社区商店牛奶销售通路。经过严密的布局，庄园开发了1 000多个社区商店，形成了遍布兰州各社区的牛奶销售网络。

藏咖
奶茶
青稞口味
净含量:50克 固体饮料
青藏
原生奶
来自青藏高原牧场
原生态 更健康
净含量:243ml
高原
青稞奶
来自青藏高原牧场
净含量:243ml
牦牛
特能乳
来自青藏高原牧场
含CLA因子
净含量:243ml
庄园牧场
6S生态营养奶
营养多一点，曲线美一点
净含量:243ml
MANOR PASTURE
庄园浓缩奶
Manor Concentration Milk
净含量:
243ml
Pure Milk
庄园纯牛奶
UHT超高温瞬时灭菌
净含量:220ML
老蘭州
酸奶

"庄园绿色班车"：庄园乳业统一设计制作了250辆全新的"庄园绿色班车"，配发到各零售点，这些"绿色班车"一走上街，立刻成为兰州街头的一道风景线，引发媒体强烈报道。

送奶到户：庄园乳业在兰州市区建立了九个奶站，这些奶站担任着货物配送、信息反馈和资金回流的任务。并通过送奶上户业务，进行顾客关系管理，建立了顾客数据库。公司充分利用电话网络开展电子商务营销，建立了自己的深度营销体系。由于深度渠道开发以及对终端的精耕细作，庄园乳业在兰州的售点在两个月内超过了2 000个，产品入市5个月后，庄园的日销售达到了15吨/日，生产线满负荷运转，产品供不应求。

大农业模式启发

对于区域农业企业来说要尽量缩小战场以赢得兵力上的局部优势，集中优势兵力打歼灭战，尽量成为区域中的老大，同时打造具有核心竞争力的产品，深耕渠道，必然能成为区域企业中的佼佼者，届时再集中优势兵力布局全国，成功突围。

第九节 "宜养肠胃，吸收加倍"宜养发酵奶，彰显高端品牌魅力

案例描述

湖北澳利龙食品有限公司创建于2001年8月，是宜昌市农业重点龙头企业、宜昌市农产品加工"百亿企业"。集研发、生产、销售于一体的专业食品饮料企业，现拥有日产300吨花生奶生产线2条，主要生产"澳利龙"花生奶、果汁饮料、玉米浆、碳酸饮料、纯净水五大系列40多个品种。

2008年公司通过了ISO22000食品安全管理体系认证。

2012年，澳利龙食品有限公司携手CBCT志起未来营销咨询集团，全力打造战略新品——"宜养"发酵型乳酸菌乳饮品系列。一经上市，引来强烈轰动，市场反响极佳，产品一度卖断。

志起未来点评

奶业是近年来在我国频受关注的产业。我国居民人均牛奶年消费量仅7千克多，为发达国家的5%～6%，而牛奶是一种营养全面，也易被大多数人体所吸收，对提高百姓健康水平具现实意义。

然而，随着越来越多的乳糖酶缺乏和乳糖不适应症人群的增多，仍有很多人在喝了鲜牛奶后容易发生腹胀、腹泻。资料显示，中国3～13岁儿童乳糖酶缺乏发生率为87%，其中20%左右呈乳糖不适应症。

解决这一矛盾的理想办法就是利用乳酸菌发酵牛奶，使乳酸菌及其产生的乳糖酶分解乳糖，提高牛乳营养价值，并更易百姓消化。因此，大力发展乳酸菌发酵奶！是中国近年来蓬勃发展奶业的又一宏伟蓝图。

“宜养”的推出正是迎合了这个理念，简洁有力的“宜养肠胃，吸收加倍”广告诉求，大气高端的全新包装设计，让经销商朋友看到了企业的雄厚实力，产品线丰富，品项规格细分，从高端的牦牛奶到儿童的发酵乳饮料，从彰显大方尊贵的礼品盒装到实惠超值的简装，不仅满足了各级消费者对于高端发酵乳的消费需求，更因为其产品线的全面受到经销商的青睐，纷纷认同是乳酸饮料市场少有的产品创新成功案例。

“宜养”这个全新品牌之所以能在短短迅速脱颖而出，并带来良好的市场反应效果，重要一点就是它是战略新品。企业投入了大量的研发和生产支持，志起未来在消费者专项调研，全面市场分析的基础上，为企业的制定全新战略方向：“牛奶行业的第三种力量”，并提出全新品牌“宜养”，以此为基点，构建企业品牌体系，将高端发酵奶的概念深化到包装、广告诉求、品牌形象中去。正是依托对战略新品的深度研究，才让“宜养”从一众新产品中，胜人一筹，一举成名！尽展高端品牌独特魅力！

大农业模式启发

乳品，是农业的中坚力量，如何在大农业模式下寻求更好的发展，澳利龙食品有限公司为我们做出了最有力的答复，产品是企业最大的战略，只有成功的战略新品，才能让企业永保新鲜血液，永远领跑于行业对手。

“宜养”发酵奶，是战略新品农业模式下应用创新成功的典型，这充分说明，创新对企业的重要性，唯有创新，企业才能生存！只有持续不断地推出成功战略新品，才能压倒竞争对手，让企业立于不败之地。

第十节　永利乳业：一头中原乳牛的野蛮成长

案例描述

从 2010 年 7 月中旬，永利乳业项目正式启动，仅仅三个月时间，金钻四果横空出世！

2010 年 11 月 3 日，产品正式上市，永利金钻四果就实现净销售额 272 万！一个月后，突破 350 万！

进入 2011 年 1 月，永利净销售额突破 500 万！

金钻四果正式上市 68 天，净销售额突破 2 000 万！

永利乳业不断寻求产品差异化发展之路，从产品、营销方式、品牌宣传三个方面进行创新，跳出同质化的发展瓶颈，逐步占领市场，走出了一条独特的创新之路。

河南漯河永利食品有限公司成立于 1992 年，2003 年正式进军乳品行业，期间一直以良好的业绩稳步上升。2007 年，永利乳业投资 3.2 亿元，兴建具备国内一流水准的永利生物工业园，形成了集养殖、生产加工、销售服务一条龙的现代化乳业经营体系。

志起未来点评

1. 战略新品，企业经营真正的王道

从 2010 年 7 月中旬，仅三个月时间，从策划到包装，永利战略新品——金钻四果隆重上市！金钻四果，将乳品礼品在原有送礼送健康的层次上，打造成不仅送健康更有真实的可以感受的令人喜悦的实质。只有用金钻四果的水果才能保持其最美的口味：用金色的水果来加强彰显其高端的品质感、价值感。

JIN ZUAN SI GUO
金钻四果TM
强化的营养，强化的美味！
著名影视巨星·陈小艺

面对发展势头迅猛的植物蛋白饮料市场，永利乳业果断发现市场机遇，开发出符合市场和消费者需求的智爱核桃、腰果花生、原浆核桃、紫薯牛奶等品质上乘，口感出众的产品。

正确的营销战略改写了企业命运！

2. 模式创新，联合经销商实现双赢

为了实现与经销商的共赢，永利乳业量身打造多种合作模式。

首先，保证区域经销商的利润空间，并提供强有力的市场支持。其次，调研对当地消费者，根据消费者需求，开发适合当地的畅销产品，共用永利品牌商标、包材、制作、生产、物流全部由永利公司负责，帮助经销商打造样板市场，扩大销售区域。最后，与实力雄厚的经销商强强联手，在渠道开发方面实现“一站式”服务，全力支持经销商操作当地市场。

3. 宣传创新，品牌建设升级

2010年，影视明星陈小艺签约永利乳业。携全新包装的金钻四果等产品推向市场，在河南、山东、江苏、江西、安徽等地掀起一阵购买热潮。

2011年，永利乳业在整体改造和产品升级后，加快了品牌建设的步伐。通过在河南卫视等媒体投放电视广告，与《糖烟酒周刊》、食品招商网深度合作，对永利品牌进行宣传推广，吸引到大量优质经销商，极大提升了永利的品牌知名度和美誉度，提高了永利品牌在行业内的影响力。

2012年，永利乳业深耕细化河南本地市场，大力开拓江西、江苏、安徽等市场，以“百年乳业，永利于民”为使命；秉承“企业发展、员工受益、回报社会”的办企理念；坚持以“实施品牌战略、强化质量管理、制造健康食品、共享成功利益”为质量方针；尽最大的努力不断完善企业管理，扩大生产经营规模，围绕“河南礼品市场第一品牌”的战略目标，制定了“深耕乡县，挺近地市”的市场推进策略！

通过2011年秋季全国糖酒会、2012年春季全国糖酒会、漯河食品节等，永利在线下展开大规模招商活动，成绩斐然。实现了以河南市场为核心，辐射全国市场的傲人业绩，产品销售全线飘红。

大农业模式启发

通过把握市场机遇，依托强大的研发实力和生产技术，提高产品力，为市场的拓展打下坚实的基础。不断寻求产品差异化发展之路，从产品、营销方式、品牌宣传三个方面进行创新，跳出同质化的发展瓶颈，逐步占领市场，为不同经销商量身打造多种合作模式，实现与经销商共赢，才是大农业模式企业的独特的创新之路。

第十一节　美可高特：打造中国羊奶粉市场放心品牌

案例描述

美可高特（中国）羊乳有限公司成立于1994年，是国内第一家开发品牌羊乳制品并率先投放市场的专业羊乳制品生产企业，“美可高特”为公司主打品牌之一。

公司以推动中国羊奶产业良性健康发展为已任，把“美可高特”打造成为中国乃至全球羊奶行业的第一品牌为发展目标。多年来公司一直专注于奶源基地建设、产品研发和改良、市场分析与开发、消费者购买行为研究的全面综合发展并积极引进国内外乳品创新成果，不断推出各类羊乳新产品，以引领羊乳制品的消费潮流。

公司现已通过ISO9001、ISO22000及QS认证，所生产的产品被中国食品工业协会评为“信得过食品”，被天津市奶业办公室认定为“无公害食品”，并获得中国绿色食品发展中心所颁发的“绿色食品”证书，中国奶业协会“全国优秀乳品加工企业”。

公司以注重产品质量和诚信服务为宗旨，在奶源的选取及生产过程中，始终坚持全程严格、规范以及高标准的管理原则进行操作和管理。产品采用国内资深专家的营养配方，以确保产品营养丰富和国际化的品质。

在市场方面，公司吸纳国内外最新的行销理念，导入资深顾问协作机构，搭建做“中国羊奶第一品牌”的高标准运作平台。从产品形象到消费终端层层建制、战略规划、网络布控、数据跟踪、实施广告策划及媒体组合运作，配合通路，终端促销活动为一体的运作模式，呵护着一个全新的“中国羊奶第一品牌”。

公司主要产品包括：婴幼儿系列羊奶粉、孕产妇系列羊奶粉、大众系列羊奶粉、礼盒装羊奶粉等。

近年来，美可高特羊奶粉的增长势头迅猛，消费者更是有口皆碑，已逐渐成长中国羊奶粉市场的标杆品牌。对此，美可高特市场相关负责人表示，中国羊乳业发展前景十分广阔，羊奶的分子颗粒仅是牛奶的三分之一，更有利于人体的吸收，中国羊乳业要实现健康快速的发展，需要包括美可高特在内的所有乳制品企业为此付出努力，美可高特致力于打造中国市场最让消费者放心的羊奶粉品牌。

志起未来点评

相对于普通的牛奶粉，羊奶粉相对年轻，大规模进入市场时间较短。目前来讲，羊奶粉的代理很少。美可高特是国内第一家开发品牌羊乳制品并率先投放市场的专业羊乳制品生产企业，自 1994 年成立以来，以推动中国羊奶产业良性健康发展为己任，把“美可高特”打造成为中国乃至全球羊奶行业的第一品牌为发展目标，长期专注于奶源基地建设、产品研发和改良、市场分析与开发、消费者购买行为研究的全面综合发展，并积极引进国内外乳品创新成果，不断推出各类羊乳新产品，以引领羊乳制品的消费潮流。

羊奶粉的价格虽高，不过从目前的消费环境来看，价格并不是影响婴幼儿消费的核心因素，质量品质和信誉才是关键。

“建设现代化羊奶企业，以现代科技、现代化设备、现代组织管理模式编织羊奶产业链，形成企业核心竞争力，成为国际一流的羊乳品牌，带动中国羊奶行业健康发展。”美可高特以此为目标，近二十年如一日，一步一个脚印前行。其发展过程，彰显了中国羊奶品牌企业的梦想与奋斗历程。

1. 美可高特羊奶，尽情体会美味与营养的奇妙感觉

20 多年前，羊奶因为存在膻味，并不为人们所接受。美可高特的科技人员借鉴世界先进的除膻技术结合中国羊奶情况及国人口味，研发了羊奶去膻技术与工艺，并结合在奶山羊繁育、饲养环节的调整，使国内羊奶首次在保留羊奶中丰富营养成分的同时去掉了膻味。当美可高特公司（亚亿公司）除膻羊奶推向市场，人们奔走相告，争相购买。这一并不惊天动地的科技创新之举，却实实在在地成就了美可高特，更为中国羊奶产业的发展扬起了市场的风帆。

2. 建设现代化生产基地，美可高特要做龙头

瞄准世界先进水平，建设现代化生产基地，使美可高特成为全国乃至亚洲最大的羊奶生产企业。羊奶产业基地建设，总投资数亿元的陕西渭南羊奶基地项目完工后，美可高特将拥有天津西青、天津静海、陕西渭南、陕西富平四大基地，成为全国乃至亚洲最大的羊奶生产企业。美可高特投入重金建设的羊奶生产基地，标准是现代化水平＋医药企业 GMP 标准，从工艺到设备、从环境到人员、从每一个细节着手，确保产品生产过程质量达标、安全可控。美可高特采用干混法工艺进行生产，确保羊奶热敏物质不被破坏，在保留营养成分的同时，使产品的口感保持最佳。美可高特的三维干混设备，可有效防止干混工

艺常见的混合不均匀问题，达到出厂产品品质如一。

3. 质量管理严抓落实，基础工作一丝不苟

美可高特严格按照国际质量管理体系运行，从细节入手，制定了完整的车间操作考核标准，确保每个岗位、每个员工都能按照高标准操作。比如奶源基地建设要检测饲养基地环境与土壤并要达标，奶羊饲养及原奶实现标准化管理；原奶冷链运输、原粉加工前及过程中层层检验把关，确保每个环节的质量控制标准达标；在检验环节，美可高特在原材料秤重、添加、混合等关键点还设置了双人复核的机制，确保产品符合生产标准。美可高特严格的质量管理得到有关部门肯定，在国家质检总局历次抽检中美可高特羊奶都达到合格标准，为羊奶行业质量安全起到了示范作用。

大农业模式启发

乳业市场是农业中发展最快的，各种预测不断。羊乳是接近母乳的天然营养品，因其资源稀缺、营养丰富全面日益受到人们的推崇。有专业人士认为，我国羊奶消费已经开始从导入期走向成长期，消费者已经接受了羊奶营养价值高的观点。

在人们对健康要求越来越高的今天，羊奶粉每年正在以30%的增长速度提高市场份额，未来将成为乳业市场新增长潜力股。

美可高特作为羊奶制品的领袖品牌，在生产环境、卫生管控、质监环节等方面体现的优势十分明显，为中国羊奶产业的健康发展以及走向国际市场做出了很大贡献，为行业发展树立了标杆效应。

第八章
大农业经典案例：蔬菜

蔬菜，不仅能填饱我们的肚子，也同样为我们带来营养与健康，尤其是现在大力倡导绿色生态的时代，蔬菜，更成为了绿色农业的代表，也是衡量农业发展水平的重要标志。本章以蔬菜企业的成功为案例，探讨了战略新品运营模式在蔬菜种植业上的广泛应用。

第一节　多利农庄模式性创新，真的有机蔬菜怎么贵都好卖！

案例描述

这是有机农产品基地多利农庄的第 6 年。前 3 年，坐落在上海市近郊南汇区的农庄作为有机农业转换期基地收入为零，创始人张同贵不好意思说做农业，称自己在做旗下“金田投资有限公司”的投资项目；第 4 年，他的第一批有机蔬菜收获，菜贩给出仅几毛钱一斤的价格，一气之下他决定不再卖掉，全部打烂作为绿肥。不过这段看似有些迷茫的时光没有妨碍多利农庄向真正的盈利快速路全速进发；第 5 年，张同贵迅速确立了会员直销模式，拿到青云创投的总额计 7 000 万元人民币的投资，会员数飙升并实现千万元以上的净利润；第 6 年，他已经准备拿下崇明岛以及北京平谷区的基地，继续开疆拓土。

在从事有机农业的创业者受困于基地难找、产能甚微、会员数止步不前时，多利农庄的 1 750 亩基地与 5 000 位会员数量，几乎创造了神话。

食品领域一直被很多投资机构畏惧，因为有规模的无品质保障，有品质的没规模或没效益。再加上食品安全危机层出不穷，更是让投行们不敢轻易靠近。

而最近，唯独有机蔬菜却得到万般宠爱。

在欧、美、日以及部分发展中国家，有机蔬菜已经得到快速发展。但由于中国有机产品市场价格溢价较高，目前还处于发展初级阶段。在强大的市场潜力下，已经让不少企业纷纷搭上“有机”的快车。

志起未来点评

多利农庄的成功堪称成功典范。因为多利独创的“品牌＋连锁”，会员直销商业模式，让你相信这真是有机蔬菜，这可以将品质做到保证，将效益实现最大，更能将规模实现迅速扩张。那么，多利农庄到底有哪些独特之处？

1. 营销创新：建立尊享会员直销模式，尽享消费喜悦

多利直接把蔬菜卖给客户的一个关键环节是——会员制。只要顾客先付上至少一季度的菜钱，便可成为多利会员，尊享会员礼遇。即便不是多利会员，多利农庄也会定期邀请顾客到农场参观，体验种菜过程，品尝新鲜蔬菜，以建立信任感，在顾客体验到这种购买蔬菜的喜悦后，不知不觉中，自然都会成为多利的会员。

截至 2010 年，多利农庄已拥有 5 000 多个普通会员和 20 多个团购会员。每位会员每年在蔬菜购买上花费万元左右。除此之外，一些企业还成为了它的团购会员，买会员卡和礼券送给员工或客户。

2. 渠道创新：跨越渠道商，直接面向消费者

每亩有机蔬菜的生产成本是普通蔬菜的 3～5 倍，产量却要低 20%～30%。这就意味着需要投入大量成本。

当其他企业还通过超市、市场等传统渠道贩卖蔬菜的时候，多利已经把新鲜的有机蔬菜送到了会员的家中，这样就绕过了许多中间环节，把大部分利润把握在自己手里。

公司从 2009 年开始卖菜，当年就实现盈利。2010 年收入 5 000 多万元，利润成倍增长。

3. 服务创新：互动式贴近客户需求，让都市人自愿给多利做农夫

很多农业项目最终夭折，很多时候就是因为在人才和资金方面存在瓶颈问题。但多利确巧妙地化解了这一点。

当其他企业的员工还在地里忙来忙去的时候，多利却开发出了全新的体验方式——让都市人有机会体验农业，感受农业基地。多利农庄会定期邀请一些会员或潜在客户参观农场，在除草、钓鱼的同时增加与消费者的互动。除此之外，多利还通过多种服务来贴近消费者。比如会定期利用短信、微博等渠道介绍它种的新菜、有机食谱等，让顾客时时刻刻都只爱多利。未来多利农庄还会增加更多用户体验的功能，比如再建设一些庄园可供游客留宿，或者打造一些与“偷菜”相关的旅游项目。

4. 技术创新：携手物联网，让有机蔬菜看得见

当很多顾客还为蔬菜是否真有机而忧心忡忡的时候，多利农庄已经通过物联网技术集中在用户的体验上了。比如：消费者通过产品包装上的编码，在网络上就可查知自己购买的蔬菜是如何播种、施肥，又是何时装车配送的，甚至每个环节操作人员的信息都能查得到。这一物联网技术的应用，大大培养消费者的参与感，深度增加了用户的黏度。

大农业模式启发

多利农庄如果仅仅采用传统经营模式，其利润仅可能是100万、1 000万、1个亿，但通过商业模式创新的力量，企业利润获得了10倍甚至百倍、千倍的爆发性增长，同时，这种增长就像一个生态系统，可以使之良好的持续运行发展下去，这就是商业模式的转变。

随着中国企业的成本在不可逆转地上升，中国企业的低成本优势正在锐减，仅仅依靠单一的低成本优势，中国企业已经无法做强做大。困境当前，中国企业怎样走向未来的3年、5年、10年，甚至未来的30年？大农业企业发展价值链条源自于商业模式，制高点和发展方向是资本运营，未来只有依靠商业模式的创新和资本的创新，才能真正做大做强。

第二节　寿光蔬菜集团：玩转创新，打响生态农业第一品牌

案例描述

山东寿光蔬菜产业集团成立于1998年，地处“中国蔬菜之乡”寿光市，是一家以蔬菜产业为主，多业并举，集蔬菜品牌营销、种苗研发推广、基地标准化与物流配送、加工出口、批发市场运营管理、新技术新产品研发推广、科技培训与信息服务于一体的企业集团。

山东寿光七彩庄园蔬菜食品基地有限公司是集团公司的核心企业，主要进行果蔬基地标准化种植和生产经营“七彩庄园”品牌蔬菜、礼品菜、果蔬脆片

等系列产品。

寿光蔬菜集团巨资打造了北川维斯特农业科技集团，是一家从事农产品深加工、农业示范园区和电子商务交易平台的国家农业重点龙头企业。

志起未来点评

山东寿光蔬菜产业集团，中国最大的蔬菜产业集团，已经不满足将寿光作为“河北的菜篮子”，而要将寿光的成功模式复制到全国，立志做大蔬菜这个民生产业，让全国百姓的餐桌上都摆上健康菜。

蔬菜产业的全国模式如果成功，这将是一个远远超过蒙牛、伊利总和的产业，实现500亿的销售额一点都不是梦。

为了这个伟大的梦想，天津、北川、江西、新疆等寿光蔬菜集团已经开始了全国布点。志起未来的服务也从山东寿光开始，向北川等地延展，从“东部菜王”到“西部菜王”，志起未来正在上演的是一场中国蔬菜产业的拉练战。

1. 坚持品牌战略，走品牌兴业之路

在实施品牌战略方面，为积极应对市场竞争，集团在对市场进行深入分析、调研和论证的基础上，借鉴海尔集团走高端产品路线的做法，大力实施蔬菜品牌战略，推出自己的拳头产品，走出了一条品牌兴企的路子。

强化标准化生产：积极推进规模化种植、标准化生产、商品化管理、品牌化营销、产业化运作“五化”建设，实行品种、购药、标准、检测、标识、销售“六统一”管理模式，有效保证了蔬菜质量安全。目前，公司下辖的稻田马寨基地已创建成为国家级蔬菜标准园。

强化产品认证：为促进蔬菜产品上档升级、集团与上级有关部门对接、积极申请产品认证、品牌创建取得明显成效。经营的产品中，“寿光大葱”获得国家地理标志产品称号，“寿光韭菜”成功注册地理标志证明商标，36 个品种获得“三品”认证，“七彩庄园”品牌蔬菜被确定为第十一届全运会指定产品。

强化宣传推广：为进一步提升公司在国内外的知名度，集团聘请专家对公司产品进行高标准设计包装，并通过参加各类农产品交易会，宣传推介自己的品牌，公司形象和知名度都得到了极大提升。

2. 重视人才引进，实现可持续发展

在科技研发方面，集团坚持走科学发展之路，充分发挥人才、基地等优势，积极推进科技研发与推广，实现了可持续发展。

加强教育培训：集团每年都聘请农业专家，定期举办蔬菜技术培训班，职工的科技素质和业务能力得到显著提升。

推进科技合作：在实践中，集团认识到要在科研方面取得大突破，就必须借助外力。集团联合中国农业大学、山东农业大学、中国农科院等科研院校发起成立了设施蔬菜产业技术创新战略联盟，并与之建立了长期合作关系，100 多名农业专家加盟协会，会员达到 1.5 万人，不仅成功开发了国内先进的蔬菜科技信息语音查询系统和蔬菜智能查询机，而且每年还引进国内外果菜新品种、新技术 20 多个，承担科研项目 30 多项。

3. 不断规模膨胀，促进企业做大做强

近年来，集团坚持“大投入促大发展”战略，不断膨胀企业规模，增强企业实力。一方面，继续巩固和发展市内基地，其中投资 1.5 亿元，正在建设占地 2 000 亩的大西环现代农业生产基地，目前已完成投资 5 000 万元。同时投资 1.5 亿元，对公司各大蔬菜生产基地进行了改造提升。

大农业模式启发

在树立蔬菜品牌化上，山东寿光亮出高科技牌子，深化农业品牌内涵。在全国开创了县级种子研发的先河，打造“蔬菜种业之都”这一高端品牌。

由蔬菜品牌向生态文化品牌推进。“手把青秧插满田，低头便见水中天。”南国插秧的美景，如今画到了寿光的土地上，在农业产业链的转型升级上再创新优势。

国务院总理温家宝指出：“21 世纪是实现我国农业现代化的关键历史阶段，现代化的农业应该是高效的生态农业，生态农业是农业发展的必然选择!”

北川维斯特的意义绝不仅限于复制一个“西部寿光”，而是超越于“寿光模式”，对一种新模式、新思路的探索与开拓。

以生态农业涵盖维斯特的特色农业、高端农业、农业旅游，构建生态农业全产业链，以三大板块创生态农业第一品牌。

第三节　沃土天诚：战略新品，成就中国速冻蔬菜之王

案例描述

黑龙江省天诚农业发展集团有限公司是一家现代化的综合型企业，已经形成以农业为本，农业、工业、贸易全面发展，建立起产加销一条龙、贸工农一体化的农业产业体系。集团以大豆制品的加工与销售为主，并在黑龙江省克山县与大连市设立大规模的生产基地。公司以“致力现代农业发展，打造民族农业品牌”为目标。立足农业产业使命，扎根于黑土地，奉献于黑土地。逐步发展成“四位一体型”的创新农业集团，集团以“品质天诚，良心奉献”为品牌口号，作为四位一体的现代创新农业集团的良心承诺，是企业对于向公众提供

健康、高质产品的责任体现与品质保证。

天诚集团下设3个生产基地：豆制品生产基地、大豆油生产基地、马铃薯生产基地。各司其职，分工合理，在不同的领域都取得了不俗的成绩。现已开发大豆休闲食品、有机大豆油、速冻蔬菜等多个农产品，其中不乏全国独家产品，在市场上得到广泛认可。

志起未来点评

东北最大的农业合作社——沃土天诚，利用自身500万亩黄金黑土地及6.5万农户社员的优势资源，决心“打造中国最大的鲜冻蔬菜加工基地”于是找到中国农业咨询领域做得最好的营销策划公司——志起未来。

沃土天诚：战略新品成就中国速冻蔬菜之王

在深入调研和研究之后，志起未来决定帮助企业把源头优势转化为品牌利润及经济效益，打造全国知名甚至国际知名农业品牌。

经过深入的调研分析，志起未来运用“战略新品”全新思维帮助企业开创出传统农业现代化、创新化、产业化运作的全新商业模式，利用东北黑土地原有优势，以“跨越时空的应季蔬菜”为诉求，打造“一季先蔬”时鲜鲜冻蔬菜。

合作以来，志起未来协助企业在油、粮、菜等主营业务板块均推出了具有行业创新意义的战略新品，将企业资源优势真正转化为看得见的消费品牌、创新产品，真正实现了与消费者零距离接触。

凭借着多年服务食品企业的丰富营销咨询经验，志起未来认为，冷冻、速冻企业要想做大做强，首先要学会打造行业的战略新品，才可以使企业立于不败之地的产品，而这个产品必须是具有长期发展潜力的，并可以使企业获得巨大利润的。只有真正将产品摆上战略高度，看清楚一个战略型产品对于企业的意义，真正重视产品，并找到正确运作的方法和路径，才是企业的正途。

那么，冷冻、速冻企业该如何打造战略新品？

1. 明确、集中企业资源优势，突出核心产品

冷冻、速冻产业作为一个朝阳性产业，正因为其广阔的市场发展前景及发

展空间，贪大求全、东方不亮西方亮的思想，很容易让一些中小型企业和刚刚进入冷冻、速冻产业的企业迷失方向，造成企业的发展方向不明确，缺乏核心品牌产品线。冷冻、速冻食品企业要想快速改变困境，一定要充分结合企业的现状，明确企业的发展战略及方向，首先利用自己最强、最有优势的产品线作为发展方向，减缓或淘汰部分不良项目，集中企业资源优势，打造核心品牌产品。

2. 坚决贯彻产品差异化策略，争取市场效果最大化

差异化的本质是创新，是企业充分了解消费者的需要、迎合这种需要，并凭借自身的技术优势和管理优势，生产出品类、质量上创新的差异化产品。企业要做好事前合理的规划和市场评估，优化产品组合，明确什么是形象占位产品、什么是利润产品、什么是走量产品、什么是市场补缺产品和市场狙击产品，要有科学的梳理和界定，在少占资源的前提下，争取市场效果最大化。

3. 落实渠道差异化策略，从渠道多元化方向突围

战略新品落地，需要独到的渠道策略。由于冷冻、速冻食品是一种需要完全在低温条件下保存的食品，离开岛柜一段时间就会因温度的升高而融化，导致食品品质的改变，因此，冷冻、速冻食品非常需要购买的便利性，注重缩短购买半径。因此，各地的社区便利店、杂货店便是极好的渠道选择。一些地域性品牌大力经营当地社区便利店渠道，取得了很好的业绩。

作为战略合作伙伴，北京志起未来营销咨询集团运用“战略新品”全新思维帮助企业开创出传统农业现代化、创新化、产业化运作的全新商业模式，让沃土天诚上游的土地资源与市场成功嫁接，让企业拥有的200万亩土地及6.5万户农民从幕后走向了前台，成为品牌主角。合作以来，志起未来协助企业在几大主营业务板块均推出了具有行业创新意义的战略新品，将企业资源优势真正转化为看得见的消费品牌、创新产品，真正实现了与消费者零距离接触。

大农业模式启发

2013年将是农业大发展的一年。十八大会议召开以来，国家多番鼓励传统农业进行创新化发展，沃土天诚则是东北乃至北方规模最大的现代农业专业

合作社，是国家重点扶持的农业企业典型和农业龙头企业，创始人用了十余年的时间苦心构建起上游土地源头资源，如今已拥有 200 万亩黄金黑土地及 6.5 万农户社员的强大配置。

未来天成集团继续完善农业合作社机制，打通上游+下游全产业链条，实现社会、企业、农民多赢；创新现代农业经营，振兴民族农业，彰显企业责任感、使命感。沃土天诚现在以及未来产业发展的模式，奠定领军品牌地位，创新农业产业经营模式，打造互利共赢的产业空间。

第九章

大农业经典案例：休闲食品

随着人们消费观念和模式的改变，首先表现在食品行业的创新上，休闲食品由此应运而生，消费者消费休闲食品的习惯不再局限于传统的休闲食品范围，随着中国经济的稳定发展，以及人们闲暇时间的增加，休闲食品已成为食品市场的新宠。一些休闲食品的品牌也正在悄然崛起。本章节以独特的视角解析休闲食品业，以经典案例方式展现，讲述了如何巧妙进行品牌定位，运用战略新品运营加创新模式，打开休闲食品业的广阔空间，让其更上一个台阶。

第一节　奥利奥品牌战略，营造一个温情快乐的家

案例描述

奥利奥是位于全球前列的卡夫食品公司的产品，业务组成包括卡夫北美（KFNA）及卡夫国际（KFI）。核心产品系列为咖啡、糖果、乳制品、饮料及饼干。在全球销售的顶级品牌食品包括：麦斯威尔、果珍、卡夫奇妙酱和包括奥利奥、趣多多、乐之等在内的饼干系列。

诞生于1912年的奥利奥一上市便迅速成为美国最畅销的夹心饼干。至今已有近百年历史。如今，它已经和篮球、可乐一样，成为了美国文化不可或缺的一部分，并被誉为饼干之王。奥利奥不仅成为消费的宠儿，更是成了某种文化因子。

奥利奥巧克力威化是奥利奥家族的新成员。它外层是厚厚的巧克力，香浓细滑，入口即化；中间是层层威化，轻盈酥脆；还有一层独特的奥利奥夹心。巧克力的香浓，威化的酥脆，和奥利奥的美味组合，让你忍不住一口接一口。

2009年，奥利奥饼干全球销售将近5 000亿块，摞起来的高度足以从地球

到月球来回折返 8 趟。全球每年销售额更是超过 10 亿美元。

奥利奥于 1996 年进入中国市场。在中国，它已经发展成为最具影响力的、最成功的饼干领导品牌。

志起未来点评

提及奥利奥饼干，很多人就会想到该品牌“扭一扭、舔一舔、泡一泡”的独特吃法，这款美国最畅销的夹心饼干，诞生近百年来，一直代表卓越的品质以及愉悦温馨的家庭回忆，是传播和延续家庭乐趣的最佳平台。

那么，到底是什么使得奥利奥成为全世界人们的经典挚爱？很多人都会想到奥利奥的广告运动。与品牌理念相得益彰的广告让奥利奥在全球范围内闻名遐迩，成就了今天的饼干超级大品牌。

1. 超级给力的广告语，成就品牌精华

众所周知，产品的品牌诉求就是一条简洁而又可以令人留下深刻印象的宣传语，与众多饼干品牌相比，奥利奥最为绝妙打出：“扭一扭，舔一舔，泡一泡”

其以动作作为独特的品牌识别，既加强了产品与人的互动性，增加了品牌的趣味性、娱乐性，又提高了品牌的记忆度。

牛奶，是含钙最丰富的天然食品，被誉为人类最理想的食品，奥利奥品牌战略中，非常睿智地将牛奶和奥利奥联盟，如此伴生营销，既能增加奥利奥饼干消费过程的趣味性，让人们觉得奥利奥饼干很酷，也让很多人放心大吃奥利奥，因为，奥利奥和最有营养的牛奶是最佳搭档。

奥利奥“一扭、一舔、一泡”三个简单的动作，不仅是奥利奥品牌情趣化的价值主张，更是超越了广告口号的简单存在，内化为奥利奥的品牌精粹，是人们识别奥利奥的重要元素。更重要的是，这三个一气呵成的动作，成为人们的饼干消费仪式。

2. 天真孩童成就温情元素，奥利奥赢得品牌信赖

奥利奥主打情感路线。以温情和逗趣装点的奥利奥广告，让他不仅仅是美味的零食，也是连接人与人情感的温馨纽带。

因此，我们在奥利奥中，常会发现有孩子的元素，如纽约 DraftFCB 曾为奥利奥制作了一则堪称雷人的广告，广告元素很简单，一头奶牛饱含奶水的奶很不安分地甩向一侧，貌似欲挣脱奶牛而去，原来是一个淘气小男孩在用奥利奥挑逗奶牛，广告文案是“奥利奥，牛奶最心爱的饼干”。

奥利奥成立百年来，一直代表卓越的品质以及愉悦温馨的家庭回忆。它用简单有力的方式连接着人们，把日常生活中的寻常片段，透过扭、舔、泡的有趣吃法，转变为一家人共享的亲近时刻，让孩子般童真的愉悦，呈现甜美温馨的家庭乐趣。

1998 年获戛纳广告节金狮奖的《兄弟篇》，是奥利奥这些年来的经典广告，没有煽情的对话，没有泪水横流的镜头，只是兄弟俩（其中一个是弱智）面对面吃着奥利奥，一幅幅记录他们相伴成长的发黄的回忆画面，穿插着哥哥对弟弟的关爱，未加渲染的简单手足情谊在几十秒的时间里，让很多人潸然泪下，也让奥利奥走进了很多人的心里。

简单的剧情，巧妙的创意，就这样，短短时间，奥利奥品牌在人们心中留下了挥之不去的印象。

孩子是奥利奥的主要目标市场，他们本身就是趣味元素，用充满天真童趣的孩子为产品做广告，奥利奥找到了最讨巧的沟通方式，观众在轻松愉快地欣赏孩子表演的同时，也认可了品牌。

3. 奥利奥魔力球，经典不变的品牌核心

广告对任何产品来说，一直是荧屏亮点，但奥利奥能成为饼干品牌中的至尊，却是因为奥利奥广告总是让人们对此品牌印象深刻，从而对奥利奥青睐有加。

奥利奥魔力球是指其所有的广告都像是从一个有共同圆心的魔力球里发射出来的一样，消费者只要一看到这些广告的圆心，就能一眼识别出这就是奥利奥的品牌内核：它是最畅销的饼干，既好吃又好玩、美味又有趣、是牛奶最心爱的饼干。

近百岁的奥利奥，如今依然在人们眼中活力无限，年复一年成为年轻一代最钟爱的零食，就是因为奥利奥一直关注新生代消费者的需求，产品不断创新，并通过广告、促销活动等为产品布阵，提升品牌的知晓度和好感度，多管齐下。

“扭一扭，舔一舔，再泡一泡，无论在世界上的任何地方，都会看到同样的笑脸，只有奥利奥”，这是奥利奥和其忠实消费者共同的品牌愿景。

大农业模式启发

奥利奥饼干独有的黑白夹心、精雕细刻，风行全世界，使人一见难忘。它的很多有趣的吃法也曾经掀起了一场“奥利奥的最好食用方式”的争论——把它泡在牛奶里吃？将饼干扭开先吃中间的夹心？是单独食用？放在蛋糕里面？或是当成饭后甜点？志起未来认为：20 世纪初卡夫推出了战略新品黑白夹心饼干，历经百年畅销不衰，成就了饼干之王的美誉，是真正的“农业好产品”。

第二节　大打创新牌，“张君雅小妹妹”掀起市场热浪

案例描述

这本身就是一个充满创新和神奇色彩的产品，台湾维力食品公司推出的“张君雅小妹妹”是以真实存在的人命名的，并且在特定情况下诞生的食品品牌。

台湾维力食品公司因为前任董事长张登旺投资失利，公司负债 35 亿元并面临重整的危机，这个时候，维力公司的第二代总经理张天民带着“不成功、便成仁”的心情接手公司，在百思无解的情况下，意外的用自己女儿张君雅的形象去开发出“张君雅小妹妹”系列产品，让维力从泡面本业跨入休闲食品市场。

“张君雅小妹妹”自打推出，就以创新的手法、动趣的广告成功地吸引消费者的注意，使“张君雅小妹妹”在短时间内大红大紫。

“张君雅小妹妹”推出了手打面、点心面和捏碎面，依据每个不同品种，小女孩都配有“丰富的表情”，创意可爱的“张君雅小妹妹”轻易地抓住了消费者的目光，晋升为人人皆知的品牌。

这款产品，让维力公司不仅秉持了成立以来所宣导用“健康、美食、活

力”来满足消费大众的主旨。张天民也凭借这款产品，让维力拨云见日，成为台湾少数几家重整成功的企业。

志起未来点评

创新是企业的生存之本，对于占着市场大份额比例的食品行业来说更为重要。这些年，食品行业入行门槛低，行业不规范，导致生产企业多如牛毛，竞争也异常激烈，产品同质化非常严重，天天渠道战、价格战、人海战、广告战。消费者对面纷繁的信息无从选择，营销费用浪费无数，广告等一切营销资源创新乏力，持续的创新更是少之又少。

食品行业一直在找寻着创新之路，该从哪些方面创新？又要如何创新呢？

1. 调整诉求方向，改变广告出发点

维力食品公司先前的产品广告虽有“Q”（可爱）的卖点，但却不符合消费者需求。“张君雅小妹妹”的出现，完全改变了广告的出发点，将诉求转向“手打面不会让面泡烂”的基本定调。

2. 颠覆性重塑品牌特色，走近消费者

“张君雅小妹妹”的复古风搭配可爱风，成功拉近了消费者和产品的情感距离。透过幽默逗趣的广告人物，带出“张君雅小妹妹”品牌的特色，童真依旧，又带着雅致。

3. 调动消费者购买需求，网络话题继续生命力

手打面的广告出来后，维力公司立即投入力量，在卖场，饭店等公众场合重复不停地播放着广告影片，刺激了他们的购买欲。同时，网络上“张君雅部落格”（网络博客）的成立，成功地从另一个方式再度引发话题，可以说是延续了广告的生命。

4. 建立永恒的品牌印象，小妹妹成为代言

张君雅就是张君雅，是一个永续的图腾和标志，不应是某个变动及不可控制的人物。因此将张君雅由真人转为企业标志，使她成为一个永恒的印象。

5. 配合系列行销策略，再掀市场热潮

利用当今的公仔热，维力公司也推出了张君雅公仔，让张君雅在市场上再

掀新话题。然而张君雅公仔一改以往笑脸的主流表情，反其道以哭脸为形象标章，公司更是适时设计出一款张君雅公仔扑满，更大胆设定得买十包点心面（约三百元）才能换一只扑满，而且限量发行三千只，活动一推出便大受欢迎。这一创意，让张君雅小妹妹再度引发市场层层热浪！维力公司甚至还设计一款款张君雅的 MSN 表情符号，在部落格上供人下载。

大农业模式启发

在我们传统的印象中，可能泡面就只是简单的“一撕一泡”而已，而维力公司却将“张君雅小妹妹”这一系列的产品做到了极致，恐怕没有人会想到泡面也可以这样搞笑。“张君雅小妹妹”系列推出的产品有手打面、干脆面、点心面等产品，产品外包装上都印有“张君雅小妹妹”的头像。

这款产品的吃法也甚为创新，有一款产品叫“捏碎面”，消费者购买之后可以用手把包装内的干脆面捏碎后再吃，而且包装上也有“食用安全守则”，即：“禁用兵器、脚踩、头锤、车压”。并且在产品包装上还印有张君雅小妹妹的卡通头像，脸上还贴着创可贴，旁边写道：“脸被捏大，长大很难嫁耶。”这一新意，让产品赚足了创意分。

以往做膨化食品的经销商都会担心产品在商场超市破损率很高，而“张君雅小妹妹”的产品卖点就是可以随便捏，完全满足消费者好玩的心理，又能吃又能玩，产品在暑假期间推出后，立即在激烈的膨化休闲食品市场上抢到巨大的份额。

志起未来营销集团认为：“张君雅小妹妹”的成功来源于创新！对于从事农产品深加工的企业，创新绝不再只是一种口号，而是应该建立创新激励的制度，让产品能够不断吸引消费者的眼球和需求，才能持久于市场。

第三节　喜之郎：破坏性创新，演绎品牌扩张的奥秘

案例描述

创立于 1993 年的喜之郎，以 40 万元起家，进入果冻产业，以其专业的果

冻布丁企业形象和凌厉的广告攻势，成为行业领导者。从 1998 年开始，喜之郎便逐渐垄断市场，在高峰时期，喜之郎曾占有 70%的市场份额。目前，其生产规模和销售量均已跃居全球第一，年销售额已超 20 亿元。

2006 年喜之郎盯准了正在兴起的杯装奶茶市场，比起果冻行业这是一块更加诱人的蛋糕，这时候香飘飘在杯装奶茶市场的风头正劲，香飘飘作为杯装奶茶行业的开创者也占有着绝对的市场份额，面对强势的竞争对手，喜之郎塑造了“优乐美”这个战略新品，利用其渠道网络、推广、产品策略上的破坏性创新方式步步为营一跃成为行业第二位品牌，并扬言要两年之内超越香飘飘。

志起未来点评

成立于 1993 年的喜之郎集团，经过近 20 年的发展，已经成为目前世界上最大的专业生产和销售果冻布丁的食品企业，旗下除了知名果冻品牌“喜之郎”，还有“水晶之恋”、“CICI”果冻布丁产品和“美好时光”海苔、“优乐美”、“优乐”、“美能多”等奶茶、咖啡冲调饮料品牌。这些品牌的系列产品在全国各类调查评比中，一直稳居市场占有率第一位，多次被评为“消费者最喜爱产品”、“最畅销产品”，是中国营养学会、中国消费者协会推荐产品。

2012 年果冻产品调研中，喜之郎果冻获得十大果冻品牌第一排名，70%的市场占有率使其他果冻品牌望尘莫及。

今天，就让我们走入这座著名的食品企业，探究喜之郎集团快速发展和品牌扩张的成功奥秘。据喜之郎集团高层领导介绍说，喜之郎的成功，是与志起未来达成战略合作，全力打造战略新品的成果。

那么，就让我们来详细探究喜之是如何利用战略新品运营模式中的“破坏性创新”，打造具有高利润价值的战略新品，抢滩杯装奶茶市场的。

1. 破坏现有渠道格局，形成渠道差异化竞争

喜之郎作为快速消费品行业的优势品牌，在现代通路方面发展已比较成熟。与强势竞争对手香飘飘以乡镇和特殊通路切入不同，优乐美奶茶选择了走现代通路去占领市场。因为走现代通路才是培养品牌，持续发展的必由之路，而且也是喜之郎的优势所在。

2. 破坏常规认识，使自身产品溢价能力提升

优乐美没有去总结杯装奶茶的“方便性”，事实上这点也无需强调，因为产品本身的使用过程完全可以向消费者展示这一点，优乐美也没有跟香飘飘在品类排序上一争高下，而是重新去注解这个品类的价值，并果断选择品牌定位与细分人群定位，针对目标为15～25岁的年轻人群，从周杰伦代言的一系列优乐美广告可以看出优乐美在消费者心里的印象更加的时尚、年轻、充满浪漫，通过传播巧妙的向消费者传递这样的信息，奶茶不只是一种即冲型饮料，更是促进人与人彼此交流的介质，是表达内心情感的美好载体，这点尤其对青少年吸引很大，许多学生就是因为周杰伦的代言而自动涌入优乐美消费大军的，“情无价”的品牌价值观很好传递给消费者。

3. 锁定对手，破坏其广告宣传攻势

优乐美产品上市之初，就锁定行业第一的香飘飘，并紧紧跟随这位行业老大，香飘飘在哪投广告，喜之郎的优乐美就在哪投！而且你投一条，我投三条；你说“奶茶就要香飘飘”，我就说“奶茶我就喜欢优乐美”；你找陈好代言，我就找更牛的周杰伦，喜之郎推出的“优乐美”奶茶，很快占据了行业老二的位置，而且优乐美运用广告战、价格战的手段极其纯熟，攻势凌厉，特别是手段之“无赖”让香飘飘非常无奈，很快的奠定了自己行业第二的地位。

4. 善于利用媒体，引发话题效益

香飘飘的广告请陈好代言的广告诉求是“奶茶就要香飘飘”，大打美女效益，可我相信提起优乐美的那款经典奶茶广告，很多人都会特别有印象，就是周杰伦捧着奶茶的广告：“因为你就是我的优乐美”。当年这个广告一经播出，就被很多人认为广告反映的内容近乎于媚俗，还一度被网友拿来调侃，但不得不承认，当年这个广告在年轻消费群体中形成了极强的传播效益，时至今日它的影响力依然不减。而在传播上优乐美更加懂得利用网络，在未播出优乐美电视广告前，把周杰伦在拍广告时的花絮放到互联网进行传播，以互联网的低成本吸引目标消费者的关注，结合事件，引爆话题效益。

选择腾讯网、校内网、优酷网、56网、PPLive、杰迷中文网作为优乐美奶茶官方网站与电视广告的推广平台，全面覆盖了关注优乐美奶茶的年轻人

群，并通过各个媒体最具特色的产品把优乐美的品牌信息再次精准有效地传达给消费者。

大农业模式启发

优乐美的案例告诉我们，没有什么不可能，永远不要惧怕强势品牌，用破坏性创新，把前者没有利用的资源占到我们手里后发而至，这反而是企业本身的机会，而一味盲目的跟随和追仿大品牌，反倒会使企业陷入进退两难的尴尬境地。

第四节　黄飞红花生：品牌和创新的完美缔造者

案例描述

山东欣和味达美食品有限公司成立于1992年，公司在烟台和济南共有8家工厂，主营业务是酱油和豆瓣酱。欣和出品的六月鲜、味达美酱油等在全国各地的大型超市都有销售，在山东省的占有率高达50%。

公司先后通过：ISO9001：2000质量管理体系认证；ISO14001：2004环境管理体系认证；

HACCP食品安全管理体系认证。

被国家许可使用：绿色食品标志；有机食品标志。欣和凭借建立以来对顾客始终十年如一日的忠诚呵护、朝气诚恳的创业理念和行业标杆的价值观。通过精心酿造的产品，建立了与顾客长期的信任，服务于社会，成为一个与时代进步息息相关的优秀企业。

志起未来点评

“我们大家都爱死了黄飞红，救命啊太好吃了”歌星梁静茹在微博上这样表示对黄飞红花生米的热爱。事实上，这样的明星“粉丝”还包括辛晓琪等多人。

这些当红明星口中的“黄飞红”，其实是一款很简单的产品，由主料花生和辣椒、花椒等配料烹制而成。在花生的优质产区山东，普通花生米只能卖6元/克；黄飞红却大大显现出了花生的高附加值——单以重量衡量，黄飞红麻辣花生卖到25元/克。

更让人意外的是，打造出这匹黑马的只是休闲食品行业的一名“新兵”——做酱油等调味品起家的山东欣和味达美食品有限公司。

1. 酱油老厂“不务正业”，填补高质量麻辣花生的市场空白

欣和公司多年来只生产调味品，不涉足别的行业，所以，从某种程度上讲，黄飞红是这家酱油公司“不务正业”的产品。其实这是有渊源的，早在10年前，欣和企业创始人兼董事长孙德善就有利用山东的花生资源开发产品的想法。

2005年，川菜在全国开始大范围流行，“麻辣口味被全国大多数人接受”。受此启发，黄飞红在全面调查后，发现麻辣花生这个品类之前在市场上没有出现过，是很大的空白。于是，经过多次口味调试，麻辣花生的味道确定下来。“黄飞红”的名字，即取自花生的“黄”和辣椒的“红”，意为“带来一抹红色而显得神采飞扬”。

2. 面对行业同质化，黄飞红精确定位，严把细节控，每粒花生重量均为一克

在本土品牌、外资和港台企业的不断冲击和激烈竞争下，中国休闲食品行业早已是一片“红海”，同质化现象十分严重。而其恶果就是销售费用的攀升，行业利润也因此跌破了危险临界点——5%。

在这种情况下，黄飞红要想要从众多休闲食品中脱颖而出，关键就在于细节上的功夫。在主料花生的选取上，黄飞红的花生精确到了每盎司28～32颗，即大小均匀的每颗花生重量约是一克。而另一个与众不同的是，黄飞红的花生更入味，咸味和辣味不止在表层；而且表面没有油，所以吃的时候不会让消费者脏手。更奇特的是，消费者吃完黄飞红花生后，可以用里面的麻椒和辣椒做菜。而平时在在市场上，很难买到如此优质的麻椒。

在外包装上，黄飞红采取了“像薯片一样好”的充氮包装。和其他类似产品的真空包装相比，这会增加一些成本，但却可以延长保质期。

现在，“吃前摇一摇，活力晒一晒，花椒要珍藏”，已经成了黄飞红花生的标志性语话，深入到消费者心中。

3. 赶上“好时候”，依靠现代化电商，玩转创新，迅速占领市场份额

其实，黄飞红一开始在经销商中并不受欢迎，很多人认为黄飞红只有一款

产品过于单调，而且欣和也不是专门做休闲食品的企业，花生可能卖不起来。

真正让黄飞红声名鹊起的是淘宝网。2009 年，众多经营方式灵活的淘宝卖家和热衷于网购的年轻人，无意间引发了黄飞红的流行。

2008 年黄飞鸿开始在 1 号店销售，彼时双方都在初创阶段，属于互相提升价值的共赢关系，黄飞红仅是多送了几十箱货，却省去了高价买广告位。而随着 1 号店知名度提升，黄飞红也成为畅销产品。按照销量 1 号店平台也会自动推送黄飞红的图片和链接到首页。

目前，黄飞红已击败上好佳、乐事、洽洽和果园老农等知名品牌，位居 1 号店排行榜第 36 名。

业内人士分析认为，黄飞红从推出到热销的时间段恰好踩准了电子商务飞速发展的时点，算是赶上了“好时候”。电商平台为黄飞红提供了更快速接触消费者和更低成本的渠道。

大农业模式启发

有谁能够想到一个做调味品的企业居然做起了休闲食品？而且一年创下了 2 个亿的销售额，应该说，黄飞红是一个在短时间内迅速占领品类市场，夺取至高的典型案例，它向我们演绎了：

错位变身，赚大钱

作为农产品深加工企业黄飞鸿花生的成功，依靠独特地产品创新战略和网路营销模式，将最普通的农产品——花生变了一个新的吃法，就迅速杀出一片新天地，成为休闲食品市场备受瞩目的一颗新星，也成为时尚白领的最爱！

志起未来认为：开发适合市场的产品，错位营销也能帮助企业赢得更多新商机。

第五节　白家食品：“爱紫记，爱自己！”紫薯也能石破天惊！

案例描述

四川白家食品有限公司是国家级农业产业化经营重点龙头企业、农业部农产品加工示范企业和全国食品工业500强龙头企业，是国内最大的方便粉丝生产企业。

公司秉持“以人为本、诚信双赢”的核心理念，致力于为全世界消费者创造绿色、安全、健康、美味的中华美食为发展目标，坚持以科技创新，技术进步为企业的核心竞争力，已获得国家专利56项、科技成果7项，并先后通过了ISO9001：2000国际质量管理体系、HACCP、ISO22000食品安全管理体系、绿色食品等认证。

白家食品有限公司经过十二年的艰辛发展，已成为一家专业从事特色方便食品、川味复合调料、即食下饭菜系列产品研发、生产、和销售推广的大型食品企业，

公司旗下的主要产品“白家陈记”牌系列方便粉丝、川菜烹饪料和即食下饭菜等产品多年蝉联成都地区加工食品出口第一名！连续十一年保持方便粉丝行业的全国第一品牌地位，成为四川美食的一张亮丽名片和健康方便食品的优秀代表。

2011 年，一向以健康食品为己任的白家食品公司调整发展战略，放手一搏，昂首挺进休闲食品业，第一个被关注的产品，便是对人体有着极大帮助，又富含抗癌硒元素的紫薯，这种备受时尚年轻人喜爱的健康食品，纤维素含量极高，可帮助排出身体中的有毒物质和致癌物质，改善消化道环境，防止胃肠道疾病的发生。紫薯中富含锌、铁、铜、锰、钙、硒等微量元素，均为天然，并且铁、钙含量特高，易被人体吸收，有效地留在血清中，修补心肌，增强机体免疫力，清除体内产生癌症的自由基，抑制癌细胞中 DNA 的合成和癌细胞的分裂与生长，预防胃癌等疾病的发生。

这种健康食品，与白家食品公司发展健康产业的目标极其吻合，于是，公司选择了农产品策划第一团队北京志起未来，强强联手，达成战略合作，秉承“传承国粹，演绎经典”的美食精神，将历史传承的“薯中贵族”——紫薯加以升华，推出继白家酸辣粉、白家酸菜鱼烹饪调料之后的又一次全新力作——“爱紫记”谷粒紫薯羹、紫薯小布丁，这两款紫薯的战略产品，选用健康营养的紫薯全粉为原料，采用先进的生产工艺，为广大消费者奉上全新的紫薯美味。

2011 年糖烟酒菜会上首次使用紫薯为原料的高档休闲食品“爱紫记”系列隆重亮相，在网络、在实体店表现不俗，不仅吸引了众多媒体的眼光，更是受到了广大市民的热烈追捧，特别得到了崇尚时尚健康的年轻人的青睐。

志起未来点评

爱紫记正是农产品策划专业品牌——志起未来与四川成都著名品牌企业、国内粉丝巨头——白家食品公司合作重磅推出的战略新品。

在休闲食品竞争激烈的现代都市，如何打造一款让时尚人群眼前一亮的产品，这真是难上加难，我们又是如何做到的呢？

志起未来作为爱紫记的娘家人，当然有话语权。回顾双方自战略合作以来，志起未来发现，由于缺乏创新，紫薯类产品虽然逐渐成为中老年喜爱的零食，却无法让年轻的消费者眼前一亮，和时尚零食相距甚远！

1. 颠覆传统，紫薯也有独一无二的创新面孔

志起未来深入研究后发现，传统的紫薯缺乏创新，所以总是无法让年轻的消费者倾慕，这也就大大丧失了休闲食品的黄金消费群体。通过对主流消费群体的画像素描后发现，要想让紫薯变得亲切，让紫薯变得分外诱人，必须根据紫薯的诸多特性对目标消费人群进行精准定位，最终志起从产品的感性、理性层面进行品牌定位，目标直指她们——“爱美，爱健康，更懂得爱自己的人”。

2. 贴合目标消费者，品牌诉求呼之欲出

在确定了休闲食品黄金消费群体的基础上，爱紫记“爱紫记，爱自己”的品牌诉求呼之欲出。

从品牌名字、广告语、产品 USP 卖点、产品包装设计、价格定位、渠道选择和市场策略，甚至从产品开发环节，志起未来和企业方进行了紧张而紧密的互动合作，最终亮相的“爱紫记”让每一位看到的消费者都赞赏不已。

看到志起未来对爱紫记提出的种种颠覆性创新方案，白家食品老板不禁拍案叫绝：“爱紫记让我感到石破天惊!”

3. 爱紫记，颠覆性创新开创紫薯食品新大陆

爱紫记系列战略新品的推出，彻底打破老、土、廉、旧的固有形象，开创了紫薯食品市场的新大陆，成为国际化的红薯休闲食品。让紫薯时尚化、国际化、大众化，将紫薯的特性和休闲食品的特性完美融合，让消费者对紫薯有全新的视觉和味觉享受，塑造了现代消费者喜欢的新空间。由此，也为白家的“品牌扩张之路”赋予高附加值、高信誉的新活力量！爱紫记的成功让白家食品打响了进军休闲食品的第一枪，也让志起未来被更多休闲食品企业熟知，成为休闲食品策划行业的领军者。

大农业模式启发

1. 紫薯产业战略新品旗开得胜，成为行业领跑者

纵观国内外红薯食品市场，发现全世界都有吃红薯的传统习惯，红薯的营养早已深入人心。然而，长期以来，中国的红薯产品竞争低端、良莠不齐，我们该如何打破红薯老土又廉价的固有形象，让红薯摆脱“村姑”的束缚呢?

四川白家食品有限公司推出的“爱紫记”紫薯小布丁，按“低蔗糖”健康理念进行科学配方，同样采用紫薯全粉为主要原料、添加具有保健功效物质为辅助原料，经溶解、熬制、浇注、冷却成型、分段式干燥等单元操作制成，紫色的糖果造型，小巧可爱，令人爱不释手；酸酸甜甜的味道中带有紫薯的浓浓香味，让人不忍停口；时尚可爱的紫色包装，让人眼前一亮；这款产品浪漫、美味、营养、健康，让人充满欣喜。

“爱紫记，爱自己”，这款营养健康的时尚产品，一经推出，即受到广大市民的热烈追捧，成为休闲食品业的一大亮点。

2. 开创行业内最具代表性和吸引力的新品类

志起未来通过深入调查研究发现，红薯是个彻彻底底的舶来品，它具有国际气质。在此基础上，我们必须要塑造现代消费者喜欢的新空间！深入调查之后，发现红薯吃起来松软滑嫩的感觉与蛋挞有异曲同工之处，致使葡式小薯挞诞生！它摆脱了红薯粗陋的形象，以全新的面貌开辟了红薯食品市场新空间，让红薯进入了新时代！

3. 爱紫记，开创紫色休闲食品第一品牌

爱紫记是继葡式小薯挞后的又一款经典作品。志起未来经过深入研究后发现，紫薯的目标消费人群直指“爱美，爱健康，更懂得爱自己的人”。在此基础上，志起未来根据紫薯的诸多特性对目标消费人群进行精准定位，最终从产品的感性、理性层面进行品牌定位：爱紫记——“爱自己，爱紫记”。

4. 赢在未来，永远走在行业最前沿

一分耕耘一分收获，白家食品有限公司走过 10 年，在激烈的食品行业竞争态势下，白家食品有限公司凭借对产品质量安全的敬畏之心、对企业高度的责任感，形成一套完善的产品质量和食品安全管控体系，一直走在休闲食品制造业的最前沿，成为大农业模下典型的农业龙头企业。正如董事长陈朝晖所说，“只有保持一种高度的危机感和责任感，整个产品质量和安全才有保障”。

谈到未来，陈朝晖踌躇满志，“让全世界的消费者都享受到中华美食。30 年后，我们要像可口可乐、百事可乐进入我们国家一样，进军他们的主流市场。到 2030 年以前，公司实现销售收入五十亿元以上，成为中国著名并初具国际化雏形的食品企业。”

未来，白家食品公司将会拥有更多的战略新品，开创出更广阔的蓝海，向着成为休闲食品的第一品牌继续前行！

第六节　转型奢侈营销，丹夫华夫饼让中国人尽享欧洲

案例描述

华夫饼本来是欧洲人日常的一种食物，但是经过丹夫公司的设计和改良之后，成为了一款高端烘焙类产品，丹夫华夫饼又香又软，Q劲十足，并且在外观上做足了功夫。明显的特征使得华夫饼在市场上众多的法式小面包、小蛋糕中脱颖而出，凭借不一样的空间高度优势和战略，海新更是从福建军团的固有模式中跳了出来，经过近两年的市场培育，华夫饼在2009年春节期间销售额实现了翻倍的增长，同时北京、上海等城市的消费示范效应逐步显现，华夫饼已经成为高端烘焙食品的一个代言者。

1. 福建模式受困，海新遭遇瓶颈

糕点是近几年来休闲食品行业中最诱人的市场之一，根据行业协会的统计数据，2003—2007年，中国烘焙食品行业产值年均增长率为24.67%，行业人士更预计到2010年烘焙食品行业将可以达到750亿元人民币的产值规模。市场空间的快速膨胀带来了各路英雄角逐，派、面包、蛋糕等品类都出现了激烈的市场竞争。

在众多觊觎这块巨大“糕点”的竞争者中，以达利园为首的福建军团市场表现可谓风生水起、势不可挡，许多福建的食品企业在很短时间内就集体跻身全国一线品牌，福建模式也成了业界争相效仿的制胜法门。

他们很少甚至根本不将有限的资金和资源投入到产品的开发与工艺技术的研发上，而是集中一切可用资金和资源砸向大品牌、大市场和大流通的建设上。

这样的福建模式成就了今天的达利园、雅客、亲亲、福马、盼盼等众多知

名食品企业。然而，这种只求快求大的粗犷式营销也造就了今天众多福建企业大而不强的市场囧境。

2. 没有防火墙，内耗与规模只能一起快速成长

这种简单模仿、复制，从生产跟随到市场跟随的营销模式早期确实帮助福建的许多企业以极快的速度获得了成功，但由于这种几乎没有技术门槛的模仿极容易实现，不论是产品的推出还是市场推广手段、方法的推出，他们互相模仿、互相借鉴，从生产到市场，基本是“你有我有、大家有”，福建军团的内耗在也同样伴随着他的扩张规模与日俱增。

3. 没有大利润，“大市场”大而不强

众多的福建食品企业都将营销的触角穿过一、二线市场，直接抢占三、四级市场。福建军团只看到了三、四级市场众多流通渠道和夫妻店的分布广阔，却忽略了他们生存的空间已经被一、二级市场的商超、KA 店等强势渠道挤压的所剩无几。

另一方面，高空传播铺天盖地，地面营销攻势如潮，这确实取得了一连串的短期效益，但也给市场、业界甚至是消费者一种低端品牌、低价产品的“低档”形象，某些营销与品牌投入不大的企业确实也沦落到只能依赖于“价格战”来苟延残喘。

没能像达利园、亲亲、福马、盼盼等企业一样搭上了福建模式的第一班也是唯一一班幸运快车，对于同样身处福建的海新集团，留给他和其他福建企业的只剩下这种“大跃进”模式的严重后遗症。

志起未来点评

面对如此瓶颈和囧境，海新该何去何从？

1. 发现空间，以欧洲的名义开“占”

经过大量的市场调查，志起未来建议海新的高端最好不选择传统的蛋糕和面包类产品，而是另辟蹊径，推出“华夫饼”。

华夫饼是一种在欧洲有着悠久历史的美食，深受高端消费者欢迎，海新旗下的丹夫食品作为德国 DANCO 公司在中国投资的第一家分公司，本身就是一家

有着多年华夫饼专业制造经验的食品公司，华夫饼的美味由丹夫呈现给中国的消费者占尽了天时地利，所以海新将切入高端市场的关键一刀放在了华夫饼上。

华夫饼的定位使它吸引的目标消费群体和普通的工业糕点就形成了一定的区隔，所以双方之间不存在直接的竞争关系，而专注做好这一个产品，抓住高端市场，将是海新占领新空间的保障所在。以欧洲的名义，海新开“占”!

a. 企业定位——提供环球享受型欧洲美食供应商　为做到让竞争对手无法跟进，更无从模仿，海新花了 5 000 万元，从奥地利引进了国内第一条华夫饼生产线，成为中国首家规模化、专业化、工业化的华夫饼生产企业。正是这条技术门槛极高的生产线，保证了市场上在华夫饼这个品类里，丹夫没有敌人，海新企业也因此顺理成章的定位为——提供环球享受型欧洲美食供应商。

b. 品牌定位——欧洲格调美食世家　在企业的定位下，海新将目标消费者毫无疑问地指向了城市白领，为充分满足城市白领对纯粹的欧洲格调的向往之情，抓住目标消费者对欧式饮食热衷的特点，海新将丹夫品牌定位为“欧洲格调美食世家”。

c. 品牌联想地道的欧洲品味　在企业定位和品牌定位之下，丹夫通过各种形式的形象展示更向消费者传达出地道的欧洲品味，欧式的城堡、高雅的音乐、传统工艺等处处体现欧式小资情调更是帮助海新建立了“欧式糕点＝华夫饼、华夫饼＝丹夫”这样一个牢固的品牌联想。

正是丹夫华夫饼这样的高技术门槛和高品牌联想，保证了海新产品的高利润空间，在纷繁复杂的糕点市场竞争中，海新没有再跟随福建军团“你有、我有、大家有”的固有模式，也没有陷入你死我伤的价格大战，而是从囹境中跳了出来，一跃便直接抢占了糕点市场的最高端。空间的高度决定了海新将最终成为这场战争的胜利者!

2. 占领空间，调动美食最大能力，好吃到爆点燃消费

依靠三个绝佳创意，丹夫最大限度地调动了白领群体对美食的能动性喜爱，引燃了他们对好吃又好玩的丹夫华夫饼的消费热潮。在创造了一个市场奇迹的同时也帮助海新牢牢将新空间握着手中。

a. 格格美妙，好吃到爆　丹夫华夫饼可以说是一种比较特别的烘焙糕点，

由于加工工艺的特殊，它既不像蛋糕那样结构稀松，没有嚼劲，不像饼干那样容易掉渣，也不像面包那样口感较干，华夫饼的特点就是又香又软，Q劲十足。而且在外观上，丹夫华夫饼也很特别，一个个的小方格，给予了消费者新鲜的感觉，而且还可以与冰淇淋、奶油、巧克力酱等搭配着来吃，让一样的方格创造出多种不一样的风味。丹夫占领高端空间的第一步，就是凭借着这格格美味牢牢占据了消费者的"胃口"和"口味"。

b. 环球华夫盛典十二星座　为进一步取得和消费者的互动性沟通，丹夫更是将华夫饼的文化挖掘到了极致，发起环球华夫盛典，从国际华夫日到美国华夫日再到希腊、意大利、荷兰、英国、韩国和德国等国家对华夫饼的经典吃法以及印象的还原，丹夫将环球华夫文化盛宴毫无保留地呈现在消费者的眼前，原汁原味的华夫饼文化从此深深扎根于中国消费者心中。

休闲食品从来都跟休闲文化是相辅相成的，十二星座作为全球性休闲文化的代表，由它衍生出的各种休闲活动和休闲产品更是现代白领最为热衷的领域，星座占卜、星座算命、星座分析、星座纸巾等，无一不成为城市白领的休闲热宠。为最大限度地获取消费者的"芳心"，我们建议丹夫在华夫饼中融入十二星座的概念，双鱼座的华夫饼配蜂蜜草莓、巨蟹座的华夫饼配牛奶、天蝎的华夫饼配 Cappuccino 等，这种结合十二星座的不同个性，选择最为适合的华夫美食搭配的新鲜吃饭一经推出，立刻在市场上掀起了一股"十二星座华夫风暴"，赢得了消费者的十二分青睐。

c. 把"创意食坊"带往中国各地　作为一款高端产品，海新的推广原则就是要精确锁定目标消费群体。其实以前华夫饼在国内的一些咖啡厅和星级酒店中也有售，在外籍人士和白领阶层消费者中已经形成了比较高的接受度，拥有了一批忠实的爱好者，海新的产品推广就从这个群体最集中的北京、上海等国际化大都市开始切入。除了在当地投放了大量的路牌广告和电视广告之外，海新更注重在终端与消费者的心灵沟通。

为了准确地传递产品信息，在渠道选择上具有极强的针对性，华夫饼的销售渠道都是沃尔玛、家乐福、大润发这样的大型 KA（Key Account，中文意为重要客户）卖场，而不会在小店或批发市场出现。在卖场的终端陈列上都以统一的形象出现，让陈列成为品牌形象打造的一个窗口，海新要强调的就是自己欧式“创意食坊”的贵族气质。

3. 6个月不上广告照样火，海新给中国人心中装个新欧洲

在产品推出之后，丹夫在半年间从未打过一次广告，然而丹夫华夫饼的市场销售势头照样节节攀升，迅速成为最火爆，最受消费者欢迎的明星产品。

丹夫华夫饼抓住了白领们对欧洲的向往和经典欧式美食联想心理，“身边的欧洲”使得这一欧洲经典美食在市场上大获全胜。

产品上市初期作为介于蛋糕和面包之间的新品类，华夫饼在国内堪称首创，没有直接的竞争对手。在销售渠道上，由于丹夫华夫饼主要走中高端路线，所以一般在国内的咖啡厅或星级酒店有售。在产品上市后的宣传策略上，紧紧抓住消费者对欧式饮食热衷的特点，欧式的城堡、高雅的音乐、传统工艺等处处体现欧式小资情调；在吃法上，讲究可以与奶油、巧克力酱、冰激凌等多种美食创意搭配，从而产生了强大的产品力，迅速成为外籍人士和高级白领阶层的最爱。

可以说，海新的成功，在于他给中国人心中装进了一个纯粹的新欧洲空间，实现了从德国到中国的“空间大挪移”！

大农业模式启发

志起未来全面分析丹夫自身的特点，最终走奢侈营销的路线，让丹夫产品全方位进入价值空间，而非进行价格大战，从而彻底摆脱低价竞争的泥潭。精准而独特的定位，实现产品与消费者的无缝对接，是大农业模式中农业企业的成功要素。

第七节　旺旺：引入新鲜血液，再夺休闲品业宝座

案例描述

旺旺公司于1992年正式投资大陆市场，是台湾第一个在大陆注册商标并且拥有最多注册商标的公司，主要业务包括生产及销售休闲食品、饮料及相关

产品。年销售额突破 200 亿人民币；

1983 年旺旺开发台湾米果市场，并迅速取得市场领导品牌的地位。

1987 年旺旺商标在大陆申请注明，为台商在大陆申请商标注册的首例。

公司于 1994 年在湖南设立第一家工厂，向着“中国第一，世界第一”的目标不断前进。

1996 年公司在新加坡交易所第一级股市挂牌，并改名为旺旺控股有限公司。

公司现有多个产品，旺仔牛奶、旺仔小馒头、雪饼、仙贝、小小酥、旺旺大礼包、旺仔牛奶糖、QQ 糖、旺旺果冻、碎冰冰、O 泡等系列产品均为行业领先。

家喻户晓的“旺旺”产品更是高端休闲食品饮料行业的领军品牌。

旺旺公司在通路渠道上有着很高的覆盖率和渗透率，目前公司在中国共投资建立了 34 个销售分公司、356 个营业网点，以及庞大的经销商网络群体，覆盖率达 85％以上。可以说，旺旺作为一个家喻户晓的食品品牌曾经创造了无数的市场奇迹。

但是，在市场竞争如此激烈的今天，旺旺也同样面临着种种问题，公司在 1999 年后几乎再无新产品问世，老产品业绩也在衰落，严重的同质化正在吞噬着旺旺的市场核心竞争力，通路缩水、终端失控，这些都困扰着这个走过了四十多年风风雨雨的企业，人们不禁在问：旺旺还能“旺”起来吗？

在对旺旺公司进行全面分析后，我们不难发现，其面临着几点重要问题：

1. 产品同质化严重

当旺旺雪米饼、旺旺仙贝和浪味仙与消费者见面时，旺旺以其高端的设备，雄厚的实力，控制着这些产品的专利技术，但随着市场的变化和经济的发展，生产这些产品的设备已无需进口，雪米饼等不再是旺旺独家专有的技术，各种品牌迅速在市场上涌出，产品之间的口味没有明显的差异，同质化现象日趋严重。

2. 市场竞争白热化

旺旺雪米饼小包的最初零售价 5～6 元每包，卖得非常火暴，尤其是春节时，时常断货。但这种一家独领的时候并没有维持多久，随着康师傅率先生产出同类产品，市场上开始打起了价格战，竞争逐步进入白热化，从此也进入了微利时代。

3. 通路挤压路难行

旺旺产品其实很多，却都不是新近开发的新品，无法激起消费者的关注，随着市场单一格局的被打破，人们的消费习惯也在悄然发生着变化，旺旺的几款老产品由卖方市场早已走进了买方市场，同质化严重、竞争激烈，产品行走的道路也变得越发艰难。

4. 品牌出现内乱

为了摆脱残酷的竞争压力，旺旺各种产品在尝试屡屡降价后仍不能有效遏制竞争，于是旺旺采用了多品牌战略，将产品按价格从高到低进行品牌分类，这种战略，看似可以将竞争品牌拒之于市场之外，实际上旺旺未对其各个品牌进行准确、严格的市场定位，而仅仅用产品价格加以区分，因此造成了旺旺自有品牌之间的冲突和矛盾。使多品牌战略并未发挥应有的作用，反而加剧了旺旺品牌的混乱和衰落。至此，品牌意识的淡漠和品牌混乱，已导致旺旺产品结构严重失衡，核心产品衰退。

在如今这个以终端为王的年代里，旺旺公司既没有经验和能力去做好大卖场，又不具备直接向中小型卖场供货的配送能力和风险意识，更无可依赖的经销网络，中心城市的竞争优势和品牌号召力正在逐渐丧失，而旺旺高层又在惯性思维的指引下，舍本逐末地将精力向批发通路末端县域，甚至乡镇一级转移，与渠道日益扁平化的大势背道而驰。

旺旺，怎么做，才能更旺起来？

志起未来点评

面对如此众多的问题，中国第一农产品策划团队志起未来认为，旺旺公司在渠道和产品上均无创新，缺少为企业获得利润，赖以生存的新鲜血液，可以说这几年公司一直是在进行着“新瓶装旧酒”的销售。

一个没有创新的企业，是无法在市场大潮中屹立不倒的，旺旺要想走得更久，活得更潇洒，必须要转变，要突围了。制定正确的品牌战略，市场推广策略，摒弃以往陈旧的做法，这些都是旺旺急需解决的意识和观念问题。

1. 多渠道开发跟进

继续巩固KA卖场生动化建设，加强连锁超市和中小超市的“爆炸性”促销跟进。同时，由于传统渠道在短期内不会很快消失，而且数量非常庞大，旺旺公司可以采用多渠道开发，实现量和质的飞跃。

2. 创新血液增强活力

新产品是一个企业赖以生存和向前发展的“血液”。因此，一个企业要发展要壮大，要时时彰显出活力，就必须不断输入新鲜的血液，旺旺必须不断创新，研发新产品，不断给企业注入新鲜生命。

2007—2012年，旺旺公司的销售额和净利润分别实现了28%和20%的年均复合增长率。公司产品组合丰富，主要的长驱动来自于米饼、风味牛奶和饮料以及其他零食，2012—2014年，仍可以分别实现17%和18%的年均复合增长率。

3. 改善销售终端服务，细分市场领军者

经过2001—2004年的米果价格战，旺旺中国占据了超过70%的市场份额。此外，根据AC尼尔森2010年第一季度的报告，中国旺旺也占据了45%的风味牛奶市场份额。

中国旺旺在中国休闲食品市场拥有强大的品牌和产品，过去5年中，旺旺中国的净利润率在14%～18%，通过改善销售终端服务，将是公司未来增长的动力。

旺旺公司一直在秉持“缘、自信、大团结”的经营理念，与每一位志同道合的朋友结缘，努力营造“一家人”的氛围，并以“大团结”的精神与每一位旺旺人共同创造更加辉煌的明天！

大农业模式启发

旺旺公司不仅有着独特的战略眼光和开放理念，同时具备社会责任感，在农产品深加工的生产和销售中创造了一个奇迹。

目前正大力发展和推广现代化农业产品，形成了以产品研发、生产、销售以及物流管理于一体的规范运作体系。通过不断创新，继续领跑休闲食品第一品牌。

第八节　谷粒棒：引领健康豆制素食新潮流

案例描述

四川徽记食品股份有限公司经过多年发展，目前已成长为规模化的集研发、生产、销售和推广为一体的休闲食品企业，公司下设多个生产基地，拥有丰富的品牌管理、团队打造、市场开拓的经验。公司承袭百年历史文化底蕴，致力于挖掘古老的、原汁原味的民间美食并以现代食品科技将之复原和包装，呈现给消费者形、色、味及营养各不相同的美味休闲食品。目前公司旗下拥有“徽记”坚果炒货、“好巴食”豆制品、粗粮膨化食品和“徽记果园”高端坚果等系列产品，并大力推广健康休闲食品新理念。

志起未来点评

徽记食品凭小瓜子起步，以其精准的品牌定位在10年内成功创造了10亿元的产值，在休闲食品领域打开了一扇窗。那么，徽记成功的秘诀在哪里?

1. 深挖徽商文化，巧借徽商品牌效应

自主品牌的开发并非一日之功，品牌必须有自己独有的文化内涵和历史传承方能彰显出魅力。企业历史难以改变，是否可以在产品名称上有所突破呢?徽记企业领导吕金刚在去安徽考察炒货瓜子时找到了灵感：在历史上徽商非常有名，徽商代表了中华民族优秀商人传承的文化，背后有其经营之道。徽商讲诚信，敢拼，其探索和拓展精神在历史洪流中很好地传承了下来。更何况安徽的炒货在改革之初就有一定的影响力。如此，带有徽商产地效应的“徽记”品牌应运而生，徽商的原产地效应很好地弥补了品牌的文化底蕴。

2. 徽记：做饮食美学的传承者

一个好的品牌名和诉求能够积淀无形的品牌价值。中国文化源远流长，中国吃文化更是堪称一绝。徽记致力于把中华美食文化发扬光大，把自己定位为中华美食传承者。徽记，一个听起来颇有“徽文化”内涵的名字，让消费者有效地联想到“徽派”炒货的美味，文化联想，历史品味与厚重感，加深了品牌印象。

3. 创新品类，带动消费热情

素牛肉棒是徽记在现有“好巴食”豆腐干系列产品基础上推出的又一高端品类，目的是为了满足消费者日益增长的对不同口味、口感豆腐干产品的需求，同时也大力提倡健康素食的生活态度，顺应时下的食品消费潮流。

“素牛肉棒”具有类似牛肉的味道、口感和营养价值，但没有牛肉的饱和脂肪和胆固醇，保留了大豆食品的营养优势。它既是传统豆腐干的健康升级产品，也是替代牛肉干等肉制品零食的代餐产品。对于对健康有较高要求、希望控制体重、喜欢素食及低碳饮食的消费群有较强的吸引力。此产品推出后备受广大年轻消费者喜爱，对于休闲食品市场来说，创新品类是关键。徽记通过品类创新带动新市场热点，是值得其他休闲食品学习的地方。

大农业模式启发

中国休闲食品市场是一个蕴涵着数百亿元规模的庞大市场，各种营销战此起彼伏。在这个没有硝烟的战场，成功不是仅凭努力就可以达到的，而徽记食品凭小瓜子起步，以其精准的品牌定位在 10 年内成功创造了 10 亿元的产值，在休闲食品领域打开了一扇窗。也为其他想进入休闲食品的大农业企业成功树立了标杆。嫁接产地优势、进行品类创新，玩转营销才是农业品牌制胜之道。

第九节　战略新品点石成金，成都棒棒娃销量激增

案例描述

成都市棒棒娃实业有限公司（中美合资）成立于 2000 年，位于成都市高新区（西区）合作镇，注册资金 164.7 万美元，公司专业致力于牛肉深加工的开发。现有龙须牛肉、手撕牛肉、牛肉粒、灯影牛肉、卤汁牛肉、麻辣牛肉、

牛肉条七大系列共60多种产品规格。质量管理通过ISO9001国际质量体系认证，国家QS质量与安全认证，正在进行HACCP认证工作。

公司牛肉原料基地除成都周边地区外，还建有川西藏区红原牦牛肉基地、川东秦巴山区达州黄牛肉基地、川南丘陵地区富顺水牛肉基地。公司签约养殖户达1 500户，基地存栏总量达10万头，公司与养殖户实行保护价签约收购，确保养殖户的利益和积极性。

市场营销方面，销售网络遍布全中国各大中城市，“棒棒娃”品牌在全国同行业中名列前茅，公司销售额连年以30%以上的速度增长。

2003年获得SSIF基金120万美元的风险资本投入，成为西部地区风险外资投入的首家食品企业。

2005年公司获得“成都市农业产业化重点龙头企业”。

2006年公司获得“四川省农业产业化重点龙头企业”。预计2008年公司销售额可达5亿元，成为牛肉休闲食品全国第一品牌。

志起未来点评

作为开创了国内手撕牛肉的知名品牌，成都棒棒娃在业内曾辉煌一时，但由于业内跟风者甚多，全国市场的总销量甚至比不过一个地域品牌，而其品牌经过多年的积累，仍然不能在消费者心中产生深刻的品牌印象。而且，作为地方特产突围取胜的棒棒娃要快速提升在全国市场的销量，还将面临难以突破的行业瓶颈。

达成战略合作后，志起未来运用“战略新品”理论重新洞悉消费者，帮助棒棒娃寻找新的市场空间和市场发力点，解决企业“空心化”问题。

1. 重塑战略新品，四大维度打造顶级好牛肉

牛肉粒已经成为牛肉休闲食品行业最大的品种，竞争品牌众多，同质化严重，差异处主要在包装设计、包装纸的颜色、口味、产地上。价格主要按照包装大小来区隔，没有从包装的档次上体现出来；随着消费升级，人们对于牛肉休闲食品的价格敏感度开始下降，而对于品质、口味、体验的要求开始提高。

志起未来利用“战略新品”理论帮企业从“优质度，贪恋度，营养度，享

受度”四大纬度打造棒棒娃好牛肉新标准。进一步帮企业打造“嚼Q”系列战略新品，占领白领办公桌。

通过一系列的品牌价值重塑动作、明星产品升级策略，不仅仅帮棒棒娃擦亮了品牌，更砸开了市场，收获了人心，实现了从3亿到8亿的跨越。

2. 多元化战略，借助渠道优势迅速占领市场

2011年年初，棒棒娃公司开始实施多元化战略。短短一年时间就进军健康食品领域、兔肉领域、推出阿吉郎羌寨风味兔肉系列产品，自兔肉推出后迅速占领市场，赢得消费者喜爱。

同时棒棒娃依托美食之都——四川成都麻辣之城的资源优势，重磅推出“麻夫辣妻”特色品牌；并与四川各地政府合作，联合打造“山里的餐桌”原生态农副产品项目。在休闲食品领域掀起一阵麻辣风暴，成为都市白领的最爱。

3. 开展电子商务，丰富渠道建设

对于现代营销体系来说渠道建设是公司建设的重中之重，尤其是电子商务，已经成为企业整个营销系统中最重要的环节。2012年，棒棒娃公司进驻成淘宝商城、京东商城、QQ商城、一号店等国内一线休闲食品主要电商平台，棒棒娃将产品的特点与各个平台的特性相结合，推出更多适合网络销售的特色产品，让消费者能通过更便捷的途径，享受到棒棒娃更多的美味。

大农业模式启发

产品的竞争才是最有效的竞争，满足消费者需求的个性产品组合是获得成功的基本前提，有创意有张力的产品才有生命力。对于大农业企业来说产品线的优化组合，是打败竞争对手的重要手段。

第十章

大农业经典案例：调味品

“民以食为天”，我国是一个饮食文化大国，悠久的历史文化延伸出各地区各民族不同的饮食习惯和制作风味，其中品类众多的调味品对人们的餐桌菜肴有不可替代的独特影响和地位。随着现代人们的生活水平不断提高和健康饮食观念愈加的深入人心，调味品受到越来越大的关注，在餐桌文化中扮演越来越重要的角色。

本章以调味品业成功转型的企业为案例，详细分析了调味品企业的广阔发展前景，只要量身制定切实可行的战略运营模式，战略与品牌两手抓、齐头并进，就会让调味品给我们的味蕾带来更多惊喜。

第一节　亨氏：世界第一大番茄酱100年的营销传奇

案例描述

1869年，25岁的H·J·亨氏第一个将他的调味酱装进透明玻璃瓶里出售，他的这一创举是为了让人们更直观地看到调味酱的纯正度这个匹兹堡的青年或许没有想到，他由此创建了一个今日年销售额逾101亿美元的食品王国。1896年，H·J·亨氏将60多种产品归为57类，从此，57这个神奇的数字成为亨氏的代名词并沿用至今。

如今，亨氏集团的分公司和分支机构遍布全球110多个国家和地区拥有150多种全球数一数二的著名品牌，是全球营养食品工业无可争议的领导者之一。亨氏经过一百多年卓有成效的发展，由当时的小农场成为世界最大的营养食品生产商之一。亨氏的产品有5 700多种，除了人们熟知的婴儿米粉外，还有番茄酱、调味品、沙司和冷冻食品等。

志起未来点评

从0开始成长为100亿美元的全球最大的调味酱公司，亨氏都做了哪些营销?

1. 创新产品，战略新品领先一步

一百多年来，亨氏公司产品及包装设计的每一次创新都基于消费者的要求和需要做出，这也是亨氏番茄酱取得巨大成功的一大关键因素。为了满足美国人民的需要，亨氏番茄酱推出具有双重功能的番茄酱包，将番茄酱中盐含量降低15%，并推出以糖为基础的新产品线。

自建立以来亨氏番茄酱为了满足世界各地消费者的需求，总是不断地推出战略新品，让消费者充分享用亨氏调味番茄酱的美味。亨氏不仅推出了让快餐变得更加方便和有趣的具有双重功能的番茄酱包，而且推出了符合当下消费者希望食品少盐的低含盐量的番茄酱，并根据不同的消费者喜好推出了含糖番茄酱。

2. 分享平台，创意领先一步

为了提高番茄酱的互动性，亨氏在“Facebook”上创建了番茄酱粉丝网页，番茄酱粉丝们可以在此分享和上传与亨氏调味番茄酱有关的故事、视频、照片及其他资源。同时，亨氏番茄酱的粉丝们还可以通过此网页第一个获得有关亨氏公司新产品、创新的独家新闻。

网络自主创意平台是近年来兴起的一种广告形式，亨氏举办网络电视短片大赛，其创意之丰富连那些经过4A广告公司严格的流程作业后诞生的广告都黯然失色。短片题材囊括了喜剧、说唱音乐、摇摆舞曲和独白。经过评委选择后据评委评价这些参赛作品的创造性“远超乎他们的预期”。精心的策划让这次大赛取得了令亨氏欣喜若狂的成果。此次活动，消费者们与品牌互动的累计时间为10.5万小时，亨氏用一种深具魅力却并不招摇的方式在网络上联系着消费者。

3. 创新包装，方便领先一步

2003年，亨氏推出瓶口倒置包装，免去了多余番茄酱停留在瓶盖造成的不便，被美国《商业周刊》评为当年“最佳新产品”。2011年，亨氏又推出一种十分便利、可重复封装的广口瓶包装，使其方便涂撒酱料。亨氏还发明了具有“蘸”和“挤”两种功能的Heinz Dip & Squeeze番茄酱，即可以将包装的盖子薄膜掀掉，蘸取番茄酱。也可将包装袋撕去一角，将番茄酱挤在食物上。增添了番茄酱的实用性和趣味性。

大农业模式启发

创新已成为现代企业生存和发展的基本需要，唯创新才能生存。创新就要打破传统经营思维的局限，从产品、包装、营销等多方面进行，培植企业核心竞争力，实现企业高速发展。

对于大农业模式来说只有不断创新，才能适应这个社会、科技、竞争对手都不断变化的世界；只有不断创新，推出战略新品，才能不断成就自己。

第二节　日本味之素：老牌企业破解市场新难题

案例描述

日本味之素株式会社从味精生产及销售起步的味之素，现在已经是跻身全球十大食品企业之列的“百年老店”，一个世纪过去了，以“味之素”品牌命名的味精产品不仅遍及每个日本家庭，更跨越国境畅销世界 100 多个国家。

如今，味之素集团枝繁叶茂，已成为拥有百年历史的全球十大食品企业之一。目前在 23 个国家，建立了超过 100 家工厂，拥有超过 3 万名员工。除了味精同时也向汤料，调味品，冷冻食品，饮料，氨基酸等方面发展。

志起未来点评

100 多年前，自从味之素被发明以来就一统味精天下，这其中除了产品因素以外，当然还有其他因素。那么，味之素之所以能成为全世界最知名调味品牌的原因都有哪些？

1. 精简机构，建立产品开发机制

世界调味品行业的市场格局尚处于变动之中。在一轮轮的行业洗牌中，味之素需要不断通过产业升级、技术创新等方式，提升产品的市场竞争力。面对消费者日益多元化的需求，味之素已渐渐不能满足需求。为此，味之素提出了一个名为“KAL”的生产革新计划，将其国内最大的川崎工厂变成“精干”、“敏捷”的生产基地。

该计划将固定费用减少一半，可变费用降低 30%，改变过去生产方法，根据各产品原料和包装通用化的要求，成本管理由产品经理统一进行，各个产品的原料采购实行一元化。分解每个产品的成本结构，推进比以往更精细的成本削减。该计划将产品开发速度提高 4 倍以上，目前这一革新取得前所未有的成功。

2. 市场运作，构建品类金字塔

味之素多年来一直坚持放眼全球，立足消费者，进行市场化运作，为人类的“食”与“健康”以及“将来更美好的生活”不断作出贡献的经营理念，味之素所属的每个企业都立足于一项关键技术，在成熟市场中寻求突破点。目前，公司经营产品包括“红碗牌”味精、“味の素”味精、魔厨高汤、鸡精、干贝素、海鲜素、悠浓汤系列、爪哇咖喱、百梦多和味相浓咖喱、鲍鱼精、肉味精等，以及香港淘大酱油不同系列产品。产品品类几乎囊括所有调味品品类，并且在每个品类都取得不俗的市场成绩。

3. 海外扩张，跻身全球酱油三甲

2006年，“味之素株式会社”收购达能旗下“淘大食品集团”，借助此次收购，味之素将继续扩大其在海外食品市场的销售。味之素借此获得了淘大食品集团在中国香港、北美、欧洲的中式酱油和冷冻食品业务，成功打开了中国的酱油市场，由此，味之素借助此次收购也一跃成为全球酱油前三名。

大农业模式启发

企业产品若不是某类产品中的第一，就应努力去创造一类能使产品成为市场“第一”的产品品类。品类创新是市场营销中最根本的创新，无数的营销事实证明，企业花费再大的力气去做营销做推广都不如发现一个新品类能给企业带来巨大的商业利润。对于大农业模式企业来说，欲在市场有所突破，那么，品类突破将是最佳之选。

第三节 老树开新花，水塔老陈醋再次腾飞

案例描述

山西水塔醋业股份有限公司位于“中国醋都”——清徐县，是国家八部委命名的全国农业产业化重点龙头企业，也是目前国内规模最大、产量最高、市场占有率最广的老陈醋生产企业。

公司在科学发展观的统领下，始终“以质量求信誉，以信誉求发展”为企业宗旨，以“科技创新，质量诚信”为经营理念，坚持走自主创新与联合创新的新型工业化道路，取得飞速发展。

公司主要产品有老陈醋、陈醋、风味醋、保健醋、醋饮料五大系列200多个品种，是国内食醋行业产品品种最多的企业。公司产品畅销全国30多个省、市、自治区、直辖市，出口美国、加拿大、新加坡、马来西亚等国家和地区。

2002年“水塔”牌商标荣获“中国驰名商标”称号；2003年“水塔”牌

系列食醋荣获“中国名牌产品”称号；2006 年水塔公司老陈醋传统酿制技艺荣获首批“国家非物质文化遗产”称号。

志起未来点评

作为山西老陈醋行业的“老大”，数十年来水塔一直稳健发展、低调行事，相对于恒顺、紫林陈醋等其他醋行业知名品牌，水塔的行业地位并没有获得相对等的市场尊敬。在代言人效应、区域品牌异军突起的多重包围下，水塔也意识到了求新求变求发展的紧迫性。于是找到有 200 家农业成功案例和十几年农业营销咨询的志起未来。

1. 战略新品运营模式，助力企业再次腾飞

志起未来在接受这个项目之后，立刻组成水塔项目组，经过了近一个月对于水塔企业、行业趋势及相关竞品的深刻研习，找到并锁定了水塔真正人无我有的独特内核价值！志起未来发现，销量是彰显企业地位的唯一标准，水塔必须用销量构筑品牌独有的防火墙，与对手形成差异化和区隔，彰显与众不同的核心优势，让水塔醋成为消费者心目中首选品牌、第一品牌。志起未来建议用销量为品牌背书，将数量优势转化为品牌势能，抓住消费者心理的“冠军情结”、“冠军＝第一”、“第一就是最好！”由此引发消费者广泛关注！至此水塔的广告语呼之欲出：“水塔，中国醋业巅峰之‘塔’！”

水塔新形象令消费者眼前一亮。推出后立刻好评如潮，得到消费者喜爱，甚至成为很多大饭店厨师专用醋，至此，水塔，中国醋业巅峰之塔形象已经在消费者心中定位。

2. 新营销三管齐下，水塔再次腾飞

为提高品牌知名度，快速聚集人气，水塔展开互动营销＋新闻营销＋体验营销，三管齐下。

互动营销：在线上线下制造话题、引发关注、互动＋分享、病毒式传播效应！社区、论坛链接——扩大影响力，与目标人群加强沟通与联系、多方联动、扩大影响力。博客、微博、微信、二维码软文传播组合，通过博客、微博、微信，实现软文传播。

新闻营销：以水塔人的真实新闻故事制造话题，引导全民互动参与，引爆产品关注，挑动消费热情。

体验营销：邀请消费者来水塔公司，参观水塔老醋坊、醋文化博物馆，中国醋业巅峰之塔概念深化，真实展现老陈醋历史渊源！体验“用水塔经典醋瓶，搭世界最高塔”，中国醋业巅峰之塔的现实演绎！深度互动，增强消费者体验！

经过多层次、多角度、多类型的传播，水塔被越来越多的消费者所熟知，成为名副其实的“中国醋业第一品牌”。

大农业模式启发

对于多年的大农业模式企业来说，老树如何开新花？成熟的主力品牌还有没有可能重新焕发生机，发力增长？水塔的成功不是偶然的，它意识到了求新求变求发展的紧迫性，有好的产品做基础，深厚的品牌内涵，高效率的战略新品运营模式，大胆创新，启用新的营销方式，终于从隐形冠军成为真正的中国醋业第一品牌。

第四节　高福记：打响中国新派调味品的第一枪

案例描述

四川高福记食品有限公司创建于 2000 年 3 月，是一家集郫县豆瓣、中高档蔬菜型佐餐及调味油研发、生产、销售、服务于一体的综合性民营企业。注册资金 500 万元人民币，下辖四川高福记食品有限公司和四川高福记营销有限公司。

公司整体占地面积达 150 余亩；拥有 200 余亩无公害蔬菜基地；20 000 多平方米的现代化生产车间及多条现代化的流水生产线；年产饭扫光、调味油、郫县豆瓣等各类调味品 10 000 余吨；2008 年总产值 1.5 亿元，实现利税 2 000 万元。

2002 年 1 月推出的“饭扫光”开胃菜系列，凭借其完善的市场网络，长期专业的市场营销理念，迅速奠定了“饭扫光”在佐餐类产品中的领导地位，成为消费者的首选品牌。

凭借以弘扬川菜文化为己任的忧患意识和社会责任感，加大了对品牌规划、管理的力度，有机的把四川名特产和四川文化结合起来，从而形成了以开发四川名优健康调味食品的企业目标。

志起未来点评

传统调味品在餐桌上长期处于一种可有可无的弱势地位，虽说行业总产量已超过 1 000 万吨，但全国性品牌凤毛麟角，那如何促成该类产品由餐桌配角变身全国市场的大角色，提高竞争水平，实现市场的迅速扩张呢？这需要调味品企业从营销的基本环节系统中审视自己，运用好品牌营销的四轮驱动。

1. 战略指引：关键时刻抢占制高点

志起未来认为，在中国调味品市场大整合的关键时刻，谁抢占了国内调味品市场的制高点，谁就赢得了市场。志起未来深入研究中发现，四川高福记在推出“饭扫光”系列方便川菜产品获得短期增长之后，陷入增长瓶颈，连续两年销售增长缓慢的主要原因是——高福记旗下的三大品牌（高福记、饭扫光、川老汇）影响力差异显著，关系不清，缺乏关联性，而更根源性的原因是，高福记被局限于调味品小角色品类中，品牌特色难以彰显。

于是，在高福记战略定位“让川味飘香世界”、“传承百年经典、演绎现代川味”的带领下，我们找到适合高福记的品牌结构策略是——“企业品牌＋产品品牌”策略，将高福记品牌作为企业品牌应用，将饭扫光品牌、川老汇品牌作为产品品牌使用，以产品品牌推动企业品牌发展。“饭扫光”走经典与现代融合的时尚川菜品牌发展路线，“川老汇”走专业川菜调味品品牌发展路线，共同打造品质川味代表。

2. 品牌创新：开拓市场新空间

志起未来认为：正确的市场定位是最重要的战略问题，也是我们区别于竞争对手、找到蓝海空间的重要法宝。正确的市场定位来自于对消费者、产品及企业自身以及对市场竞争对手的了解，紧扣发现感、冲动感、依赖感，最终有效地打动我们的消费者。

通过调研分析，开创性的品类、独一无二的品牌个性标志“传奇官府菜”新鲜出炉，既带来口味的享受，又带来心情轻松愉悦的美食盛宴，为饭扫光产品植入了鲜亮的个性特征和深厚的文化底蕴，使饭扫光彻底摆脱“开胃菜”的低质竞争，诉求“三天不吃饭扫光，嘴巴没味心里慌!”直击消费者心灵!

3. 产品照亮市场：打造高福记全新诱惑

确定了饭扫光“传奇官府菜”的品牌定位，必须对原有产品进行系统梳理，推出并打造成明星产品。

志起未来为饭扫光规划了一系列新品类，打造极具诱惑力的产品命名：“石锅红烩野山菌”、“砂锅鲜辣什锦”、“老坛子玉指姜”等融川味传统美食特色与现代工艺于一体，开创饭扫光私房美食菜谱，从卖原料转变为卖美味大餐，实现产品价值和个性提升。提炼出产品独特 USP：“好吃开胃有营养”，对消费者形成难以抗拒的美味诱惑，并在包装形态上进行创新，以迎合消费者心态。

4. 营销 3.0：重新布局全国市场

根据志起未来品牌 3.0 理论，高福记传播推广策略采用最有效的互动体验式传播，启动高福记“一点三线”模式。

以“传奇官府菜”为核心，在终端线进行品牌专区建设，在传统媒体线投放车体广告；在新兴媒体线以网络传播与地面活动相互配合。饭扫光“传奇官府菜”全新亮相。2009 年春季糖酒会现场，高福记飘起新式调味大旗，最具创新的展示方式让高福记成为调味馆最具人气的展位，吸引了上百家全国经销商。借糖酒会东风，高福记成为市场的全新亮点，为其重新布局全国市场奠定基础。

大农业模式启发

科技创造未来，快活林的成功，让我们深入认识到这样一条铁的定律：发展农业，一定要有崭新的创新思路和勇于创新的营销模式！

在大农业这种市场背景下，随着消费者越来越注重优质品牌、新型风味，市场新产品的需求不断增加。调味品企业只有以市场为导向，不断开发出新型调味品、天然调味品、复合调料和方便调料，打通农业上中下游产业链，通过提高产品档次、优化产品结构及通过多区域、多风味发展方式才能不断增强企业整体实力。

高福记的成功，再次证明了，企业只有只有正确把握产业上下游的发展趋势，认真挖掘和创造品牌的价值，才能有效提高调味产品的利润和高附加值，让企业构建起自身独特的竞争优势，从而拓展更广阔的市场空间。

第五节　李锦记：引领餐桌调味品抢夺战

案例描述

李锦记由李锦裳于1888年在广东南水创立，距今已有111年历史，当时以制造蠔油起家，它凭借严格的品质管理和强大的市场拓展能力，在70年代起迅速建立起一个海内外知名的酱料王国，畅销产品达60余种，分销网络遍布世界五大洲80多个国家和地区，真正实现了“有华人的地方就有李锦记产品”。与同珍酱油、淘大和八珍并称中国香港四大酱园家族。

斐然的成绩，使李锦记殊荣备至，先后荣获中国香港出口市场推广大奖、海外拓展成就奖、亚洲第四大品牌称号及亚洲食品第一品牌等奖项，并当选为香港20大杰出商业机构，李文达主席也被评为中国香港100位最具影响力的人物之一。进入21世纪，李锦记被评为千禧年中国香港十大企业。

1902 年，李锦记蠔油庄迁至中国澳门，并在广东及香港销售。

1932 年，李锦记重新设计商标及标签，令李锦记的品牌形象更见突出。

1946 年，李锦记总部迁到中国香港，此时只有蠔油、虾酱两种产品，至今已有烹饪调味产品 150 多种。

1994—1999 年，李锦记共获奖项 20 多个，被国际品牌顾问公司评为亚洲食品第一品牌。

2012 年，李锦记产品入选神九航天食谱。

随着市场的激烈竞争，李锦记在市场上也面临着困境。

1. 市场规模受限

尽管酱油市场在中国香港拥有庞大的市场，但食用量一直十分稳定，行业已趋于成熟，要想在产品需求量上得以扩充颇具难度。

2. 竞争对手强大

1994 年以前，中国香港的酱油市场被三大主要品牌雄霸了大片江山。由于许多消费者长期使用，久而久之就养成了一种购买习惯，甚至于产生品牌忠诚，因而其他品牌想要多得消费者的一点眷顾都非易事，李锦记这样的调味食品业中重量级品牌也不例外。

3. 自身实力欠佳

1994 年李锦记酱油产品面市，虽苦心经营，但因产品无特色而缺乏竞争力，到了 1996 年也只获得极小的市场份额。尽管当时的李锦记早因蠔油市场的成功而闻名遐迩，但在酱油市场却还只是一个“门外汉”。

那么，李锦记是否就前途渺茫、一筹莫展呢？

志起未来点评

成事在人，面对着市场的困惑，李锦记并未灰心，而是凭着敏锐的商业眼光从消费者的普通生活形态中找到了闪亮的市场切入点。

1. 品质从源头抓起

李锦记采用自行设计的原料数据资料库，详细了解供应商信息、资质及原料的各类信息，采用最优原料，强化供应商出厂原料的品控，建有原料风险评估系统，制定严格采购控制程序，定期识别原料危害及关键控制指数。

2. 把握每个细节 细节决定成败

李锦记确保所有原材料都经过一次甚至二次人工挑选，去杂去次，然后通过酿造、煮制、严密包装到检测的自动化先进生产线，全程的品质控制措施更确保材料的新鲜与安全。

3. 庞大生产规模

庞大的生产规模完全非普通的酱油工厂及作坊所能企及，其中仅新会生产基地即拥有：大规模的黄豆储仓，每个仓可容纳500吨黄豆，足够生产几百万瓶500毫升酱油；1 000多个巨大的黄豆发酵缸（60立方米/缸）；数十座黄豆发酵房和发酵池，全自动计算机MMI系统控制其温度；大吞吐量的仓库。单3号仓库面积即有12 000平方米，可存放100万箱产品，日进出货量达到18万箱。

4. 产品创新

李锦记从建立之初，就一直奉行着创新才是企业生存之本的理念，每次都在研制新产品之前做足大量研究：在消费者方面，公司拜访了部分目标消费者以征求意见；在专业人士方面，公司专程向行业内知名人士取经；在零售终端方面，公司更是邀请大型零售商家就新产品的口味、售价、包装、市场潜力等问题给予建议。

掌握了这几点，李锦记以先知先觉，绝对无误为原则，整合所有的生产程序，确保产品达到最高安全可靠标准。

大农业模式启发

在中国受到宏观经济环境的影响，不少行业处于下行周期的时候，李锦记却仍然保持着平稳的增长态势。作为一个历史悠久的龙头企业，这样的市场表现，为行业的稳定发展提供了基础。

李锦记的成功说明了什么？志起未来认为，其成功在于创新。越是能够抓住消费者心理需求，生产出符合新意的产品，就越能够获得市场先机，差异化的市场竞争带来的是更为健康的行业体征。

可以说，作为调味品行业晴雨表、李锦记已然成为了行业的领头者，为行业发展提供了极佳的交流平台，可以使专家、企业共同探讨行业新技术，规划行业新未来。

第六节　西王：上岸溜达的百亿大鳄，成就中国糖王

案例描述

西王集团有限公司始建于 1986 年，是一家以玉米深加工和特钢为主业，投资涉及置业、酒水、物流、热电等多个行业领域的全国大型工业企业。

公司主要生产果糖、食用级和药用级葡萄糖、果葡糖浆、葡萄糖酸钠、麦芽糊精、玉米油、特钢等。现拥有总资产 220 亿元。

西王集团荣获“农业产业化国家重点龙头企业”、“国家火炬计划重点高新技术企业”、“中国食品工业百强企业”、“中国糖都”、“中国玉米油城”等称号。

2011 年，西王集团实现销售收入 232.4 亿元，利税 20.28 亿元，上交税金 8.1 亿元，分别同比增长 38.7%、37.3%、70.9%。2012 年 1～10 月，实现销售收入 185.5 亿元，利税 8.9 亿元，上交税金 4.7 亿元。

志起未来点评

志起未来战略合作伙伴——西王集团，是亚洲最大的结晶糖企业和中国最大的玉米胚芽油生产基地，作为国内最大的结晶糖和玉米油加工生产商，这个有着“中国糖王，中国玉米油城”之称、年销售额超过 150 亿的巨型集团企业，二十多年来一直从事于工业品输出的 B2B 业务模式，但这个水下大鳄在中国的消费品市场却少为人知，多年来都是在给其他品牌提供原料的。

2010 年开始，一直为人做嫁衣的水下大鳄终于按捺不住了，想要进军小包装市场，来提升其品牌盈利能力。

在袋装糖领域，中国老百姓使用的糖基本上都是以蔗糖为原料的白砂糖、绵白糖为主，且使用机会多、频率高、用量大。在选择袋装糖时，有少数的糖尿病患者等特殊人群食用以木糖醇为代表的代糖。而消费者对于袋装糖并没有

较为清晰的品牌认识，市场上具有绝对优势的糖品牌也不多见。

1. 从 B2B 到 B2C

西王绝对算得上是中国企业中的巨人。这次推出针对终端的小包装产品，是集团公司由 B2B 业务向 B2C 业务转型关键之举。

然而，对于这样一个二十多年来一直从事于工业品输出的 B2B 大型企业而言，无论是从上游的企业机制架构，还是下游的营销运营体系而言，面对如今竞争日趋“惨烈”的快速消费品市场，一无经验、二无队伍、三无渠道。这看似平常的业务转型，其中将蕴含着难以想象的困难和挑战。

2. 从“西王果糖 G119”到“西王玉米胚芽油”

高度决定一切。站在行业的高度思考，我们看到，随着近年来食品界刮起的健康风潮，具有健康理念的产品已成为消费者追逐的新宠和食品营销创新的新趋势。

在糖这类大众调味品行业，具有真正健康理念的产品都屈指可数。对于消费者来说，真正既能够满足他们对完美生活品质向往，又不会对身体造成危害的健康产品，其诱惑力也可想而知。

针对以上情况，西王集团开发了西王 G119 果糖这款企业战略新品。

西王 G119 果糖：一种全天然的健康糖，因不易导致高血糖，也不易产生脂肪堆积而发胖，更不会产生龋齿，作为蔗糖升级产品更加适用于糖尿病人、三高人群食用，成功地打造了“果糖＝健康糖”的概念。

3. 明星代言，一线城市高调亮相

西王果糖，唐国强代言，在产品上很好地诠释了 G119 致力于打造健康糖标准的权威形象，采用明星代言策略，在袋装糖市场实属首例，有效地区别于其他低端袋装糖，在产品上给人以高端权威的印象。进一步拉近了产品与消费者之间的距离，提升品牌的美誉度和产品公信力。

4. 糖酒会一炮而红

在 2010 年春季成都举办的全国糖酒会上，西王果糖位于 5 号精装馆的展位上，车水马龙，人声鼎沸，全国各地的经销商对这样一款产品都报以极大的兴趣和合作意向。同时，借助此次糖酒会的东风，我们策划并举办了一次“健康糖，中国强”为主题的别开生面的产品上市发布会，西王集团领导、代言人唐国强以及各界嘉宾莅临现场，吸引了包括新华网、北京电视台、四川电视台等几十主流媒体的广泛关注。“西王果糖，掀起健康吃糖风暴”等新闻稿件陆续在各媒体上进行广泛地报道。

5. 西王食品成功上市

2011 年 2 月 26 日，西王食品（000639）借助战略新品大获成功的东风，成功在 A 股上市，其中西王食品的主营业务袋装果糖成为亮点。

大农业模式启发

破坏也意味着再造，只有在打破原有市场格局，才能发现新的市场契机，创新的本质，即是传统的颠覆，就像好产品不是开发出来的，唯有创新才是企业不变的生存法则。

西王集团作为中国 500 强企业，耗资 3 个多亿，耗时 3 年，建成一个年产达到五万吨的全球最大的结晶果糖生产基地，是西王集团对打造品牌的渴求及二次创业的需要。

战略定乾坤，着眼于基础性行业，立足大空间，从“后无糖时代”的尴尬中寻找商机，明确“国糖”战略，并构建 5 年内发展规划。

借助 2010 年春季糖酒会东风，特别是新闻发布会后，西王果糖被行业及媒体广泛关注，首次亮相吸引 300 多意向经销商。

第七节 阜丰战略转型，成就中国香港股市神话

案例描述

阜丰集团是全球第一大味精和谷氨酸生产商，年产味精 28 万吨，谷氨酸 35 万吨，出口世界四十多个国家和地区。在产业市场，味精产量占全国味精产量的近 1/4。阜丰集团还是中国第一家在香港联交所主板上市的国际化生物制品公司，2009 年 6 月市值 42.83 亿元。雄厚的生产和资金实力，使阜丰集团成为味精行业中的隐形冠军。阜丰集团的工作重心一直放在原料生产和大包

装味精上，在快消品市场上并不知名，全球金融危机爆发后，出口的不畅使阜丰集团下定决心做自有的快消品品牌，但是如何在微利又竞争激烈的传统味精、鸡精零售市场开创全新品牌，快速提升销量，成为摆在阜丰集团面前的一道难题。

志起未来点评

长久以来，阜丰集团仅仅依靠原料生产和出口业务聚集产业能量，2008年，随着中国经济面临产业升级的形势所趋，阜丰集团清醒得意识到，他们需要做的不仅仅是产量规模，更需要用品牌来改变企业利润结构。经过多次磋商，阜丰集团终于与北京志起未来营销咨询集团达成战略转型，共同推动集团战略转型。

根据当时的市场竞争情况，志起未来为阜丰量身打造了“Uo鲜味精”抢占味精高端市场，精心构思三步发展曲，让“隐形冠军”亮相前台，开创“Uo鲜调味”新时代。

1. 战略制胜，“新派纯鲜生活家”出炉

通过对味精核心消费人群——家庭和餐饮消费者的使用习惯、需求心理、价值取向的深度调研分析和对竞品的分析，我们得出结论：味精消费需求主要集中于品牌、健康、安全、美味方面，消费者内心向往追求纯粹、健康、品味、时尚的美好生活感受。产品功能全面化，从情感、心理、产品特质多层面满足消费者，与对手有明显差异化的产品才能立足高端。

以优良原料、创新科技和高品质产品为诉求，全面满足消费者对产品功能和内心情感的需求，阜丰味精品牌定位——“新派纯鲜生活家”应运而生。

新派纯鲜生活家的品牌战略定位，不仅使得阜丰跳出竞品同质化的单一产品特性诉求，实现从卖调味品到缔造一种新鲜生活方式的跨越，提升食欲和价值感，更是新时代、新市场背景下，从源头上完美对接目标人群需求，直击消费者心灵！

2. 品类创新，“Uo鲜味精”精彩呈现

一个具有生命力的产品名称、一个记忆力强并能产生消费好奇心及购买欲

优鲜味精
我的选择

望的产品名称，将成为影响品牌形象及产品销售力的重要因素。我们需要为阜丰开创一个独有的产品新品类，并完全体现产品差异化特征。

结合阜丰先进的产品功能支撑点“加鲜技术”，一个带有阜丰“新派纯鲜生活家”色彩的产品命名呼之已出——“Uo 鲜味精”。

“Uo 鲜”＝“优鲜”＝“优先”，易懂易记，意义深远，传播性强，与以往的 99%味精产生明显区隔，跳出同质化，强化“鲜”的概念，向消费者心中植入全新产品。

选择时尚人士喜欢的“Uo”，更传递一种时尚潮流，代表着一种新派调味理念，与目标消费群的生活、观念、品味完美对接。

3. 首创瓶式包装，开味精行业之先河

好包装自己会说话。在如今这样一个产品膨胀化、多样化的时代，产品包装能否产生直观的眼球效应，已经成为决定购买的重要因素。

一改传统味精透明的简式低端包装，“Uo 鲜味精”袋装设计采用以绿色为主色调的不透明包装，融入“Uo 鲜味精品”牌诉求，“三百三鲜”的独特卖点，包装字体上突出“Uo 鲜”及产品类型，强化鲜度概念，让消费者知道阜丰“Uo 鲜味精”是增鲜味精而并非普通的 99 味精。在整个产品包装形态上凸显产品品质感。

在采用袋式包装的同时，推出目前味精市场还未出现的瓶式包装形态，塑造阜丰产品的高端品味。流线型的设计，美观、简约、时尚、干净的视觉组合即是产品魅力的完美体现，既吸引眼球，切合产品定位，又方便使用。色调、视觉元素与袋装设计统一，两者配合树立了与竞品截然不同的品牌空间，达到包装的差异化传播效果。

4. 高调出击，明星广告亮相央视

对于公众和市场而言，阜丰“Uo 鲜味精”是一种全新产品。新兴品类及产品创新概念的导入和普及，首先需要广泛集结消费者对产品的消费认知，迅速建立广泛的品牌知名度，要实现这一目标，志起未来为阜丰选择的途径依然是——高调出击。

对于初期的电视广告投放，经过反复研究，阜丰集团确定集中投放原则。

整合央视资源，进行优势组合。针对味精、鸡精产品的主流消费人群——家庭主妇，集中在 CCTV－2、CCTV－3、CCTV－8 等生活类、娱乐类这几个女性消费者最热衷的频道集中投放，准确性和有效性就可以得到保证。

2009 年 3 月，赵雅芝代言的“Uo 鲜味精”广告在央视露面。甫一推出，制作精美大气的广告片引起观众热烈反响，得到诸多赞誉，更受到“芝迷”（赵雅芝粉丝群）追捧，在网络上形成口碑传播，“Uo 鲜味精”一炮而红。

除了电视广告投放，“Uo 鲜味精”同时在新食品等专业杂志上刊登平面广告配合出击。

2009 年成都春季糖酒会上，“Uo 鲜味精”的高“鲜”亮相，更印证了阜丰的高端定位已经拨动了行业乐动的那根琴弦，阜丰新派味王的战略构想重新定义了中国味业的新格局。

大农业模式启发

市场现状表明，在今天波澜不惊的市场当中，农业企业必须独具慧眼，开创独有的营销模式。借鉴国际领先领域的品牌运作经验、进行品类创新、开拓传统产品新型的品牌空间是阜丰区隔国内竞争品牌，形成市场占位的最佳突破口！

第八节　太太乐：幸福出味道

案例描述

1989 年 1 月太太乐鸡精工厂在上海建成投产，1996 年将品牌更名为“太太乐”，从此，“太太乐”正式走进千家万户。2009 年，太太乐商标被中国工商总局商标局认定为“中国驰名商标”。“太太乐”已经在消费者心目中树立起了“高品质，好滋味”的形象，成为消费者心目中的中国调味品第一品牌。

太太乐凭借其强大的科研力量不断推陈出新，产品涉及精类、酱类、油品类、调味汁等八大系列的 80 多个品种，并于 2008 年以鸡精产销量达到 7.3 万吨成为世界鸡精行业第一名。

志起未来点评

从 1989 年太太乐投入市场至今，太太乐已然成为中国鸡精的代名词，太太乐是如何在竞争激烈的市场中屹立潮头不倒，创造一个又一个调味品神话？

1. 时尚元素，越来越领先

太太乐最把最让消费者耳目一新的是将“时尚”元素融入到品牌文化中。在此之前，没有人将厨房内的烟熏火燎、油盐酱醋生活看作一种时尚。

太太乐提出“时尚厨房”概念，赞助凤凰卫视《美女私房菜》和东方卫视《明星贝太厨房》，打造时尚健康向上的家庭主妇形象，将厨房上升为一种生活方式和生活态度。并在调味品行业中率先开通全天候免费售后服务热线，接待消费者投诉和咨询；成立了太太乐消费者俱乐部。通过这些举动，太太乐完美地塑造了自己的品牌形象，并确立了在消费者心目中的领先地位。

2. 互动营销，越玩越知名

自 2004 年年底开始，太太乐组织发起亲情·中国活动，使太太乐的慈善观念形成一种理念和文化，打造成一个品牌，以唤起更多的人关注。

为了提升品牌知名度，太太乐在网上建立博客和微博圈子，举办美食征文大赛通过全面激发网友热情参与评点奥运中的中国美食，在互联网上找到“太太乐”产品的消费群体，并与之开展产品体验邀请、产品体验、体验分享和互动沟通工作，让消费者亲身体验太太乐鸡精的优良品质，并从中体会到“做菜”的乐趣。将太太乐品牌形象和品牌理念融入到活动的传播过程中。主动邀请粉丝参与互动，提升品牌知名度和美誉度。

在活动结束后，不断有访客和新的成员加入太太乐博客微博圈子，圈子成员之间互相交流心得，在自己的博客上发表获奖感言。“太太乐”圈子已经成为太太乐忠实用户和粉丝的聚集地。太太乐互动营销在网上引起了热烈反响，引发了博友的关注，活动传播策划并执行了 7 个传播话题，覆盖了 300 多个网站、社区、媒体的 350 多万目标受众人群，直接影响超过了 128 万目标消费者，吸引了 12 559 人参与互动交流。圈子营销已经成为太太乐主要的营销方式。

3. 渠道分销，越玩越深入

市场竞争归根结底可以看作是渠道的争夺，而渠道的争夺往往在每一个售点，尤其是含金量高的售点，据悉，太太乐基于对市场的深入研究，采用了顺应市场理性的营销策略，根据未来可能的细分市场，以不同的产品分别占领不同的消费终端，构建了分公司→经销商、分公司→餐饮直营客户、分公司→零售直营客户的三渠道分销体系。

太太乐拥有自己的分布在全国各地的直营网络，有 54 个直营分公司，有 3 000 多名营销员工，这是太太乐产品在全国各地得以迅速推广的一个有力保障。

此外，太太乐还全面启动了全新的经销商合作战略，以提升通路管理的专业水平和政策执行力。由太太乐联手知名餐饮企业合力打造的美食餐饮门户 NTA 饭店联盟，依托互联网优势资源，旨在整合中国餐饮业餐饮酒店、供应商和消费者的信息资源，为相关各方提供增值服务。

大农业模式启发

在激烈的市场竞争中，目前仍然有很多的企业依靠一招鲜吃遍天的经营理念故步自封，或者难以根据市场需求进行产品的创新，或者是创新度不高的层次。最终，无法满足市场发展的普遍需求，给对手留下太多机会，被市场淘汰。在大农业模式当中，企业应该不断跟进市场需求而变化自己的营销手段，紧跟市场潮流，加入时尚元素，突破固有的模式，这样才能促进企业成长，提升企业品牌，带动企业其他产品销售。

第九节　味聚特：泡菜业的一匹黑马

案例描述

在传统的观念里，泡菜只是“小菜一碟”，并没有引起足够的重视，泡菜行业没有国家标准，没有专门的科研机构，相较于日、韩泡菜，中国泡菜的表现更是相形见绌。但是在味聚特食品有限公司的概念里，小菜也能做出大文章！与很多刚刚起步的企业一样，在公司成立之初，味聚特也面临着一个普遍而又棘手的问题——产品和品牌如何定位？当时，榨菜方面“乌江”称霸全国第一，风味豆豉方面“老干妈”领跑全国，酸菜鱼佐料方面“李记”独步天下，红油泡菜方面“吉香居”已有很高的市场占有率。面对“老大”林立的市场，是做品牌的追随者还是做市场的领跑者，味聚特显然走出了正确的一步！味聚特仅用四年的时间，做到了从 0 到 3 亿元的大飞跃！

味聚特食品有限公司位于美丽的中国诗书城、泡菜之乡——四川省眉山市。花园式的生态工业园占地 228.23 亩，注册资本 1 066 万元，总投资规模 8 000 万元，年设计产能 4～5 亿元，是国内唯一一家只生产特级产品的特大型现代化科技型食品工业企业。

公司全部生产四川特色产品，产品不添加任何防腐剂、均为低盐健康食品，所有包装均按国际标准设计；填补了国内四川特色传统小菜产业化后无高档小菜的空白。

目前，公司已全面通过绿色食品认证、HACCP 国际食品安全管理体系认证、ISO14000 国际环境管理体系认证、ISO9001 国际质量管理体系认证，被公认为“小菜行业的奔驰”！

味聚特产品畅销于国际国内各大卖场、超市。更是批量出口到美国、英国、法国、韩国、澳大利亚、荷兰、加拿大、新西兰、新加坡等几十个国家和地区，深受广大消费者欢迎！

志起未来点评

从 2008 年开始，有一个企业开始频繁地出现在中国营销界的研究案例中，各高等学府，各大著名公司，都不约而同的把关注的眼光聚焦到了它的身上。

它就是在食品界异军突起，仅用两年多时间，产品就迅速覆盖国内数万家超市卖场，并批量出口到国外四十多个国家，成为北京奥运会榨菜独家供应商和行业领军品牌的食品行业新秀——四川省味聚特食品有限公司。

它的出现，让无数还在自怨自艾、苦寻出路的中小企业眼前一亮，小企业原来也可以快速变身巨无霸！

成功背后，味聚特是如何克服中小企业的先天短板，完成从零到行业航母的惊人跨越的呢?

1.“资本＋智本”，味聚特颠覆传统理念

目前流行全球的风险投资，说到底还是引进资金。这个方法对大多数企业来说并不实用，因为它不仅需要天上掉下个金砖的运气，更需要企业已小有成就的表现。而从零开始的味聚特并不具备这两个条件。

熟悉味聚特历史的人都知道，味聚特这个品牌实际上是在 2005 年 9 月 1 日以总经理祝启明为首的职业经理管理团队入驻后才正式开始运营的。资金不够智力补，深知人才重要性的董事长管国如，果断地采用了“资本＋智本”的经营模式，投资和投智相结合，资本结构和智本结构的完美碰撞，拉开了一个传奇品牌高速发展的帷幕。

一系列优秀点子的完美结合，可以开创出一个全新的企业经营模式，而人才就是优秀点子的源头。资金短缺的中小企业只有依靠智力把智本做大做强，依靠智本弥补资本的不足，才能在残酷的市场竞争中以小博大。力搏必死，巧搏方胜，在味聚特的企业战略中，“人才战略是第一战略”便是深悟“智”胜之道也。

高起点、高素质、高于同行同级别人才能力的高要求，构成了味聚特人才战略中的“同级别人才整体超越战略”。团队的高效率和强大执行力，不仅使味聚特的营销服务能力受到行业瞩目，而且也成为其快速发展的坚实基础。

颠覆传统理念铸就的强大智本结构，使味聚特一举克服资金短板，目前公司没有任何应收账款，让许多企业羡慕不已！

2.打破传统思维模式，寻找红海中的蓝海

味聚特起步之初，小菜调味品领域已老大林立。榨菜，乌江全国第一；风味豆豉，老干妈尊为魁首；酸菜鱼佐料，李记独步天下；红油泡菜，吉香居已有很高的市场占有率。鸡蛋碰石头，输的肯定是鸡蛋，要想胜出的唯一办法就是避免硬碰硬。

硬碰硬的竞争永远是成本最高的竞争，所以以少胜多的战术讲究的就是不正面交锋。打破传统思维模式，寻找红海中的蓝海，这是近年来营销界总结的新兴企业的成功经验。味聚特在选择产品和市场突破口时，就是沿用了这一蓝海定律。

3. 寻找产品差异化

在产品蓝海战略的制定中，味聚特的选择既大胆又独到——做中国最好的小菜，做中国第一高端品牌辣酱。

味聚特运用“跟随并超越”策略，用特级的工艺重新调整，使产品的质量和口味大幅度超越以前的产品，让原本不起眼的小菜和辣酱散发出绚烂的光芒，再加上精心设计的漂亮包装，味聚特的产品一上市就引起了巨大轰动。

在别人众多的品项中只选择最畅销的产品，在别人全面繁复的产品线中只选择特级作为唯一级别，掐头去尾，通过提升现有产品品质和等级的方法实现产品的差异化，这就是让味聚特最终成功的品牌战略——领袖品牌战略、高端品牌分级战略、专精品牌战略。

4. 玩转尖刀营销

味聚特的产品阵营中并非全是借力产品，也有自己研发的全新产品，它们都是经过大量的市场调研后才推出的，保证经销商一定能赚到钱。比如学生三餐开味酱、早餐伴酱就是竞争对手没有的单品，它们作为味聚特的尖刀产品，以“两新带四老”的战术和火爆的市场业绩，打破了辣酱产品多年来一家独大的格局。

它虽然不是辣酱行业中的巨无霸，但绝对是辣酱界的小旋风，以口味新、品质高获得了市场的青睐；它，也不是小菜界品项最丰富的大户，但却是口碑最好的名门。只做顶级产品，实力凝聚一点，尖刀营销使味聚特无可争议地站上了行业的顶峰。

在市场布局上，尖刀营销同样大显神威。针对北京、广州、上海等沿海沿江重点市场，味聚特将这种战术发挥到了极致：进店促销等支持重点倾斜，所有的资源都集中在这些市场狂轰滥炸；同时聚焦 VIP 客户进行重点扶持，使这部份大客户迅速成长起来。这些疯涨的大客户销量迅速带动了周围市场的高速发展，高速发展的市场自然而然地推动了味聚特的高速成长。祝启明在梳理味聚特的营销思路时，称这种战术为“聚焦经营”。

5. 泛媒体化，开创品牌传播新模式

包装媒体化、终端媒体化，这是味聚特最被营销界称道的品牌传播方法，也是其低成本营销战略中的重要组成部分。

味聚特小小的包装袋上，除了常规的配料表、营养成分表和厂家信息以外，还浓缩了十多项信息元素：通过 ISO9001、ISO14001、HACCP、美国食品和药物管理局（FDA）注册、绿色食品认证标志、QS 认证标志、四川省名牌产品标识等。媒体化的包装使味聚特的产品到了哪里，广告就到了哪里，低调而实在的传播策略顺利通过了市场的考验，并进入国内多家大学的经典商业包装案例教材。

“做中国最好的小菜”一直是所有味聚特人的光荣与梦想！全体味聚特人庄严承诺，永不背叛良心，竭力制造优质食品，尽我们全部的努力，捍国货制造者尊严，做世界餐桌优质小菜供应商！让你无忧地畅享高品质生活，也让我们热爱的味聚特受人尊敬，令人向往！

短短的一段话，瞬间让人热血澎湃！味聚特的包装媒体化运用，已上升到了一个相当高的境界！

终端媒体化是味聚特的又一创新和得意之作。祝启明认为：“无论包装怎样的媒体化，都始终摆脱不了载体太小、难于引起注意的致命弱点。要克服这个难题，不论是上大规模的广告也好，还是包装媒体化也好，都必须要解决终端媒体化的问题。”让终端成为最大的传播载体，味聚特的终端媒体化诀窍就是“营造终端媒体氛围，陈列陈列再陈列”。

味聚特的包装媒体化、终端媒体化理论与实践的成功运作，破解了中小企业品牌传播的无数难题，这种点对点的极具杀伤力的传播方式，极大地节约了资金，开创了中小企业品牌传播的崭新模式，作为味聚特品牌识别与传播的重要武器，成为品牌低成本高速成功传播的经典案例。

6. 镀金营销，成就“味聚特速度”

企业界买奖的盛行已证明了镀金身份证的存在和作用。但是，将其转正并发扬光大的味聚特，却用镀金营销创造了国内拿下驰名商标最快的纪录和成名最快的奇迹。

从零起步的味聚特深知，要成功并不能单靠初生牛犊的勇气和一两个营销技巧。用高于第一的标准来包装自己，苦练内功，并在短时间内拿下公众认可的高端品质身份证来吸引人们的眼球，以加强品牌识别、增加品牌知名度和美誉度，这才是快速成名的正道和捷径。无疑，国际公认的体系认证可以帮助味聚特迅速实现这一目标。

在公司投产之初的2005年4月，味聚特就开行业先河，一次性全面启动了三大国际体系认证和绿色食品认证的工程，希望通过严格规范、具有高度国际公信力的国际各项认证来快速提升品牌的公信度，完成品牌的识别和传播。

从2007年味聚特商标取得国家注册，到2008年11月获得中国驰名商标称号，味聚特有目共睹的成就震惊了业界，速度之快，全国唯一。2008年6月，经国家权威商标评估机构评估，味聚特商标价值高达2.07亿元，品牌价值达6.04亿元。同年，亚洲最大的盐渍池群在味聚特竣工，一个由小到大的行业巨无霸终于在无数的惊叹声中横空出世。

从自期为“小菜行业的奔驰”到真正的“行业航母”，镀金营销成就了营销界的又一奇迹——味聚特速度！

味聚特以“奔驰”的速度在行业内迅速崛起，从0（销量）到3.1亿，仅仅只用了四年时间。这四年，在中国企业营销史上留下了精彩的一页，成为中小企业快速发展的学习范本。

大农业模式启发

味聚特作为泡菜行业杀出的一匹黑马，其思路在今天看来，仍然有些大胆与张扬。虽然他们极力在强调做品牌，泛媒体、比附营销等方式在前期也初见成效，但在后期看来这样的方法还是有些后劲不足，让传播趋于缓慢。

2009年，味聚特牵头成立了各地经销商商会，帮助经销商转型，在强调终端为王的今天，渠道仍然被味聚特重视并看好。7月18日，中国四川泡菜国际论坛在眉山开幕，一次官方、专家加企业、渠道商的盛宴，让“小菜一碟”的泡菜受到了极大的关注，我们希望这样的关注可以持续，更希望像味聚特这样的企业可以与泡菜行业共同成长。

第十节　吉香居打造泡菜行业领导品牌

案例描述

中外（韩）合资企业、泡菜行业首家“中国驰名商标”获得者、CCTV上榜品牌、国家级农业产业化重点龙头企业、全国蔬菜深加工的龙头企业之一、中华人民共和国进出口企业——四川省吉香居食品有限公司成立于2001年1月8日，注册资金6 500万元，是一家以生产、销售高档泡菜、调味品而迅速闻名全国、走向全球的现代化食品生产加工企业。

公司于2002年取得自营进出口经营权，产品畅销美国、德国、英国、法国、新加坡、澳大利亚、荷兰、比利时、加拿大、新西兰等国家和中国香港、中国澳门等地区，为世界三大泡菜之一的四川泡菜赢得了更多的殊荣。

伴随韩国第一食品企业CJ集团与公司的成功合作，公司在经营模式、队伍建设、产品研发与创新、销售规划与布局、企业差异化优势与核心竞争力等方面，将以国际标准为参照和出发点，集中外之优势，再创新高！

吉香居泡菜凭着稳定、上乘的产品质量，健康热忱的服务理念，稳健创新的营销模式使吉香居系列产品畅销全国各地，并于2002年开始出口到英国、美国、澳大利亚、加拿大、新西兰等二十多个国家，形成较强的市场竞争能力和市场占有率。

为保障食品的安全性，吉香居公司建立了国际质量管理体系、食品安全卫生体系、环境管理体系、职业健康安全体系、测量管理体系，这五大体系覆盖了公司产品从农田到餐桌整个蔬菜生产系统的各个环节。我们的质量方针是“做川味精品，让顾客快乐”！

志起未来点评

顶级的产品离不开顶级的传播平台，吉香居以“做川味精品，让顾客快乐！”的企业理念与“川味中国”的追求不谋而合。通过“川味中国”，展示了吉香居泡菜的美味品质，把经典川味带给了全球更广大的消费者。

1. 朴素的产品态度，演绎着高端品质

吉香居食品坚持用“给家人吃的泡菜”这一最纯朴的方式，通过“马上行动”、“以结果为导向”的执行力文化，为客户和消费者提供高品质快速的服务。吉香居食品汇聚强大的消费者口碑效应，把安全放心的美味带上千家万户的餐桌，让吉香居一碟碟小菜凸显出吉香居非凡的品牌价值。

2. 坚定走品牌发展之路，创领军品牌

吉香居坚持着把蔬菜深加工产业化做专做精，在泡菜行业将更加坚定地以“做百年领军品牌、创华夏民族辉煌”为奋斗目标，和同行业一起为泡菜产业的崛起尽绵薄之力。

历经数年磨砺，从加工到营销的每一个环节，吉香居的各个拳头产品从农田到餐桌的每一个细节，无不闪耀着科技进步的光芒。今日东坡泡菜之所以能在竞争对手如林的市场中独树一帜，令别人无可复制、无法替代，其真正的秘诀或许正是科技兴菜。

目前，吉香居公司与韩国最大的食品企业希杰（CJ）集团合作，成立合资公司，在人、财、物等方面更加壮大。公司将借力合资、精诚合作、稳妥有序、加快发展的整体定位，在未来实现公司战略上的新突破，并继续领导中国泡菜行业的新发展。

这正是：平凡的人，将会是不平凡的品牌。

大农业模式启发

作为泡菜行业的领军企业，近年来，吉香居坚持科学发展观，不断加大设备投入，加快创新步伐，先进的自动化生产线不但有效降低了公司生产成本和车间工人的劳动强度，而且提高了公司生产效率和质量水平。

吉香居公司通过“公司＋基地＋农户”的运作模式发展订单农业，建立了较为稳定的产销关系，实现了千家万户小生产与千变万化大市场的对接，积极推进了大农业产业结构的调整。

“长风破浪会有时，直挂云帆济沧海。”一直在坚持走着创新路线的吉香居公司，是大农业发展模式的杰出代表，未来必将握准市场契机，深入泡菜食品市场，争取更大市场份额，成为泡菜食品产业的领跑者。

第十一章

大农业经典案例：茶

茶叶是继四大发明后，对人类的第五大贡献。长期以来，茶叶在对外贸易中居于支配地位。同时，它也是文化展现与传播的忠实使者，随着中国经济的迅猛发展，国际形象也日新月异，我们知道，这正是中国茶业企业做大做强、再现辉煌的难得机遇。本章通过各企业的成功案例，探讨怎样树立茶业企业的品牌，从定位到运营，为企业全面把脉，制定高效发展策略。

第一节　立顿红茶：战略新品的一代传奇

案例描述

1850 年出生在英格兰格拉斯哥一个贫穷家庭的汤姆斯·立顿是立顿红茶的创始人。有一回，出门旅游的立顿来到了著名的红茶产区锡兰。锡兰红茶是英国人非常钟情的饮料，但由于售价高昂，只有上流社会才能享用。立顿敏感地意识到，如果能把红茶引入大众的日常生活，则必然能成为一门好生意。

1890 年，他正式在英国推出立顿红茶。他的广告词是“从茶园直接进入茶壶的好茶”。

1892 年，立顿开始了全球化运动，先是在美国设厂，接着又在印度开设分店，走进了远东市场。

1898 年，立顿被英国女王授予爵位，得到“世界红茶之王”的美名。

1972 年，联合利华收购了立顿的全线品牌。开始了更为强势的扩张之路。

立顿茶叶类产品如今行销于全球 110 个国家和地区。无论是知名度还是销量，立顿均是全球第一大茶叶品牌，比第二大品牌的销售额高出至少一倍。同时，立顿红茶现在也是全球消费者选用最多的第三大非酒精饮料，仅次于可口可乐和百事可乐。

志起未来点评

来自英国的立顿红茶，不仅把自己的品牌卖到了世界茶叶产量最高的国家——中国，而且在这个国家通过短短的 5 年时间就实现了茶包销售额第一、市场占有率第一的业绩神话。是什么让立顿能够在茶文化如此深厚的中国市场迅速发展呢?

1. 颠覆性创新，立顿红茶一举成名

1890 年汤姆斯·立顿正式在英国推出立顿红茶，并将“立顿”红茶与店里的火腿、培根、油等日常食品一起陈列出售。汤玛士卖茶的方式也与众不同，过去茶叶都是秤重量出卖，立顿改变为小包装出卖，分 1/4 磅、1/2 磅、1 磅等不同重量的包装。经包装的茶既可保存茶叶风味，又可在包装袋上载明茶叶品质，让买者安心。从称重售卖到小包装售卖的颠覆性创新，让立顿品牌迅速崛起。

汤玛士本人是个极其擅长创新的人，他经常有新奇而令人意想不到的点子出现。如在包装袋上画着锡兰采茶姑娘的姿态，并标明“从茶园直接进入茶壶”的字样。又如为了促销，竟然聘请了 200 人穿上中国服装做活动广告人，并印制二十多国语言的广告海报。此举让立顿从默默无闻一举成为世界茶品知名品牌。

2. 进军中国，打造本土化战略新品

立顿想要进军中国市场，必须面临的事实是：中国历来就是茶文化大国，消费者对茶叶有较为丰富的认知。如何让中国消费者接受一个本国以外的茶叶品牌？这对于立顿来说是个挑战。

在传统茶艺茶道文化盛行的中国茶品市场上，立顿另辟蹊径，以时尚、阳光、健康的形象面对年轻的中国消费者。以茶叶包设计避免了传统冲泡茶方法带来的麻烦和尴尬，给办公室白领泡茶提供了便捷。

进入中国市场之前立顿几乎都是红茶，但是进入中国市场以后，立顿立即对中国市场进行了调研，发现中国绝大多数消费者都以喝绿茶为主。基于中国茶叶市场的消费现状，立顿对研发了适合中国消费者口味的绿茶、茉莉茶和铁观音茶等产品。立顿凭借精准的消费者洞察和市场定位，成功引领了中国时尚白领茶饮市场。

3. 立体营销，构建现代营销体系

如果说中国茶文化源远流长，在中国茶叶的营销方式也很单一的话，那么立顿就已经远远超过中国茶叶企业走出了一条“社会化营销＋媒体互动营销＋病毒式营销”的立体营销模式的创新之路。

利用网络关注、动用朋友圈关系、送礼祝福维系社会关系、到现实中朋友圈子聊天、又到网络圈子再发帖、拍客视频再互动，立顿构建了整个社会化营销网络，并且不时推送活动信息扩大影响力。

立顿不时举办活动的同事，以企业官方网站为中心，长期连贯的做不同的专题活动，并精准投放楼宇广告，活动信息依然如病毒般悄然扩散进各大办公楼，走进办公室白领们视野。

4. 植入营销，让立顿深入人心

看过知名才女导演徐静蕾执导的电影《杜拉拉升职记》的白领们都不难发现，不管是电影里的各位漂亮的职场白领们的茶杯上，还是在会议室的投影仪或是在公共茶水间，立顿的 LOGO 都会“明目张胆”地出现在观众眼前。

而这样的植入营销对于立顿已经不是第一次，早在 2008 年的热播青春偶像剧《丑女无敌》中立顿的 LOGO 就无处不在的穿插于整个电视剧当中，随着《丑女无敌》创下的收视奇迹，通过数据分析：某大型超市的立顿奶茶在 2008 年 9 月 30 日至 10 月 20 日的整体销量，要比 8 月 31 日至 9 月 20 日环比提升 37.59％。

5. 创意思维，让立顿脱颖而出

你是“叮”人类吗?“你知道怎样分三步把大象装进冰箱了吗?”“问你们，6 个汤勺怎样组成 4 个三角?”

这是什么？如果你以为是什么无厘头的脑筋急转弯，那你一定还没看立顿新广告。立顿新广告引发了一场创意思维的运动。“叮”这个发源于新加坡、越南等地的被时下的年轻人热捧的时尚的字眼，因为立顿的广告而远渡重洋来到中国，并很快成为型男潮女不可不知的流行风向标。而“叮人类”这个由立顿创造出来的词汇也已经在网络迅速走红，成为微博的热点话题，立顿更是成为时尚潮流新新人类追求的潮品牌。

大农业模式启发

对于现代激烈的食品战役，创新营销系统完全不同于传统的新产品策划、新产品研发，大农业模式营销需要一种全新的系统的思维和能力，它需要领导者有敏锐的战略性眼光，更需要决策者跳出行业看行业、跳出企业看企业，从消费者未满足的潜在需求中、从竞争对手日益快速的变化中寻找灵感，系统设计创意营销策略，已达到快速制胜的作用。

第二节　定心·巴渝银针：中国生态绿茶领导者的破冰之旅

案例描述

重庆茶业集团是经国家农业部、发改委、财政部等八大部门的监测评估认证的“农业产业化国家重点龙头企业”。基地建有 300 亩良种树母本园、50 亩茶树品种园、100 亩扦插苗圃、500 亩良种茶树生产示范园及 1 100 平方米全控温室，无公害良种茶园 4 500 亩，是重庆市“国家级茶树良种繁育基地”、“国家级茶园标准化示范区”，被中国农业科学院茶叶研究所认定为“茶业产业化定点服务企业”。

良好的土壤和气候条件，让重庆成为茶叶种植的极佳环境，奠定了茶叶的品质基础，重庆也是每年全国最早的产茶区。此外，最迟在周朝初期，这一地区就开始有目的地利用茶叶，可以说，重庆茶叶有着丰富的历史文化底蕴。但是，正如西南大学食品科学学院教授、重庆市茶叶学会理事长杨坚所说，“重庆茶就差在没有名气。”2000 年，一次偶然的机遇，原重庆市二圣茶业有限公司总经理张节明结识了北京志起未来营销咨询集团，在七年的交往中，品牌战略联盟之梦水到渠成。

志起未来点评

1. 战略新品，决胜企业未来

志起未来对重庆茶业进行了全新的战略规划、精准的市场定位和卓越的产品创新，为重庆茶业推出了战略新品——生态绿茶定心·巴渝银针。定心·巴渝银针产自海拔 800～1 200 米的茶山上，制茶过程也比其他茶叶复杂得多，茶叶一年的产量只有 200～300 千克，可谓万里挑一，甫一亮相，就卖到了 9 000 元/克，改变了传统茶叶卖不上高价的尴尬局面。携声势浩大的定心·巴渝银针，志起未来团队，采取短平快的作战策略，一举打通政商专用茶渠道；2011 年，首届中国茶叶企业品牌建设高峰论坛上，定心·巴渝银针一路过关斩将，以 1.4 亿荣登全国茶叶品牌价值榜。

2. 热心公益，提升影响力

成功借势“震后终生认养大熊猫”的爱心公益活动，极大提升了企业品牌的知名度与影响力；树立了极具社会责任感的企业形象；扩大了销售范围、拉升了产品销量。

大农业模式启发

中国茶文化博大精深，茶种类名目众多，但就是在这样一个成熟的市场，拥有如此庞大的消费基础，却没有几个能够叫响并可供消费者购买时选择的品牌，有的只是品类名称，而非品牌！这种现状已经成为制约茶叶企业做大做强的软肋，而培育品牌、发展名牌则是使整个茶产业长远、健康发展的必须解决的大问题。中国茶叶品牌如何崛起之道？战略新品运营模式是不二法门。产品是品牌的根基，没有成功的战略新品，农业品牌崛起更无从谈起！

第三节　龙润普洱：承载着“国礼”的光荣梦想

案例描述

在 2013 国际茶业大会暨第十三届中国普洱茶十大品牌评选大会上，龙润茶一举获得普洱茶十大品牌之首。

作为中国茶第一家上市公司，龙润茶分别在“理论市场、产品市场、资本市场”同时运作。“用制药的经验制茶”——龙润茶率先推行茶叶物联网技术，运用最新通信技术、传感技术和数字温度技术等高新科技，在茶叶的生产过程中实现数字化、智能化、精细化，对种植环境、生产、加工、包装和销售的每一个环节都有严格的要求，让产品更加透明、让品质更加可靠。

龙润茶秉承“传统结合现代”的开发理念，研发出龙润普洱茶、龙润红茶、龙润绿茶、龙润黑茶等产品，涵盖六大茶类。并在国内外开设900多家龙润茶专卖店、2 000多家茶物语专卖店、300多家黑咖骑士专卖店，打造龙润茶大连锁航母。

龙润茶先后成为中国驰名商标、全国劳动关系和谐企业、农业产业化国家重点龙头企业、北京奥运会特许生产商等200多项殊荣。

龙润茶作为国家领导人的国礼茶赠送外国元首，被称为“国茶龙润”。

志起未来点评

龙润茶是中国茶叶第一家上市公司，打破了中国茶历来有品类无品牌的空白历史。并成为中国外交国礼茶、钓鱼台国宾馆指定用茶、北京2008年奥运会特许生产商、中国2010年上海世博会特许生产商。

此外，龙润茶作为国家领导人的国礼茶赠送多位外国元首，被誉“国茶龙润”。这些都是龙润茶致力于强大民族品牌，实现走向国际、走向全球的中国梦。

中国茶行业有很多出色的知名企业，面对如此众多的优秀品牌和竞争对手，龙润茶究竟为何能从中脱颖而出，成为个中翘楚呢?

1. 本土化经营战略，龙润茶立体化走向世界

2013年6月，龙润茶在2013美国世界茶业博览会上，全面展示中国茶的博大精深与科技创新，受到了关注和追捧。龙润茶成功走向世界，这都源于龙润茶本土化经营策略，不仅全新在美国组建新的公司，聘请当地人实施调研、研发、销售及推广，从茶叶原料、茶品形态、茶文化以及茶品消费方式等改革

和创新，全方位，立体化满足国外消费者的消费需求，克服了中国茶在海外市场“水土不服”的瓶颈。

2. 国际认证，从源头保证茶的品质

龙润茶始终坚持以国际化的视野打造中国茶产业。针对国外对食品安全监测严，检测指标多，检验标准高的“绿色壁垒”。龙润茶从自身出发，不断加强茶叶品质控制，建立了龙润茶独有的质量控制体系。紧抓茶园“第一车间”，不断推广有机生态茶园建设，扶持其扩大茶园生产规模，科学栽培和管理茶园，制定出新的茶叶采摘和制作标准，并广泛推广给茶农，努力提高原料品质，推进、带动整个茶产业的持续健康发展。

2012年，率先实行茶叶物联网技术，运用最新通信、传感和数字温度等高新科技，在茶叶的种植、生产过程中实现数字化、智能化、精细化，对种植环境、生产、加工、包装等每一个环节严格监管把控，成为行业种植生产标准的制定者和引导者。

龙润茶种植基地通过了“出口植物源性食品原料种植基地检验检疫备案”，相继获得“良好农业规范（GAP）”国家一级认证、“IMO”瑞士国际有机茶认证、雨林联盟（RA）认证等。有力保障茶叶产品对外出口的健康安全与优良品质，从而打通壁垒，昂首阔步走向世界。

3. 降低“段位”，以方便快捷赢得市场

中国有源远流长的茶文化，无论是散装的名优绿茶，还是传统的饼砖沱普洱茶，冲泡成艺，品茶悟道，慢品热饮对于国人早已经是一种自然习惯，但对于初次接触中国茶的外国消费者就成了一种阻碍，难以接受。

外国消费者喝茶讲究方便、快捷和实用，注重产品品质。在商超里，几乎看不到散装的茶叶，都是一包包的袋装速泡茶。对于快速消费的海外茶叶市场，这就仿佛棋艺中段位，我们在最高段位，外国消费者还处于入门级。所以，龙润茶进入海外市场时，就以一种包容的姿态，最适体验的方式、最易体验的产品，开启海外消费者对中国茶文化认知的钥匙。

龙润茶不断科技创新，一开始就从产品形态、口感、冲泡方式、包转设计、克重习惯等做了全新的改革和突破，研发出袋泡茶红茶、袋泡普洱茶、袋泡绿茶，速溶果味普洱茶、速溶原味普洱茶，速溶红茶、花草茶系列、CTC红茶系列等二十多款产品。冷、热水均可冲泡，即冲即饮，省去了繁杂的冲泡程序，满足了外国消费者方便快捷的需求，得到广大消费者认可和喜欢。在美国，龙润茶成为最受消费者欢迎的中国茶品牌，被誉为中国茶的标志。

4. 实施品牌战略，龙润茶从内销转向外销

随着中国文化风靡全世界之际，云南普洱茶、绿茶、铁观音等中国名茶也被世界各国消费者广泛认知。但问起名茶品牌，国际上却是一片寂寥，让国外消费者难以识别和选择。龙润茶深刻认识到品牌的重要性，在征战海外市场时，保留龙润茶自身特色又"入乡随俗"，结合绿色草本、中医保健等中国文化特性，将中国丰富的茶叶资源和世界茶文化糅合在一起，研发茶产品。

龙润茶根据不同国家、人群的消费需求为消费者提供快捷、健康的茶叶产品，适应国外快消市场的多元化要求的同时，也加大品牌建设战略力度，不遗余力的打造"龙润茶"的名牌效应。

在北京奥运会、上海世博会、世界茶叶博览会、香港国际茶业博览会中，"龙润茶"尽情展现品牌的无限激情与活力，让世界各地人们认识并感受龙润茶的绿色、健康、时尚魅力。

带着中国茶业走向世界，是龙润茶矢志不渝的中国梦。龙润茶在现代科学种植、现代管理、现代加工、现代营销、现代物流等方面不断创新和突破，为中国茶走向世界而不懈努力。

大农业模式启发

2013年5月，"2013国际茶业大会暨第十三届中国普洱茶节"在普洱市举行。龙润茶一举夺得"中国茶业十大领军企业""中国普洱茶十大品牌"之冠。

龙润茶集团是中国茶唯一在中国香港主板上市的公司，龙润茶业已成为龙润集团在中国市场的旗舰。

2005年龙润集团进入普洱茶行业时，虽身处素有"植物王国"、"中草药王国之称"的云南，茶产业区域性优势明显，但要想进军全国市场，还面临各

地无数竞品的夹击。

但仅用了4年，龙润茶业就香港主板上市，成为“中国茶业第一股”。这背后的推手就是有中国第一农产品策划公司之称的北京志起未来营销咨询集团。

龙润集团董事长焦家良博士，原本就是一位创新高手。在他的主导下，当年的盘龙云海排毒养颜胶囊以火箭般的速度崛起，成就中国保健品畅销15年的传奇。因此，志起未来和龙润集团相识之后，大家都有惺惺相惜之感。虽然龙润并不是云南做得最早的茶叶集团，但是龙润坐拥政府资源、渠道资源、平台优势、资本优势等各方面优势，实力不容忽视。

在大家的共同努力下，全新的战略浮出海面——“龙润，用制药的经验制茶”，这让龙润与所有普洱同行保持了最大的差异化，彰显了自己的独特价值。这既是焦董的独到体会，更是企业多年来打造的全新竞争体系，威力无比。

在这个战略的指引下，定位高端的战略新品系列不断推出：龙润普洱钓鱼台系列、奥运茶系列、大运茶系列、龙润普洱·国礼茶等的企业负责人激动地说：“战略新品为龙润品牌赋予了国家级身份，完成了龙润由大到强的龙门一跃!”

在收购云南龙润商贸、完成“中国茶叶上市第一股”的龙跃之后，龙润茶在全国超过130家的连锁加盟店和直营店，并在福建、浙江、湖南、云南等地进行产业和销售网络布局，立志成为中国70 000多家茶叶公司的品牌管理公司。现在，企业成功开发了袋泡、速溶、方便茶等专利时尚产品。龙润产品涵盖了龙润普洱、龙润黑茶、龙润红茶、龙润绿茶等中国六大茶类200多款茶品。

事实上，龙润普洱品牌不仅走出了“彩云之南”，还走出国门，享誉海内外。龙润普洱·国礼茶在“G20”峰会、俄罗斯纪念卫国战争胜利65周年庆典、金砖五国峰会等重要场合相继作为国礼赠送。现在，龙润普洱茶稳居第一国礼茶，国内第一高端政商茶饮品地位。

中国茶文化博大精深，茶种类名目众多，但就是在这样一个成熟的市场，拥有如此庞大的消费基础，却没有几个能够叫响并可供消费者购买时选择的品牌，有的只是品类名称，而非品牌！这种现状已经成为制约茶叶企业做大做强的软肋，而培育品牌、发展名牌则是使整个茶产业长远、健康发展的必须解决的大问题。

中国茶叶品牌如何崛起之道？战略新品运营模式是不二法门。产品是品牌的根基，没有成功的战略新品，品牌崛起无从谈起！立顿红茶如是，龙润普洱如是，定心·巴渝银针亦如是！

在与志起未来达成战略合作伙伴后，龙润集团充分运用“普洱”这张云南名片，将品牌知名度播撒全国并披上了“钓鱼台国宾馆唯一特供普洱茶”的黄马褂，为龙润“普洱”走向全国甚至是走向世界开了个好头。

北京志起未来营销策划团队认为：中国疆域广阔，通过运用战略新品农业模式，能成功的不仅仅是龙润茶，还有更多农产品企业，每个地区的农业龙头企业其实都是可以大有作为。无论是选择饮料还是休闲食品，其实走农产品策划、品牌营销策划之路，打造并拥有自己战略新品，这才是成功的王道！

第三节　品茗竹叶青：探寻茶叶的奢侈品之路

案例描述

四川省峨眉山竹叶青茶业有限公司成立于1998年，是国家农业产业化重点龙头企业，全国著名的名优茶生产企业。目前定点茶园和无公害茶叶生产基地近40万亩，年生产各类名优绿茶3 600吨。

多年来，竹叶青品牌已经被广大消费者所熟知，茶香四溢，享誉国内外。

2007年，“论道·竹叶青”多次受邀TOP MARQUES，作为组委会邀请的唯一一个中国奢侈品牌，摩纳哥亲王阿尔贝更是向论道发出私人宴会和贵族鸡尾酒会的邀请。

2010年6月，“论道·竹叶青”作为川茶代表入选上海世博会，成为昆宴的唯一指定茶叶品牌，也是世博会中华美食街的茶叶代表，并作为世博精品敬献各国政要及世博园馆长。

除此之外，竹叶青作为中西方文化交流的代表，携手欧洲围棋大会，先后在 2009 年 6 月和 2010 年 7 月，将东方智慧带到了芬兰和荷兰格罗宁根。今年，竹叶青茶业仍将继续赞助该项赛事，将“平常心”的非凡境界带到“红酒之乡”法国波尔多。

志起未来点评

中国茶叶品种有上百个，为什么只有竹叶青做出了品牌？

1. 独家商标提升“竹叶青”品牌知名度

竹叶青原本是一种茶叶品类，在很长一段时间“竹叶青”被茶叶企业、茶商、茶农无限制、无规范使用，导致竹叶青茶叶发展跌入低谷，低至十几元一克仍然少有人问津。1998 峨眉山竹叶青茶业有限公司为了保护“竹叶青”品牌，提出彻底解决商标归属问题的方案，并获得政府支持，在法律上正式获得了独家拥有“竹叶青”商标的使用权。

此后，峨眉山竹叶青茶业有限公司结合峨眉山旅游资源，大力推广“竹叶青”，建立“竹叶青茶博园”借助政府之力使其成为峨眉山旅游线路中参观的一个特色景点。并在峨眉山旅游景区设立茶艺表演植入“竹叶青”品牌，获得了区域资源联动效果，大打提升了“竹叶青”的品牌知名度。

2. 文化内涵植入品牌营销，中国元素大行其道

从品牌运营角度而言，个性鲜明、文化底蕴的产品才能给消费者留下深刻印象。茶不仅仅是一种物质产品，更是一种具有象征意义的文化产品。因此，“竹叶青”最初在做产品时就为品牌注入中国茶文化元素，在产品分类时打破了传统方法，将产品分为“品味”、“静心”和“论道”三个系列。产品包装字体采用书法字体与“平常心，竹叶青”的概念吻合，产品在摩纳哥参展时用瓷器包装，纯正古朴的中国元素使竹叶青散发出浓郁的、东方的传统文化气息，并在茶道表演中融入峨眉派的武术，阴阳合璧、刚柔相济，把原本静态的展台变为具有动感的中国武术茶道表演，在摩纳哥引起轰动。

竹叶青各种平面广告均采用传统中国风的风格，并以围棋赛事为跳板把

"平常心"植入奥运精神中，极大的提升品牌知名度和美誉度。在消费者体验上，"竹叶青"也注重中国传统文化的植入，竹叶青在成都建立了"论道体验馆"，并在馆内设有代表金、木、水、火、土五大传统元素的装饰物，处处体现中国传统文化之美。

大农业模式启发

高附加值是大农业模式的标志也是企业核心竞争力的体现。随着消费者对高附加值产品的需求将不断上涨，涉农企业只有立足自身优势，提高品牌内涵，打造高附加值，才能创造需求、引领市场。

第十二章

大农业经典案例：土特产

说到土特产，我们都会自然想到那些充满着“新”、“奇”、“特”气息，甚至略带着民族，地域文化的产品。那么，经营土特产企业的希望在哪里？本章详细讲述了土特产企业成功的秘诀，为大家展现了如何将创新巧妙融入战略新品运营，突显其浓郁的地方特色，帮助土特产企业迎来璀璨明天。

第一节　正官庄高丽参的国际化之路

案例描述

任何一个品牌，一旦有了“老字号”的光环，就会显得更加可信，就像中国的“同仁堂”。而在韩国，“正官庄”就代表了一段历史，代表了韩国人参的品质。1899 年，李氏朝鲜末期，政府设立宫内部内藏院参政课，为专门掌管高丽参制造及输出的官方机构。1928 年，该机构开始使用“正官庄”作为品牌标志。1940 年，开始用“正官庄”品牌出口红参。1999 年，韩国人参公社正式成立，其出产的“正官庄高丽参”由政府直接监制，品质受到国际的广泛认可与信赖。

志起未来点评

在科学高度发达的今天，人参已经不再单纯是药补和食补的原料。在我国人参事业刚起步时，我们的近邻韩国已经在人参的科学化研究和推广方面走出了自己的路。

1. 从种到收，保证“参”品质

韩国人参研究学界认为，高丽参到生长 6 年时充分成熟，相当于人类的壮年，此时养分最为充足。一旦生长超过 6 年，则会体型变形，功效降低。所以，韩国人参研究学界认为，高丽参的 6 年根是“参中极品”。

为出产最优质的人参，韩国人参公社结合传统有机农耕和现代科学农耕技术，通过号称 100 年历史的 6 年参合同栽培系统，确保严格的耕作管理及优秀参农的网络。事先调查种参农户预备耕地并签订可行性合同，为提高种参农户积极性，提前支付耕地支援金，从选定土壤、种植、耕种技术指导和收购管理，都有一系列严格的技术支持，从而使原料参的质量在每一个环节都得到了可靠的保证。

2. 名人助阵，热炒“高丽参”

随着韩国电视剧《大长今》的热播，担任女主角的李英爱也风靡全亚洲。

正官庄邀请李英爱出任已经举办了 3 届的“正官庄杯世界女子围棋”赛代言人。不管是在正官庄杯开幕式，还是在激战正酣的赛场，都有李英爱的大幅剧照，让旗手和观众在下棋、观棋时也能欣赏到韩国的古典美女。优质的人参产品，能够协助人体维持系统的均衡。李英爱形象健康、气质高贵，古典美中透露着时代感，与“正官庄”的品牌形象和产品诉求十分的吻合。

此后，韩国人参公社在中国上海、广州和香港成功举办了“正官庄之夜——李英爱慈善中国行晚会”，李英爱现身晚会现场引发中国观众疯狂追捧，李英爱一行还拜访了中国的正官庄专卖店更是引来无数中国观众围观，极大地提升了正官庄高丽参的知名度。

3. 举办活动，提升知名度

正官庄期望通过关爱都市高知人群健康，向更多人传递健康的生活方式。在中国举办多个活动以期提高中国消费者对正官庄的认知。2012 年，在中国上海举办“参”养有道健康沙龙，关爱高知人群健康“养参有道”健康养生沙龙，活动现场展示的高丽参茶、正官庄国礼级天参、高丽参精、高丽参粉、高丽参胶囊等系列引起了中国高端消费者的高度兴趣。

2013 年高考前夕，正官庄针对高考生推出“考生送参元”、“买参元送参茶”活动，凡高考考生凭高三学生证或准考证领取高丽参元 2 瓶，购买参元赠送参茶。大大提高了正官庄高丽参在中国消费者心中的知名度和美誉度。

大农业模式启发

对于百年老字号的品牌来说，品质的保证是产品赢得回头率的重要方式，但是举办相应的活动却能宣传产品的正面形象，提升企业知名度。借助名人效应、开展不同形式、不同组合的活动营销，既能让消费者和企业深入互动，又能加深消费者对企业的认识。是大农业模式农业企业应该借鉴的营销方式。

第二节　极草 5X：贩卖稀缺，小虫草卖出天价

案例描述

青海春天历时五年，潜心研究，依托自身强大的研发实力、国内外数个研

发平台、100 多项发明专利和实用新型技术，智慧开创了冬虫夏草领域的最高标准——极草 5X 冬虫夏草体系，极草 5X 冬虫夏草系列产品成为冬虫夏草物理加工领域的最高科技成果，为冬虫夏草整个产业带来划时代的变革。

极草 5X，更是被戏称为“极草 X5”。5X 作为冬虫夏草的升级版，比冬虫夏草更规范，而且释放的能量更强于冬虫夏草原草。通过人体吸收，起到“治诸虚百损”的作用，而且与冬虫夏草相比，同等效果下其价格更具优势，保障了消费者利益。

志起未来点评

极草 5X 的价格十年间涨了几百倍，一年的销售额就达到 18 亿，据了解，目前仅北京市场一家店的月销售额基本都在 100 万左右。即便在今年在大市场环境不佳的严峻形势下，市场表现依旧强劲。一根小小的“极草”威力为何如此大?

1. 创新吃法，有效利用，打造“草”中极品

青海春天通过技术把冬虫夏草的利用率提高了 7 倍以上，开创了极草行业新篇章，它是如何做到的?

深度清洁：极草采用了目前世界上先进的深度清洁技术。能实现在清洁过程中，既能够清洗干净，同时还能保证外观不改变，药效不流失。它能彻底的清洗原草表面的大量污垢杂质。采取低温干燥技术，把水分含量控制在≤9%，最利于药力成分保存。

虫破膜，草破壁：青海春天发明了中药的超微粉碎技术。将“虫”、“草”分开进行破膜破壁等全球尖端技术应用到了冬虫夏草领域，使冬虫夏草营养精华成分的释放提升了至少 7 倍。此外，还发明了分开定位粉碎技术。由于冬虫夏草既有虫的部分，也有草的部分，他先将冬虫夏草的虫体和子座分开，然后进行超微粉碎，再将粉末混合。

纯粉压片：为了提高纯度和药用价值，也是便于吸收，极草 5X 采用了 100%纯粉压片专利，其片剂成分 100%是冬虫夏草原粉，从而开创了冬虫夏草 100%纯粉压片的新时代。

2. 定位高端，贩卖稀缺，小虫草卖出天价

在渠道安排上，极草5X作为一种创新的顶级产品，必须要与之匹配的高端的渠道终端，才能体现其应有的身份和地位。因此，在渠道安排上，极草选择在各大城市的大型商场设立专柜，和其他奢侈品同台竞技，以体现极草5X的高端产品形象。

在品牌的塑造上，青海春天极力把极草5X打造成享誉世界的中国奢侈品品牌。企业推出一款战略新品，因为产量有限，于是就根据产量做成相应数量的贵宾卡。由于产品数量是固定的，所以贵宾卡的数量也是一定的，如果出售之后还有消费者想要，只能从这原来拥有者手中再次购买。所以，这张卡就具备了增值保值的功能。至此，“极草5X”终于成为中国高端奢侈品“礼品”品牌，卖出天价还供不应求。

大农业模式启发

极草5X成功的关键之处，在于利用技术的创新，将冬虫夏草从传统工艺带进了工业化阶段，利用工业化将它的营养成分充分保留，并在食用方式上进行了革命。以技术创新改变产品的原始形态，利用产品本身的稀缺属性，再加上贩卖稀缺的营销方式，让极草5X赚的盆满钵满！只有站在战略的高度，通过新奇的营销思路，对于大农业企业来说挖掘企业产品背后的稀缺特质，才能使之与其他竞品形成鲜明的差异化。

第三节 阳澄湖大闸蟹

案例描述

阳澄湖大闸蟹不但体形较大，肉嫩膏肥更是成为天下美谈。阳澄湖大闸蟹天下闻名，尤其是蟹肉的美味更是千古流传；在古代，只有高官贵人和文人雅士才能品尝到阳澄湖大闸蟹，但是随着时代、经济的发展，大闸蟹养殖技术的提高，几乎人人都可以品尝到美味的大闸蟹。

正因为被称为“蟹中之冠”的阳澄湖大闸蟹受到食客们的追捧，而大闸蟹

本身又是一个销售季节较集中的特殊品种，产量有限，所以才导致市场上不断有假冒伪劣者以次充好，浑水摸鱼。作为著名水产品，阳澄湖大闸蟹一直是苏州的烫金名片——单是“阳澄湖”品牌，2004 年估值就高达 1.65 亿元。正宗阳澄湖蟹的年产值约 4 亿～5 亿元，而市场上假冒其名所带动的销售则为这一数字的数十倍。

志起未来点评

一种农产品的附加值到底有多大？一个品牌能够衍生多少效应？特色农产品怎样才能真正做出特色？为何偏偏阳澄湖大闸蟹每年没上桌前，都被能被炒的“红遍全球”？

1. 企业联盟，打造品牌价值

“阳澄湖大闸蟹”的成功，缘于其成熟的商业模式运作。2002 年以前阳澄湖除了“阳澄湖大闸蟹”这个商标，还延伸有许多同类商标。2002 年 9 月，由苏州市 17 家阳澄湖经营公司发起苏州市阳澄湖大闸蟹行业协会。阳澄湖大闸蟹行业协会成立后对这些商标进行整合，并从养殖、上市、进专卖店等环节严格执行一个标准，协会和相关企业合力做大一个品牌。2002 年开始，协会多次在香港、深圳等地举办推介会。目前已发展会员单位 250 多家。

当地政府联合当地养殖企业、经销商、行业协会一起，花五六年时间慢慢培育品牌，打造“阳澄湖大闸蟹”品牌。并在品牌设计、产品形象、流通渠道上精心策划。现如今，阳澄湖大闸蟹已经成为中国知名商标。

2. 饥饿营销，让大闸蟹脱销

随着微博的使用范围越来越广，在微博上推广产品成了又一种新的推广渠道，阳澄湖大闸蟹在产品尚未上市之时，利用微博在网上热炒，并实行团购预定。并推出了在微博上送大闸蟹抵用券的活动，这对于广大的粉丝们来说是不能错过的一个选择。

为了满足顾客的多样化消费需求，以渠道为依托，直营店里的蟹卡采用了磁条记忆的技术，实现了可多次刷卡消费及反复充值使用的便利。“饥饿营销＋网络营销＋会员卡制度”让一只小小的螃蟹在经济低迷的时刻依旧火爆！

3. 礼品营销，让大闸蟹越来越火

“人无礼不立，事无礼不成”，近年来，通过礼品来表情达意已经成为现代社会情感沟通与人际交往的必要手段之一。据中国礼品产业研究院应用统计局、商务部、行业数据统计测算，目前国内礼品市场年需求总额约 7 684 亿元左右。其中，个体的年礼品需求在 5 055 亿元，团体的年礼品需求在 2 629 亿元。

礼品市场一直很火，但近期谁也没有阳澄湖大闸蟹火，自从这只蟹爬上路边广告牌、闹市区的专卖店、报纸电视广告，它已经不再仅仅是一只餐盘里的蟹了。如今的它，已然和月饼一起代言着中秋节，在这背后，是一个庞大的礼品市场。

大农业模式启发

老树如何开新花？“阳澄湖大闸蟹”商业模式是通过品牌打造和渠道创新，将人们的消费需求调动起来的，这为传统农产品找到一条符合现代营销的新出路，值得众多品质优秀的特色农产品学习和借鉴。传统农业品牌需要在营销思路上大胆创新！转变固有的传统营销模式，产品在墙内开花还仅仅是第一步，只有墙外香遍消费群的内心深处，才能成为真正的品牌！

第四节 百瑞源：开创枸杞 3.0 时代，打造西北农业腾飞模式

案例描述

“百瑞源”不仅是中国驰名商标，更是枸杞行业市场变革的引领者，但企业始终不能做大、做强。志起未来在深入了解企业后，认为银川泰丰最大的问题在于对枸杞深加工产品创新不足，严重制约了枸杞走出宁夏、走向全国。

在“百瑞源”十周年这个重要的年份，企业选择和北京志起未来战略联盟，是对“战略新品”策划运营的高度信任。双方项目团队快速组建后，通过精准的市场调研，确定以枸杞深加工产品为核心，从目标消费人群的细分化需求出发，打造“百瑞源”枸杞战略新品，创造需求，引领消费。在双方的共同

六月红
BERYL RED IN JUNE
真头茬
免洗枸杞
Exempts washes Goji
6优6选6月红

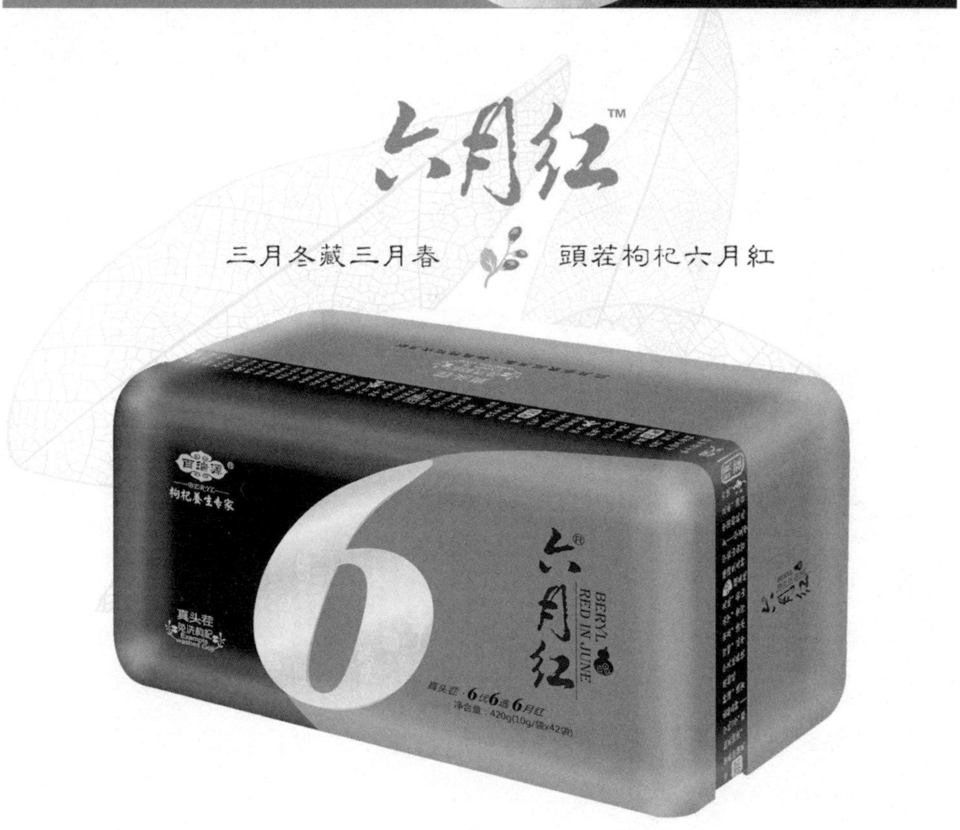
六月红
三月冬藏三月春
頭茬枸杞六月紅
枸杞養生专家
真头茬
免洗枸杞
六月红
BERYL RED IN JUNE
真头茬·6优6选6月红
净含量：420g(10g/袋x42袋)

努力下，银川泰丰开启了西北农业品牌腾飞模式，推动枸杞行业升级 3.0 时代，书写宁夏枸杞的历史新篇章。

在为“百瑞源”策划战略新品时，志起未来项目组专家全情投入，仅以 15 天时间就完成了全套方案，并在提案现场，得到郝董事长的高度评价：“这款产品无论是从品牌创意，还是包装设计，都让我们眼前一亮。”志起未来为百瑞源精心打造的‘六月红’战略新品得到了市场的一致认可和追捧，15 天一万盒刚上市就卖断了货。

志起未来点评

宁夏百瑞源枸杞产业发展有限公司位于宁夏国家经济技术开发区——银川德胜工业园。宁夏是枸杞原产地，栽培枸杞已有 500 多年的历史，传承着中国几千年的枸杞养生文化。百瑞源如何在宁夏枸杞中脱颖而出，成为考验志起未来项目组的首要问题。

在和宁夏枸杞研究专家深入交流后，我们知道，“每到六月入夏时节，宁夏头茬枸杞红透，红霞接天李连地，蔚为壮观。”正是这句话、这幅画面给志起未来项目组创意人员带来了灵感。百瑞源枸杞的战略新品就这样诞生了。

1. 头茬枸杞六月红

“百瑞源”十年耕耘，于中宁长山头落成枸杞生态种植基地，位于黄河南岸，自然环境得天独厚。这里的枸杞，历经三个月冬歇，三个月春生之后，在六月结出第一茬果实，这茬枸杞果实孕育了半年的营养，具备比寻常枸杞更丰富的营养价值。

项目组经过多次讨论，一致认为，将六月结出的第一茬枸杞作为“百瑞源“枸杞的战略新品，并命名为“六月红”。头茬枸杞个大、肉厚，发育最充分，药用价值也极高，一年仅此一茬，古为佳品，限量贡果。

2. 传奇首现，枸杞 3.0 时代

近年来，百瑞源通过自主研发创新，不断推出新产品，相继开创了枸杞 1.0 时代、2.0 时代，志起未来为百瑞源开启了枸杞 3.0 时代，为整个枸杞行业的健康快速发展起到了积极带动作用。

枸杞 1.0 时代——2008 年，百瑞源成功推出吉祥红宁夏枸杞，产品采用抽真空、小袋计量包装（每包 15g），方便携带和食用，开辟了枸杞行业新时代。

枸杞 2.0 时代——2010 年，百瑞源成功推出富贵红免洗枸杞，产品经过挑拣、净化等十二道工序，开创了中国免洗枸杞之先例。

枸杞 3.0 时代——2013 年，集枸杞 1.0、2.0 时代的优势和基础，联合志起未来，百瑞源再次成功推出六月红头茬枸杞，不仅品质更优，营养价值也更丰富。

3. 中国枸杞博物馆，让六月红一路飘红

枸杞产业是我区农业支柱产业和优势特色产业，有着悠久的历史和深厚的文化底蕴。百瑞源将以宁夏为腹地，以中国枸杞馆为核心，以百瑞源枸杞养生馆为辐射点，建立中国枸杞博物馆，打造中国枸杞第一品牌，让百瑞源走出宁夏、走向世界。

枸杞博物馆的旅游营销不仅为推动了宁夏旅游经济的发展，更让百瑞源六月红头茬枸杞战略新品成功上市，并借助这一特色渠道、一路飘红、产品一上市就卖断了货。

大农业模式启发

六月红头茬枸杞战略新品的成功打造，推动了我国枸杞大农业产业的升级和转型。从此，我国枸杞产业迎来 3.0 时代。在和百瑞源合作的过程中，主要运用了志起未来三大创新中的改良性创新来进行战略新品的打造。在企业现有的基础之上，从行业的角度进行全新的考量和洞察，用战略新品来成功实现企业的转型和升级，打造大农业腾飞模式。

第五节　猫哆哩：创意为王，变土特产为休闲食品明星

案例描述

2011 年网络上有一版很火的广告，“长亭外，古道边……”耳熟能详的歌

声让人记住了“堵嘴食品”猫哆哩。也正是“解压食品”的成功，让猫哆哩尝到了一个好的产品概念的甜头，走上了一条非同寻常的营销路。

“猫哆哩”是云南甜馨食品有限公司的主力品牌，猫哆哩酸角糕是甜馨的主力产品，在云南的成绩卓越，是畅销产品也是特色旅游产品，依靠具有民族特色的促销推广方式，形成了不吃“猫哆哩”等于没有到过云南的强大攻势。但是，当它走出云南，想走向全国之时，在首站成都即遭冷遇。

甜馨集团深深地知道，我们能复制的是“猫哆哩”的市场基因，不能复制的是云南山水和特殊购物环境，“猫哆哩”要走出去必须首先解决以下三大难题：

1. 如何攻占主流消费人群

众所周知，休闲食品的主流消费者是年轻女性，她们的年龄在20～40岁，她们是青年学生、时尚白领、商务丽人。如何让“猫哆哩”成为这类人群的休闲食品“必备”？如何让“猫哆哩”实现与年轻女性的有效沟通和对接？这是摆在甜馨企业面前的一道难题！

2. 产品价值感不强，产品的高附加值尚未建立起消费者的普遍认知

“猫哆哩”要对接当下年轻女性群体，亟待解决的就是产品价值感的问题。“猫哆哩”需要摆脱“土气”，脱掉“云南特产”的外衣，注入“休闲、时尚”

的因子，才能得到目标消费人群的青睐和追捧。

3. 如何实现企业由区域向全国的突破

“猫哆哩”酸角糕在云南乃至东南亚成绩卓越，更有“东南亚果品之王”的美誉。迅速的成功让年轻的企业家踌躇满志，意欲走上全国扩张道路，然而破冰之旅屡遭挫折。“猫哆哩”的成功在全国复制成了甜馨企业的又一市场难题。

面对这三大难题，企业时任总经理宋子波决定找专业的营销咨询公司帮助企业走出云南，走向全国。于是找到中国农业营销咨询策划第一团队——志起未来。

志起未来点评

志起未来项目组经过对企业及市场的全盘分析与诊断之后，发现“猫哆哩”存在最突出的核心问题在于——价值的缺失，只有重塑产品价值才能卖出高利润产品；也只有重塑品牌价值才能走出云南、成为云南名片。

1. 深度调研，发现机会解压食品的大机会

作为休闲食品主流消费人群的年轻女性，调查中志起未来发现她们有一个共同的习惯——爱吃零食。继续深入调研沟通后发现，她们潜意识里最大的动机居然是为了解压。一直被忽略的消费需求——压力释放浮出水面。

通过社会观察我们也不难发现，压力正成为现代人的“第一隐形杀手”，而且职位越高，收入越高的人所承受的压力就越大，部分女性会情不自禁地食欲大开。现代人尤其是女白领，每当在电脑前苦思冥想的时候，总会在手边放上各种零食，哪怕正餐吃得很饱，也会忍不住再吃东西。一旦工作中遇到困难或麻烦，便会买回最爱的零食独享，借以舒缓压力，振奋情绪。而吃休闲食品也确实让人不自觉地放松心情，压力得到减轻。休闲食品成为一种重要的解压方式。休闲食品的解压时代已经到来。

休闲食品在陷入多年的红海肉搏后，蓝海终于冰山浮现，第三次革命即将爆发，解压食品将极大满足休闲食品主流人群的潜在需求空白，解压食品的浪潮即将到来。

在仔细分析、挖掘“猫哆哩”的品牌资源之后，志起未来认为：“猫哆哩”完全有条件成为当代枭雄，率先抢占解压食品桥头堡！

志起未来把“猫哆哩”定位为解压食品，决心把“猫哆哩”打造成：中国首款纯天然绿色健康快乐解压食品。

2. 做足压力文章，打造彻头彻尾的解压食品

通过3大步骤做真正的产品革命。

a. 创新品类，提升价值　“酸角糕”给人的感觉和山楂糕类似，比较土气而且价值感较低。而产品定位的主力消费人群是比较时尚，讲究品味的。必须首先解决这一矛盾。

在否定了几十个名字之后，“酸角果派”——这个时尚洋气的品类名被大家定格审视。借鉴了西方的“派”无疑是时尚的，既能够满足消费者对时尚休闲的需求，同时跳出了特产的桎梏，能够很好得提升产品的精致感和价值感。

b. 传播诉求巧宣传　在传播诉求上，志起未来也力求站在消费者的立场，挖掘消费者内心深层需求，喊出消费者的心声，引起共鸣。项目组每人都创作了好几十条，最后“有压力就喊‘猫哆哩’”获得大家一致赞同。这条诉求看似简单却在直接喊出消费者心声的条件下，帮助消费者轻松释放压力，而且提供了易于传播的场景条件。

c. 个性标签对号入座　针对目标消费者，志起未来也下足了功夫。我们对目标消费者做了反复的研究，发现时尚流行文化很盛行，比如“玉米”、“凉粉”、“盒饭”、“粉丝团”成为时尚部落；“奔奔族”、“悠客族”、“月光族”大行其道。年轻人喜欢把自己归类，为自己贴上标签。志起未来借鉴现代最流行的时尚元素为压力人群也贴上了很个性生动的标签“丫丫族”，拉近与目标人群的距离，也便于迅速流行，传播开来。

3. 精准营销，助推新产品一炮走红

在渠道选择上，志起未来项目组充分考虑到企业实力，大型商超是大品牌的天下，竞争激烈，成本很高，一开始就全面开花必然会稀释我们对渠道的投入力度，造成渠道配合力不高的窘迫境地。

志起未来建议：暂缓进KA店，选择精品连锁超市首先攻占桥头堡。企业

可以以较小的压力，打通目标消费人群比较集中的解压场所，同时也对KA卖场造成压力，便于下一步的渠道建设。

在创意行销上，需要一场画龙点睛的活动。营销的全过程就是在画一条龙，在入市腾飞的一瞬间，还需要旗帜鲜明的创意行销活动为它点亮眼睛，找准目标、一飞冲天。

一场“猫哆哩——成都乖妹儿桃之妖妖　万人快乐解压公益活动”在成都人气极旺的龙泉国际桃花节闪亮登场了。在报上征集的180位快乐大使穿着统一的服装，穿梭在美丽的桃花山上，把甜美的微笑和“猫哆哩”的美味及快乐带给前来游玩的每一个人，大家都记住了有一个能带来快乐的食品叫“猫哆哩酸角果派”。

数家媒体纷纷主动到现场进行报道，一时间，铺天盖地的解压信息传遍了媒体、户外、网络。这是一场多方共赢的主题盛宴，李伯清、刘德一等四川名嘴儿以成都人如何解压展开了相声创作，著名的成都乡村诗人大会也在品尝了“猫哆哩”后以解压为创意主题展开研讨，幽默风趣的成都乖妹儿们更是亲切地称“猫哆哩”为“猫粮”。

大农业模式启发

对于土特产这类农产品而言，要走出当地面向全国是市场上的共同难题。对大农业模式来说，对产品概念的打造犹如同一具身体，但换了重新的灵魂，穿上了全新的衣服，就让天生丽质的民族小丫头摇身一变成为都市丽人。对于土特产企业来说，企业创新的灵魂就是一个全新的产品概念，企业的成功根本来说是产品＋创新＋营销的成功。

第十三章

大农业经典案例：佐餐食品

佐餐食品一直是中华美食的重要组成部分，有着悠久历史。居民对佐餐凉菜食品的需求量变得越来越大，未来几年我国佐餐凉菜行业将迎来发展的良机，市场潜力非常大。佐餐食品属传统行业，目前以作坊式企业、规模化生产企业并存形成市场竞争格局。本章通过数个典型案例，为大家展现了佐餐食品业的独特特点，探讨市场双格局下，如何依靠准确的定位，完善的战略实施模式及切实可行的运行方案来将这一行业发挥到极致。

第一节　午餐肉无处不在，世棒流行世界

案例描述

在美国明尼苏达州奥斯汀市一个安静的小镇上，坐落着一座特殊的博物馆，叫做“世棒博物馆”。这座博物馆专为荷美尔公司驰名世界的世棒午餐肉而建，虽然只是一座小小的博物馆，但是在全世界世棒迷的心目中，它却有着不可替代的地位。在每年的美国独立纪念日，当地的居民都会为世棒午餐肉举行隆重的庆祝活动，而每年来自世界各地到博物馆参观的世棒爱好者超过 5 万人次，世棒礼物中心对于世棒爱好者来说更是广受欢迎，世棒帽子、世棒围巾等都极为流行。

这所有的痴迷都来源于一样食品，那就是荷美尔公司的世棒午餐肉。世棒产生于上世纪 30 年代的大萧条时期，并随着美军征战沙场走向了世界，受到了各国人士的喜爱，这种情感一直延续了今天，并且愈演愈烈，俨然发展成为一股通行世界的流行文化。

荷美尔为世棒在全球 6 个大洲超过 100 个国家注册，并在 41 个国家销售，每年的销售数量超过 1.22 亿罐。

志起未来点评

据统计，平均每一秒钟，就有 3 罐世棒午餐肉被消费者拿去享用。如此多的世棒午餐肉都被消费者怎样吃进了肚子？

1. 品质保障，曾是二战盟军主要食物

世棒有着诱人的口味，还能长时间保存，在常温下保质期都在 3 年左右，并能提供高于一般食物的热量，在粮食短缺的紧急时刻，拿出一罐世棒午餐肉，就可以应急，而且这顿餐的经历还会很不错。因此非常适合做战备物资。

因为世棒在二战中曾经是美国大兵每天主要的食物，帮助美军纵横沙场。二战其他盟国对这种的珍贵食品充满感激。无数世棒罐头被分发给英国、澳大利亚、加拿大、中国和苏联的部队和平民，世棒成了二战盟军食品中的主要蛋

白质来源，被称为“神秘肉”。其受欢迎程度不亚于根据租借法案运来的“谢尔曼”坦克和“威利斯”吉普。前苏联领导人赫鲁晓夫当年甚至称，“没有罐头午餐肉，我们的军人将无粮可吃”。

2. 重在创新，不同市场设计不同产品

荷美尔是全球领先的肉制品生产商，世棒午餐肉自诞生 120 年来一直通过不断地创新来满足消费者对口味的要求，针对亚洲人对午餐肉的要求，荷美尔专门为亚洲市场设计了世棒的独特配方，选用高质量原料，生产出多肉、细嫩多汁、肉香四溢的独特世棒，成为最受欢迎的独特口味。因此，不管在质量还是口味创新上世棒确实在众多午餐肉中首屈一指，也正因为此，世棒才在世界上有如此多的铁杆粉丝，流行世界几十年而不衰。

为了让消费者更好地食用世棒午餐肉，更好地享受美味带来的极致生活享受，世棒午餐肉面向消费者创意了诸如面包挞、西多士早餐、农夫三明治、餐肉杂粮粥等多样菜谱，让大家尽享美味。

3. 举办活动，火热征集赢礼品

为了庆祝公司成立 120 周年，荷美尔在网上举办“120 道家常菜谱征集”活动，向网友征集自己擅长的家常菜绝活，赢取精美奖品。如果网友感觉自己的厨艺遇到瓶颈，在饭桌上已经无法创新菜品，也可以到荷美尔官方网站网罗自己喜欢的家常菜，与家人共同分享。

由于贴近人们日常生活，这次家常菜谱征集活动得到了网友的热烈支持。自活动开始，网友们积极参与到活动中来上传自己的“拿手好菜”，并有众多网友参与投票，评选最受欢迎的家常菜。参加这次活动的家常菜在制作中都使用了荷美尔品牌的产品，可以说这是荷美尔消费者的一次盛大联欢，也是荷美尔消费者和广大网友的一次深度沟通。

大农业模式启发

现代企业正处在一个非常快速的时代，快消费、快营销，产品的更新换代更快。如果一直生产销售传统行业中的传统产品，在一个巨大销量但低利润的环境里生存，随着原料成本、用工成本的居高不下，甚至是水涨船高，生存环境会越来越恶劣，要想突破、要想成长是难上加难。创新已成为现代企业生存和发展的基本需要，唯创新才能生存。只有先声夺人，出奇制胜，不断创造新的体制、新的产品、新的市场和压倒竞争对手的新形势，企业才能立于不败之地。

第二节　双汇体验营销正当时

案例描述

双汇集团是以肉类加工为主的大型食品集团，总部位于河南省漯河市，目前总资产达200亿元，年肉类总产量300万吨，是中国最大的肉类加工基地，在2011年中国企业500强排序中列166位。现已形成了以肉类加工为主、多业配套、优势互补的产业结构新格局。品牌价值106.36亿元，居肉制品类第一位。

双汇集团依靠现有的技术、设备、品牌、管理及规模生产等优势，进入商业区域，开设双汇肉类连锁店，推广“放心肉”工程，并率先把国外先进的“冷链生产、冷链配送、冷链销售、连锁经营”的模式引进中国，并开创了中国肉类品牌，创造了“横向一体化，纵向一条龙”的新型肉类经营业态，改变了我国几千年来沿街串巷、设摊卖肉的做法，为解决放心肉问题提供了依据。

志起未来点评

为什么在消费品市场产品越来越同质化，大多数的新产品都乏善可陈，巨额资金投入到市场上都引不起一丝波澜，致使新产品上市失败率高达80%的情况下，双汇如何脱颖而出，成为中国火腿肠的龙头企业？双汇集团拥有了什么引爆市场的制胜法宝呢？志起未来认为：

1. 产品升级，不断推出战略新品

在火腿肠产品越来越同质化的今天，经过深入的消费者调研和不懈的研发，双汇玉米热狗肠横空出世，该产品不同于其他火腿，将采摘下不久的鲜冻玉米粒加入到热狗肠中，且保持鲜嫩玉米粒的原型原色原味，这已经超越了传统细分市场的方法，而是火腿肠细分品类当中的一次大的跨越。产品一投入市场就获得受到年轻女孩和小学生们的疯狂迷恋，产品在各大卖场、超市甚至街头小店都有铺货，销售异常火爆！产品当年即成为双汇集团高档肉制品的拳头产品，占据了高档肉制品总销量高达 1/5 的比重，为企业创造了高额销量和利润回报。

而双汇“西瓜火腿”则是凝聚了双汇人更多智慧的一款战略新品，当一只只小小的、圆圆的火腿身披着一条条绿油油、粗线条西瓜纹理外衣出现在消费者面前的时候，不仅让消费者感到新奇，更是吸引了无数孩子的目光，西瓜火腿更是成为双汇的拳头产品，给双汇带来上亿的利润。

双汇集团紧紧把握肉食消费新的变化趋势，了解消费者对肉食品的潜在需求，观察他们食用肉食品的全过程和心情与态度变化，以捕捉到消费者最细小、最难以被觉察到的需求。本着“研制一批，上市一批，储备一批”的新产品开发原则，不断加速新产品的研制与上市步伐，每月新推向市场的产品高达数十种。

2. 体验营销，引爆大创意

在消费者越来越挑剔的今天，如何吸引新顾客和保留老顾客成为营销的首要任务。为提升品牌影响力，双汇开展“体验营销”，双汇集团分别以全国 11 个生产基地为核心，同时展开体验营销活动，范围覆盖 100 多个城市，累计参与人数达到十多万人。

通过让消费者参观生产车间，满足了广大消费者一直对双汇品牌的支持和期望，使消费者更加信赖双汇的产品安全，利用“体验营销”的营销方式双汇不仅实现了“淡季不淡”，而且促进了双汇产品的顺利推广和正常销售。

3. 拍摄动画片，吸引青少年

2012 年 8 月，经过一年的努力，由双汇集团投资拍摄的《双汇大森林》动画片已经完成第一部的制作。据了解，在这部动画片中，双汇集团将 10 大战略新品设计成卡通形象。从卡通创意设计到剧本、动画合成乃至到后期合成，制作方都精刻细雕，力求完美。

这部片子不仅体现了双汇加大企业文化建设、提升企业软实力的决心，更将增强双汇产品美誉度，也把双汇的企业文化和品牌形象根植于消费者特别是青少年心中。

4. 整合产业链，降低风险

在肉业市场竞争日益激烈的形势下，发展全产业链模式已经势在必行，双汇集团为保障资源优势，在规模化、产业化的企业思路指导下，从产业链源头做起，上游经过种植与采购、贸易及物流、食品原料，下游进行饲料原料的加工、养殖屠宰、加工、分销及物流、推广、销售等每个环节，实现食品安全可追溯，形成安全、营养、健康的食品供应全过程。不断拉长产业战线，加速了全产业链的扩张。

大农业模式启发

上游原料成本和下游渠道费用的挤压，让企业产业链向上下游延伸，很多企业开始整合资源，布局全产业链。双汇依靠资源优势做全产业链，并且利用体验营销，玩转创意，打通了从生产到营销的“全产业链”。大农业模式企业都应该立足自身资源，进行整合，制定符合企业自身的营销战略，构建“产业链＋立体营销”模式，将市场主动权牢牢握在自己手中。

第三节　老干妈：“饥饿式营销”打造60亿销售神话

案例描述

贵阳南明老干妈风味食品有限责任公司位于贵阳市南明区龙洞路，成立于1996年，企业占地20 000多平方米，是全国知名企业，国家级农业产业化经营重点龙头企业。

“老干妈”成立以来，企业创始人陶华碧女士的带领下，已形成日产量120万瓶辣椒制品的生产能力，主要生产香辣酱、风味豆豉、油辣椒、鲜牛肉末、水豆豉、风味腐乳等20余个系列产品，是目前国内生产及销售量最大的香辣制品生产企业。

几年来，“老干妈”由于企业质量管理体系的建立和质量管理工作有效地实施，使历年来产品的各项指标都达到国家卫生、质量标准，产品出厂合格率始终都位于同行业榜首，先后被授予“全国食品行业质量效益型先进企业”、“检验合格企业”、“全国乡镇企业质量管理先进单位”、并顺利通过了ISO9001：2000质量体系、ISO14001：1996环境管理体系，HACCP认证。

1998年，“老干妈风味豆豉”被评为贵州省名牌产品。

2000年，国家农业部评为“全国乡镇企业质量管理先进单位”称号。

2001年，中国食品工业协会评定为“中国农业产业化经营20大龙头食品企业”称号。

志起未来点评

2011年，“老干妈”销售额创下了超过60亿元的业界神话，这不仅稳定了老干妈佐餐品行业的巨头地位，更是延续了“老干妈”在香辣酱领域的代表企业地位。

而这一切的成功，源于老干妈采用的“饥饿式营销策略”，并延伸产品线进入腐乳领域，跨界竞争，与“王致和”形成了直接竞争。由此，“老干妈”的产品竞争力和品牌影响力开始由香辣酱领域的绝对优势逐渐向佐餐品行业的全领域进行全线延伸、扩展。

可以毫无疑问的说，“老干妈”的发展史，就是香辣酱佐餐品行业的发展史。那么，我们一起来看看老干妈是怎样推动了佐餐品行业发展的？业内，把这称为佐餐行业的“老干妈印象”。

1. “老干妈”印象

a. “老干妈”成为香辣酱的代名词　在佐餐品行业，多年来可以说“老干妈”是一枝独秀，持续的终端传达，形成了消费者的固定印象：“老干妈”逐渐成了香辣酱的代名词，成为佐餐品行业的代表，其印象深入消费者记忆深处，成为首选品牌。多年来，他人难以突破。

b. “老干妈”的模式成为行业的样板，成长路径无数次被复制，渐成行业发展路线　由于强大的品牌影响力，“老干妈”成为佐餐品行业的“领军者”，很多同行业者说，不管我们怎么调整、改善都难以跳出“老干妈”定下的固有商业模式，这已成为了我们行业的样板！而“老干妈”的成长路线，也就是佐餐品行业的发展路线，已被无数次进行拷贝，陶老师（“老干妈”创始人）是我们行业的“领袖”！有今天的成绩，不得不说“老干妈”在多年的发展中逐步形成了具有自己独特的鲜明旗帜的成长路径。

c.“老干妈”的瓶型和头像瓶贴，引领了整个佐餐品行业的包装形象

“老干妈”的瓶型用了很多年，一直坚持成本领先观念的龙头老大，而在这行业很多后起之秀，也在瓶型上没有太过明显的改变，基本上是和“老干妈”一脉相承！

而“老干妈”陶华碧的头像瓶贴也是一样，不仅成了瓶装酱类制品的标准构图模式，同时，也成了佐餐品行业的标准模式，引领着整个行业的包装形象。

d. 走调味品渠道和展示路线，产品主要成分不变，行为行业操作潜规则

脱胎于调味品的“老干妈”佐餐品，从现代通路的运作开始，就借用调味品的传统渠道和展示销售路径，取得了很大成功，行业内后起者，全都拿来直接应用，从而避免了前期摸索时间和探索成本。

“老干妈”地处“黔”，这独有的地理特征，将“豆豉＋油炸辣椒”的调配佐餐习俗深刻的植入当地每位百姓心中，其所代表的香辣佐餐酱基本以“浓香”，油多为特征；以“微辣”和“适口咸”为辅助，构成了百姓味蕾的“铁三角”。其他风味佐餐酱在口味调配时也都是依循这种产品组合模式，突显出良好的市场表现，更成为佐餐品行业操作的潜规则，多年来，成为打不破的惯例。

可以说，“老干妈”香辣酱珠成功，不仅形成了“豆豉＋油炸辣椒”这一基础的佐餐酱成分构成，更是成就了香辣豆豉今天的全国化局面。

2.“老干妈”的五大竞争优势

a. 香辣酱品类的代表，逐渐成为极具代表性的佐餐品强大品牌力

在佐餐品行业，至今还没有一家企业能够超过“老干妈”，拥有强大的消费者认知；“老干妈”利用消费者认知所形成的强大品牌势能，构建起对渠道的强大话语权，同时，利用这些品牌势能和有效的营销策略，“老干妈”在和

调味品渠道的博弈中始终处于优势地位。

b. 每年20%以上的高增长比率和几十亿的销售强势，成就行业龙头优势

2011年，“老干妈”一年销售额创下60亿元的神话，成为销售的巨大强势，加之其每年20%以上的高增长率；现实的规模和未来的预期，都让“老干妈”在广泛联系上游原料中处于优势地位。因此“老干妈”在原料供应、品质、价格等方面都具有一定的优势基础，成就了其行业的龙头地位。

c. 百年传统味道华丽变身，“老干妈”打造佐餐品业口味“铁三角”

多少年来，香、辣、咸一直是中国消费者的普遍性的口味，“老干妈”不仅拥有这三种口味，更是对这三种口味进行结构性的调整，突出香味，以微辣和适口咸为辅助，构建起具有“老干妈”特色的独有口味，并逐渐成佐餐行业的口味“铁三角”，成为行业内标准性口味，获得了行业认知和市场份额。

d. 产品线较齐全，占据主流价格带，形成上下游的绝对封杀局面

“老干妈”占领了佐餐消费群体的习惯性消费支出的主流价位区间：5～6元/瓶，7～8元/瓶，9～10元/瓶。同时，利用强大的终端消费者品牌认知，构建起对主流消费群体的有效满足。这样，“老干妈”通过充分利用规模优势、品牌优势的综合力量把跟随者封杀在上下两极区域，最终形成竞争对手无论从力量积累还是从规模发展上都难以真正形成对“老干妈”的挑战。

在“老干妈”价格带封杀带的影响下，很多企业采用了上行路线，贴近“老干妈”价格带，寻求一定的发展空间，这些企业大多采用“消费群体定位”的目标市场差异化策略走学生路线、礼品路线、特产路线等，也取得了一定的发展，但是整体来看，和“老干妈”的差距越拉越远。

e. 独有的“饥饿式营销”策略模式，全面提升品牌度

“老干妈”在早期市场运作时，发现了一个现象：无论是经销商还是消费者，他们越是得不到的东西，越想得到；越是满足不了的需求越会挖空心思去满足；并且需求在饥饿状态下，会呈现无限扩张的倾向。因此，一向聪慧的“老干妈”将这种迫切的饥渴的需求，转化成“饥饿式营销”策略模式，一方面延展、扩大了市场规模，提高了销量；另一方面通过饥饿感的创造，提升了消费者和渠道商的品牌忠诚度。

大农业模式启发

曾有一条消息：在中国，一瓶 280g 的“老干妈”辣酱，价格为人民币 7.9 元；而在美国，亚马逊卖到 3.9 美元（约人民币 24 元）。去年七月，美国奢侈品电商 Gilt 更是把“老干妈”奉为尊贵调味品，限时抢购价 11.95 美元两瓶（约人民币 37 元/瓶）。

这条消息，不仅是“老干妈”做为特色农副产品加工龙头企业的无限骄傲，也让亿万中国人在世界上扬眉吐气，这不禁让人想起在“老干妈”贵州总部内，几瓶辣酱矗立在长城和雾霭之间，“创民族品牌、立千秋大业”十个大字若隐若现，再配上黄、红为主的暖色调背景，这就是一家现代农业企业解不尽的文化底蕴！

中国农产品第一策划团队志起未来认为，“老干妈”的成功，是中国特色农副产品加工业走向高端化、类奢侈化的最好表现和佐证，它具有三大作用：

1. 在中国经济崛起下，推动农业企业带来的文化和消费自信与回归，农业是立国之本，农产品深加工企业一定是要把消费者的绝对感受放在第一位的，只有真正满足消费者的需求，企业才能有更好发展。

2. 拉动中国消费整体结构的再度升级，大众不再只是满足吃饱，更是要吃好、吃出独有的品味，这不单单是味蕾的触动，更是农业企业从文化到品牌，从战略到市场的全面体现。

3. 在人们越来越关注品牌效应的今天，在大农业模式下，品牌也绝对成为农业企业竞争的关键要素，成为其发展的核心驱动力。

“老干妈”作为农业龙头企业，正是起到了这三个作用，在佐餐品行业，“老干妈”成为最有话语权的代言者，其是用自己一步步走向成功天梯的路途佐证了：因时而变，顺应消费者的需求，是打破旧秩序的不二法则。

业内都知道“老干妈”创始人陶华碧曾有句经典话：“有多大本事做多大事，我的永久保护伞就是踏实经营”，如今，“老干妈”的产品和这句话一样，味道踏踏实实，让百姓吃的实实在在，正是这些，成就了“老干妈”今天在佐餐业的“龙头”企业地位！这正是：滴水成河，粒米成箩！

第四节　涪陵榨菜：百年企业玩转战略新品

案例描述

重庆市涪陵榨菜集团股份有限公司是一家以榨菜基本原料，立足于在佐餐品行业从事深加工的企业，现有注册资本 15 500 万元。依托涪陵地区为涪陵榨菜的原产地域优势，经过 20 多年的生产经营，公司已形成年产 10 万吨榨菜产品的自有产能，成为农业产业化国家重点龙头企业，重庆市高新技术企业。

公司旗下“乌江”牌榨菜先后获得“中国名牌产品”和“产品质量免检证书”、榨菜行业首枚“中国驰名商标”、“消费者最喜爱产品”、“消费者信得过商品”、“重庆市名牌农产品”、“最畅销产品奖”等荣誉。

乌江产品先后通过了原产地标记注册、ISO9001—2008 国际质量管理体系认证、HACCP 和 QS 认证、美国“FDA 认证”。

然而，涪陵榨菜集团不甘已有的成绩，在产品质量和品牌塑造上更加追求精益求精，在榨菜行业面临升级严重滞后，而榨菜成为人们首选的快速消费品，作为知名榨菜企业，涪陵集团也渐渐发现了企业的问题所在：

1. 业内竞争非常激烈，市场上的价格大战不断，行业竞争走入恶性循环，利润越来越薄，产业品质也每况愈下，在这种情况下，涪陵怎么样寻求新的突破？

2. 如何做出乌江自己的品牌？如何借助品牌推动销量？如何提升品类的价值感？如何实现品类的升级？这一系列的问题，都成为涪陵急需迫切解决的！

3. “乌江”榨菜的老包装设计传达信息过于庞杂，地域感不强，品牌主要元素不够突出，大大的削减了乌江榨菜的品牌竞争力！

志起未来点评

带着这些问题，涪陵集团带着著名的“乌江”榨菜品牌，辗转找到志起未来，作为中国农产品策划第一团队，志起未来认为：榨菜是我们餐桌上最为常见但也最易被忽视的佐餐食品，消费者在选择榨菜时往往比较随意、不太重视品牌，而整个行业在品牌的塑造方面也相对比较弱。

所以，要想开创乌江自己的品牌，开启榨菜行业的新纪元，涪陵集团必须要：

1. 创造差异化营销概念

这是一个亘古不变的原则，哪个品牌最先解决了这个问题，这个品牌就最有可能成为行业的领袖品牌。涪陵深知乌江品牌需要占领榨菜品类的核心资源，那么，什么资源是需要去占领并控制的？为此，乌江做了深入的市场调研。结果显示，消费者在选择榨菜时最关注的因素是“鲜”和“脆”，这也是他们评价榨菜好坏的重要标准。而实现“鲜”和“脆”的方法就是榨菜最有特色的工艺——榨菜。

2. 控制榨菜的核心工艺，占领品类核心资源

乌江榨菜在生产的过程中经过了三次的清洗，三次的腌榨，于是依据生产过程，乌江进行机理包装：三清三洗，三腌三榨，并把产品名定为“三榨”，继承了榨菜的优质资源，又区别于普通的榨菜，摆脱了消费者对榨菜低价值的认知，取得了定价的主动权。通过对价格的调整，现有产品的利润率大大高于原有的老产品，企业盈利能力加强，也推动了整个行业水平的提升。

3. 借力强势媒体，小产品要做大品牌

志起未来的资深营销团队看到，榨菜行业困境重重，而要突出重围，做大市场，就不能再走低价恶性竞争的老路。乌江集团必须率先在业内打响一场“创造品牌，提高产品价值和竞争力”的品牌战，才能力争完成质的飞跃。

思路确定后，乌江开始大力实施品牌战略。虽已经是行业中的领军者，但目前飞中国腌酱菜市场依然表现为混乱、品牌分散，想要建立一种“榨菜＝乌江”的高关联性、高提及度、高识别度，达到让其他品牌榨菜只能望其项背的高度，只能在品牌战略有更多的突破。

4. 抢占传播制高点，赢得战役首胜

基于此，志起未来无数次与集团进行智慧的碰撞，通过一次次的专家反复论证、内部不断研讨，在无数次头脑风暴后，乌江高层终于做出大胆决策：涪

陵选择了与“中国最有号召力的声音”——中央电视台联手，买下了最强势资源——《新闻联播》后到《天气预报》前的黄金招标段进行全面投放广告，这一出奇的决定，让乌江在一夜之间迅速被千家万户所牢记。

5. 量到质的双重跨越，乌江打造中国榨菜最强震撼力的品牌声势

首战的告捷，让集团看到了光明的未来，兴奋点慢慢冷却后，志起未来和集团人都深深看到，作为在行业内率先打响品牌战的企业，渠道实力才是最最关键的支撑点，同时更是真正决定企业成败的“胜负手”。

要实现真正意义上的渠道实力强化，乌江必须要完成经销商从数量到进货质量的两个飞跃。首先是必须在短期内迅速扩张经销商数量，尤其是巨有强大进货能力的大经销商，以形成显著增长态势，再就是每个经销商的进货量，和持续经营投入量的增长，必须也要形成明显增长，要完成这两个目标，在国家级媒体投放广告，正是在全国市场迅速强化渠道实力的最好杀手锏！

站在央视最高端位置，乌江看到：CCTV 广告拥有几个天然的标签：实力、品质、诚信、活力。而这些优良的媒体素质，正是帮助企业快速赢得经销商拥护最有力法宝。

于是，乌江开动马力，大造声势，将传播的声量开到最大，在消费者内心打造了中国榨菜界最具震撼力的品牌声音，给经销商、批发商、零售商营造了值得信赖的认同感；同时以一种难以逾越的高度，形成了品牌竞争力的有效封杀，让后来者无法轻易超越，进一步巩固了乌江行业的领导位置。

在品牌 3.0 时代，品牌成为市场的第一生产力。谁能真正运用品牌，突破消费者原有的心理价位，谁就最有可能成为行业的领袖，产出巨大的新利润。而品牌的塑造离不开公关活动。过硬的产品，强大的媒体资源，先进的理念是成就品牌的关键。

在志起未来的全案策划指导中，乌江终于从困境中突围成功，实现了华丽转身，以简洁大气、富于地域特色又不失王者之风的全新包装取得了品牌战的全面胜利，志起的全新的战略定位和品牌策略，将“中国榨菜在涪陵，涪陵榨菜在乌江”的地域名片深深地印在了消费者心中，迅速帮助乌江榨菜巩固并提升了品牌行业竞争力，确立了其榨菜业龙头老大的地位。

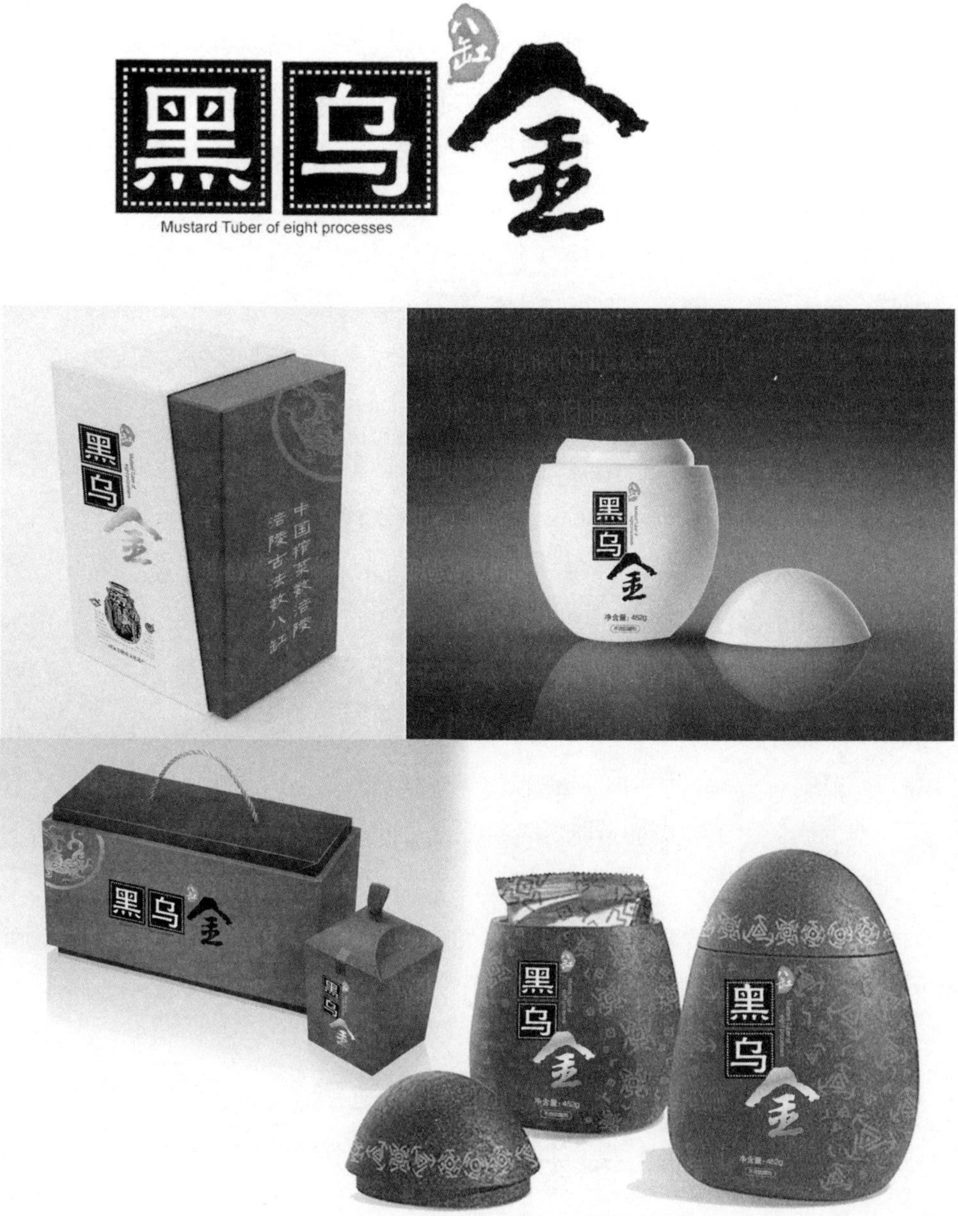
黑乌金
Mustard Tuber of eight processes
中国榨菜数涪陵
涪陵古法数八缸

大农业模式启发

农产品深加工企业的竞争，在没有品牌的时代，大家站在同一水平线上，当品牌来临时，各品牌之间又存在很大的共性。原材料暴涨、劳动力成本上升、市场竞争日益加剧，这种种困境下，企业如何才能增强抗风险能力，降低成本，获得高于行业的利润，提高产业价值呢？答案只有一个，那就是打造持续为企业带来利润的战略新品，实现农业产业链与规模化的齐头并进。

从公元1898—2013年，115年风云变幻，历史跌宕，乌江榨菜经百年岁月酝酿，早成中国酱腌菜行业当之无愧的领军者。百年经典，生生不息，创新不辍，我们相信，奇迹因英雄而生，乌江榨菜，110多年历久弥新，生有尽、业无涯。

公司致力于为消费者提供绿色、健康、美味的开味小菜，立志成为佐餐品行业的领导者和大型航母，引领行业跨入农业现代化。

作为龙头企业，涪陵榨菜集团有限公司注重农业上中下产业链的建设管理，让整个链条高度整合，一体化协作。公司采取“公司＋基地＋农户”的形式，始终以基地建设和带动农民致富为己任，成立了原料基地管理部，专门从事上游产业的建设和管理，明确了其三大职能，即原料基地发展建设、加工户管理和原料收购管理，带动了产业发展、移民就业和农民增收，为当地经济和农林社会发展做出了积极的贡献。再一次走在了行业的最前沿，成为中国佐餐品行业的绝对领导者。

难怪涪陵集团这样评价志起未来：“正是你们让乌江重新认识了自己的独特价值!”

第五节　八缸：榨菜的逆袭，中国最牛榨菜策划案揭秘

案例描述

重庆市涪陵宝巍食品有限公司是榨菜企业中的佼佼者，不过，在其他品牌

的夹击下企业几乎无法生存。

通过全新的战略定位、产品包装设计、品牌传播推广，志起未来帮助宝巍推出了战略新品“黑乌金”。“黑乌金”以弘扬传统文化、振兴古法工艺为使命，在传承古法基础上创新颇多，原材料选用季初茬鲜嫩小榨菜嫩头，历经一洗、二沁、三腌、四滤、五淘、六榨、七拌、八封8道工序，再封缸倒匍坛两三年乃至五年，最终变作黑得发亮乃成。

2013年1月10日，中国西部国际农产品交易会上，重庆市涪陵宝巍食品有限公司，每袋只有100克价格却高达100多元的“八缸黑乌金”榨菜引爆了现场媒体。目前，“黑乌金”榨菜已进入“重庆十大礼品”之列。

志起未来点评

当时榨菜主要有大众和礼品两大市场，其中，市场第一品牌——乌江以绝对优势，雄居领导者地位；第二阵营已被鱼泉、国泰、辣妹子、铜钱桥四大品牌占据；与此同时，竞争对手纷纷发力掘金礼品市场；其余品牌跟进搅局，市场竞争局面异常激烈。

志起未来在深入研究市场、企业的发展状态和模式之后认为：大众市场领导者乌江“以大取胜”，即大规模、大众化、大网络、打分销、大传播。运用文化营销、明星营销与联合营销三大策略，打响原料战役、工业化战役、品牌战役和通路管理战役四大战役。

宝巍作为涪陵众多榨菜企业中的中小企业，和乌江、辣妹子等榨菜巨头竞争显然是不利的。而高端礼品市场，大部分是“伪高端”，宝巍还有机会！

志起未来建议宝巍坚持做高端礼品榨菜，打造中国榨菜里的第一高端礼品品牌。鉴于此，志起未来宝巍项目组化繁为简，将整体策略概括为“六个一”工程，即一款战略新品、一句品牌诉求、一个品牌符号、一组鉴别标准、一个产地神秘工程、一套传播方案。

1. 一款战略新品

纵观宝巍产品以往的销售其中当属“八缸”和黄玉业绩最好，费者认知度最高，品牌联想度最佳。如何在八缸“和黄玉”品牌成功的基础上继续发力，推动企业迈向更高的台阶？

地域？文化？独特工艺？原料优势？宝巍都有，而且还有“真材实料”！在调研中对比普通腌制榨菜和宝巍的风脱水倒匍坛古法榨菜之间的区别，发现好榨菜其色泽更深厚，口味更浓郁，营养吸收更好。那么，比和黄玉更高级的是什么？

黑乌金！与产品的色泽黑亮相呼应；与产品系列和黄玉相衔接；与目标人群的认知相结合。借用乌金的尊贵体现产品，目标群体的需求与价值观相吻合，尊贵、大气。用古法工艺之八卦法则来阐释、演绎黑乌金品牌内涵：“当季初茬鲜嫩小榨菜愣头青；2 月自然江风脱水；八卦法则古法工艺；8 缸腌榨；2 年 &3 年 &5 年封缸倒匍坛。”

黑乌金，古法榨菜战略新品就这样诞生了！

2. 一句品牌诉求

如何让八缸黑乌金品牌浮出水面释放出璀璨价值？还需要一个闪闪发光、让消费者尖叫的品牌传播诉求！志起未来认为，可“借势乌江，成就自我”。“中国榨菜数涪陵，涪陵古法数八缸”，借助人们最中国榨菜之乡——涪陵的地缘认知，与其他榨菜品牌相区隔，树立古法榨菜的市场地位，建立产品特色。

3. 一个品牌符号

挖掘塑造“中国古法榨菜传承人”，打造国家非物质文化遗产传承人，迄今为止从业最久的大师级榨菜王。传承榨菜前千古法工艺，大师级传承人物，榨菜王传承世家。

4. 一组鉴别标准

什么才是真正的古法榨菜，古法榨菜有哪些标准？如何鉴别？从这个角度，志起未来宝巍项目组也制定了一套古法榨菜的鉴定标准：一摸二看三品。

一摸：古法榨菜手感温润，弹力十足水份少。

二看：古法榨菜圆润厚重，色泽深厚质感好。

三品：古法榨菜肉质肥厚，嚼劲好、回味足。

5. 一个产地神秘工程

在以上基础之上，打造一个“黄金产地，窖藏文化”神秘工程，为中国真正古法榨菜发源地。“中国榨菜博物馆，国家非物质文化遗产，中国古法榨菜传承人，倒闸坛古法制作工艺“黄金产地，窖藏文化”，构建八缸黑乌金古法榨菜品牌防火墙。

6. 一套传播方案

从宝巍现有的资金和资源出发，结合黑乌金战略新品的策略，志起未来为宝巍量身订制了一套传播方案：高举高打，通过“两会一事件”，打造“三位一体巧传播”工程。

两会：中国西部（重庆）国际农产品交易会、八缸黑乌金古法榨菜战略新品发布会 & 客户答谢会。

一事件：政府公关——致重庆市委书记的一封感谢信。

大农业模式启发

对于初级加工型农产品，想要卖出好价钱，卖出高档、高品质感是不容易的。当企业发展到一定规模，如何实现进一步突破？志起未来认为，企业需要聚焦再聚焦，打造在未来 3～5 年能给企业提供 80%销售额和绝大部分利润的战略新品，深挖产地文化资源，利用事件营强势出击，推广产品。

第六节　广东鱼罐头：三大品牌彰显超凡实力

案例描述

准确讲，广东鱼罐头是一个以甘竹、粤花、鹰金钱三大品牌为主的集群发展产业。

1. 广东甘竹罐头有限公司，成立于 1988 年，经过 18 年的努力拼搏，现已发展成为佛山市农业龙头企业，规模宏大实力雄厚，年销售额早已超过 5 亿元，成为广东鱼罐头行业名副其实的领军企业。

公司投资近 4 000 万元建设了占地 140 亩的新厂房并引进国际先进设备，2005 年 1 月正式投产。

卓越品质，塑造经典品牌是公司的理念。生产的甘竹罐头甘香可口，18 年来一直都赢得广大消费者的信赖和钟爱。

2005 年度甘竹集团总销售额达 10 亿元，上缴国家税利约 4 000 万元。2005 年广东甘竹罐头有限公司主营业务收入占 3 亿多元。

目前，甘竹主要生产鱼类罐头、肉类罐头、甜玉米罐头、蘑菇罐头、营养粥罐头以及凉茶饮料，辖下拥有“广东东方管业有限公司”、“广东东方面粉有限公司”、“广东东方树脂有限公司”三家实体企业。

2. 粤花成立于 1987 年，佛山市农业龙头企业，国家指定罐头出口定点生产企业，中国罐头工业协会常务理事单位，著名出口品牌“珠江桥”牌豆豉鲮鱼的指定生产企业。

粤花长期以来积极开发符合市场需求的罐头新品，不断开拓国内市场，坚定走品牌发展道路，经过二十多年的发展，粤花的产品由原来单一品种的鲮鱼罐头发展到目前拥有鱼类、肉类、水果类三大类罐头系列产品，其中粤花牌豆豉鲮鱼罐头和广东凤尾鱼罐头是粤花的拳头产品。

3. 广州的鹰金钱：是广州国有食品生产经营企业，前身为广东罐头厂，始建于 1956 年，1958 年 8 月投产，是国家“一五”期间广东省重点建设的大型企业之一。

1994 年，更名为广州鹰金钱企业集团公司。在广州轻工食品工业产品结构调整背景下，鹰金钱先后吸收、兼并了广州轻工属下近 10 家食品企业。

2008 年年底，鹰金钱按照广州市城市发展规划要求进行易地搬迁，在广东从化经济开发区建立了具备当时国内最先进的水产罐头生产设备的水产罐头示范性生产基地。

目前，鹰金钱主要产品有水产类、肉类及饮料类等，水产罐头是主攻方向，包括豆豉鲮鱼系列、豆豉鱼系列、凤尾鱼系列、沙丁鱼、金枪鱼等几十个品种，其中，“鹰金钱”牌鲮鱼罐头仍是其最核心的产品。

志起未来点评

据调查，国内鱼罐头生产企业大多分布在辽宁、浙江、广东和福建等沿海省份，其中，辽宁、浙江和福建地区的鱼罐头主要以带鱼、沙丁鱼等海鱼为主要原料，然而若论产值规模和市场占有率，就要数以鲮鱼、鲫鱼等淡水鱼为主要原料的广东鱼罐头。

广东的鱼罐头企业主要分布在佛山、广州、汕头等地，总数约有 30 家，行业规模约在 15 亿～20 亿元，其中 60％以上的销售都来自于鲮鱼罐头，最有实力的是佛山顺德的甘竹、粤花和广州的鹰金钱三家。他们在全国市场的占有率明显占优，在品牌化运营上也始终走在整个集群的最前面。

鲮鱼罐头之所以在广东鱼罐头市场占据主导地位，和鲮鱼肉质细嫩，存在历史长有很大关系。

也正因如此，鲮鱼罐头一直都被视为广东鱼罐头的标志性产品。特别是随着“鲮鱼油麦菜”等经典粤菜的流行，广东的鲮鱼罐头早已成为国内鱼罐头领域的第一。可以说，是鲮鱼罐头真正成就了广东鱼罐头的行业地位。

粤花和鹰金钱都是鱼罐头的老字号，而 1988 年才成立的甘竹算是后起之秀。然而，甘竹的体制灵活性和团队进取心较之前两者要更为突出。从一开始甘竹就重视国内外两个市场的均衡发展，坚持两条腿走路，合理利用顺德水乡丰富的淡水鱼养殖资源，凭借国内市场的有力支撑，依然保持了稳步而快速的增长。24 年来甘竹产品北到东三省，南到海南，西至新疆，经过多年的悉心经营才建立起一个全国性销售网络。

继鱼类罐头后，甘竹注重新品的持续、成功开发，引进先进的玉米粒生产线，并开发罗非鱼罐头，获得不错成长，成为新的增长点。

然而，我们也必须看到，广东鱼罐头还存在着很多问题：

1. 集群发展面临边缘化风险增大的困境

广东鱼罐头的边缘化风险正在增大，有沦落为特色食品的可能，这不仅阻碍了现有企业的生存和发展，也限制了新企业的介入和成长。产品同质化、人群小众化、渠道单一化和营销简单化，以及过于聚焦一个本身存在发展硬伤的核心产品都是导致这个困惑的基本原因。

广东的鱼罐头从包装、工艺，到内容物，再到风味，与 20 年前几乎一样，长期一成不变的马口铁包装易形成消费审美疲劳，品牌形象无法随着消费市场的升级完成相应的改变。而口味上，这些年也并没有一个大的突破，鱼罐头的经典渐渐变成了古典。

2. 营销简单化，缺少必要的互动沟通

目前鱼罐头的营销现状处在放任自流的状态，既没有强有力的推广，也没有巧妙的促销，大多数品牌的鱼罐头都是简单地陈列在货架上，等待消费者自行寻找和选购。实际上，正是这种没有互动沟通的营销现状更进一步加剧了鱼罐头的边缘化，使其演变成了如一部分业界人士所说的“夕阳产业”。

这种认知在相当程度上妨碍了消费者的购买选择。这是鱼罐头长时间没落的重要原因。

大农业模式启发

我们都知道，在农产品深加工领域，有关海鲜品的深加工和季节、产品原料有着很大的关系。从广东鱼罐头这些年的发展史，我们看到，广东鱼罐头存在着硬伤。那就是作为整个集群核心产品的鲮鱼罐头遇到产能限制。鲮鱼的生长周期慢，养殖周期更长，通常一年只能收获一季，因此产量一直不稳定。这就导致广东鱼罐头企业在原料采购上始终存在较大缺口，由此便限制了鲮鱼罐头的扩张步伐和渗透力度，进而影响到整个广东鱼罐头的空间拓展。

我们仔细看不难发现，这其实是一个产品和行业定位的问题。鱼罐头，甚至整个罐头行业，该如何重新定位和细分市场，如何制定产品战略，树立品牌，并付诸推广，这是广东鱼罐头生产厂家需要仔细考虑的。

第十四章

大农业经典案例：农产品连锁

我国农产品连锁经营还处于探索起步阶段，主要形式有农产品专卖店、农产品超市或者超市专柜、农产品超市＋基地，农产品超市或连锁专卖店＋加工企业＋基地，超市＋中间企业/配送企业＋基地或农业组织。农产品连锁经营有助于提高农产品质量、降低价格，避免传统经营方式的弊端；有助于实现农产品的产销对接；有助于农业产业化发展。

发展农产品连锁经营必须在政府的引导、支持下，依托农产品龙头企业和深加工配套产业，延长产业链；建立农民合作组织；提高供应链管理水平；创新农产品连锁形式，提高连锁经营管理水平。

第一节　WFM：美国有机超市WFM的扩张之路

案例描述

1980年9月20日，四位创始人在得克萨斯州的奥斯汀联合创立了第一家WFM超市。1991—2005年，公司的净收入的复合增长率达到了37.4%。1996年，WFM在纳斯达克上市，而公司的股票价格从2000年年底的30美元增长到2005年年底的152.5美元。

现在的WFM在北美与英国拥有超过300家连锁店，拥有9个配送中心和超过54 000名员工，已经成为世界天然有机食品连锁超市的领导者。

志起未来点评

1. 通过并购实现扩张之路

自1984年起，WFM开始了扩张之路。1986年10月，公司收购了达拉斯的Bluebonnet天然食品店，20世纪90年代，WFM逐渐扩张到休斯敦、新奥尔良、加利福尼亚等地区，收购了多家天然食品连锁店；2002年进入加拿大市场；2004年通过收购7家Fresh & Wild食品连锁店进入了英国市场。WFM通过兼并实现了急速扩张。

2. 有机概念爆发品牌价值

1990年1月，WFM开发了主打高质量有机产品的自有品牌“Whole Foods”，并取得了巨大的成功。WFM只售达到它们自己设定的质量标准的“天然”产品，即经过极少加工的，无氢化油脂、人工香料、色素、甜味剂、防腐剂的食品。另外，WFM还销售许多经美国农业部（USDA）认证的，做到环境友好、生态负责的有机产品。WFM宣称将不会销售克隆动物及其后代的肉或奶，即使美国食品及药物管理局（FDA）规定它们是安全的。据了解，这家公司还长期被评为最具社会责任感的公司并在美国环保署（EPA）公布的绿色电力伙伴前25公司中名列第三。

大农业模式启发

WFM通过有机超市概念爆发出强大的品牌价值，不仅提升了品牌知名度也让品牌有机超市成为全世界争相效仿的模式，从而走出一条自己的大农业模式之路。

第二节　好想你：从0到12亿的连锁大王

案例描述

借助红枣传统的文化根基和礼品销售模式，“好想你”枣业股份有限公司从河南新郑的乡村快速走向全国，将地方特产做成全国的知名品牌。在全国，“好想你”枣业开出逾2 000家店，2012年发展目标是实现营业收入8.97亿元，实现归属净利润1.00亿元。

志起未来点评

“好想你”枣业急需从区域特产型产品的定位向现代食品企业转变。“红枣＋包装＝好想你”这种模式没有太多技术含量，很容易被其他品牌模仿。没有在同业中竖起自己的竞争壁垒，反而在价格上不如其他品牌有优势，所以，“好想你”也在不停的谋求转型。

1. 玩转电子商务，产业链资源整合

传统企业做电商，犹如突然进入一个全新的领域，没经验、没人才，步履艰难，如何在新的电商竞争中取得成功，成为传统企业面临的新问题。“好想你”与中国网库联合打造中国红枣交易网。中国红枣交易网从细分行业角度出发，实现了红枣行业产业链资源整合，确保了网站的专业性，从而改变了其他枣业网站只是发布枣产品信息的状况，成为行业领头羊。此外，“好想你”枣业通过中国红枣交易网可优先抢占网络资源、实现最大化网络推广，大大提高了品牌知名度。

2. 玩转渠道创新：品牌联姻拓市场

2011年年底，“好想你”与文新信阳红茶叶公司达成合作，二者将在全国开设1万家连体经销店。两者都主打中高端消费者市场有相同的品牌定位，两者在河南市场都是河南省的农业领军品牌，有相同的文化属性，好想你加盟店销售额占90%以上，亟须通过建立直营店直控终端；而文新信阳红现有的销售渠道也主要是专卖店。二者有重叠的销售渠道，联合起来在全国开拓经销店，可谓是相得益彰。枣制品行业老大和信阳茶企领导品牌的合作珠联璧合，为双方共赢打下基础。

3. 玩转文化资源：做大枣文章

依托新郑红枣的产地资源，"好想你"筹建了全国第一个红枣博览中心，借助新郑红枣历史文化，"好想你"在当地连续举办了八届红枣文化节，古韵悠长的打枣仪式，与黄帝故里拜祖仪式相得益彰，结合现代化的生产车间，被国家旅游局认定为全国观光工业示范点，成为河南的生态特色旅游景点。为了提升枣树开发价值，"好想你"请人把废弃的大肚子枣树雕塑成一座座栩栩如生的佛像被称为"万佛苑"。与河南少林寺这个文化遗产交相辉映成为河南宗教旅游的一大景点。好想你深挖红枣文化资源，做大红枣文章，不仅提升了企业知名度也是对红枣文化的延伸。

大农业模式启发

对于大农业模式企业来说，电子商务作为一种全新的营销方式在企业竞争中扮演着越来越重要的角色，当企业做大做强时就需要要深挖文化资源，提升品牌内涵，打造企业核心竞争力。但是当企业营销遭遇困境时，不妨利用联合营销提升企业战斗力。联合营销是个体营销进入瓶颈后的一个重要突破口，也是小品牌联合做大的一种有效途径，值得各个品牌仔细琢磨和尝试应用，也许会打破营销的玻璃天花板，收到意想不到的好效果。

第三节　好当家：引领消费需求的"中国第一海参"

案例描述

好当家集团有限公司坐落于山东半岛最东端——荣成市。创建于1978年的好当家，经过 30 年的不懈努力，现已发展成一处集远洋捕捞、水产养殖、食品加工、热电造纸、滨海旅游等产业为一体的大型国家级企业集团，形成了渔工贸、产学研一体化的综合性经营格局。集团现拥有直属企业 50 多处，其中国内 A 股上市公司一家，职工 10 000 多人，总资产达 35 个亿。

志起未来点评

目前好当家在全国的专卖店已发展到 200 多个。这个 1998 年才诞生的品牌何以能够如此快速的在全国终端市场快速布局?

1. 完整的产业链条成就“中国第一海参”

好当家拥有行业养殖规模最大的 30 万亩海参养殖水面，海参产品先后获得无公害农产品和有机产品认证。拥有行业内第一家上市公司，总资产达 35 亿元，贯通了从海参育苗、养殖开始，到加工、销售各个环节的产业链条，还建立了由国际一流海参研发技术人才组成的院士工作站、联合实验室。

2. 走深加工之路，提高产品附加值

好当家产品研发不断获得国家级荣誉“海参深加工技术研究”获得 2008 年度山东省科学进步奖，“即食鲜海参的加工方法”申请的国家专利已授权并获山东省专利奖二等奖，好当家系列产品被评为“中国名牌”，好当家品牌荣获“中国驰名商标”等。目前，好当家已经开发出即食鲜海参、淡干海参、海参原浆、海参多糖颗粒、刺参软胶囊等好当家牌系列高附加值、高科技含量的即食产品。

3. 举办活动，教育消费者认知

对于现在的消费者来说，对海参的认知大多数只停留在“吃海参好”这个层次，并不知道海参真正的营养价值及更合适的吃法。对此，好当家举办“威海首届海参养生文化节”，大力普及海参知识和科学“食参观念”，让消费者对海参有更深刻的了解，更深层次的让消费者懂得海参的营养价值和养生之道。

大农业模式启发

对于大农业模式的龙头企业来说更重要的是要深刻洞察市场趋势后，充分整合企业自身资源、寻找可以引领市场的拳头产品，占领消费者心目中的位置。

第四节　千村植保：成功完成农资连锁模式三级跳

案例描述

千村植保已成为中国最具代表性的农资连锁品牌之一，市场上有 2 000 多家连锁店和创新型的连锁模式，以及全国性的品牌宣传，这为千村植保奠定了坚实的行业地位和品牌影响力。

千村植保连锁模式经过近五年的市场运作和实践检验，已经成熟。组织化的运作模式，标准化的营运流程和规范化的操作步骤已经形成了具有千村特色的高效运作体系。网络建设、营运管理和盈利模式都形成了具体的标准。

千村植保红、黄、蓝三色产品体系及中国农资联购助销平台可以为创业者提供丰富、优质的产品资源。除了在千村植保渠道内供应的产品资源外，还能够获得多数知名农资生产企业的优势产品和一些具有个性化需求的产品资源。

目前，公司已经在全国开设了逾千家千村植保农资连锁店。2009 年，连锁店达到 4 000 家；2010 年，连锁店达到 10 000 家。

千村植保农资连锁通过在城市建立特色农产品专卖超市，为城市市民提供优质原生态的农产品，让中国土特产走向城市居民餐桌。即带动了农民致富，更推动了国民健康生活方式的革命和升级。

志起未来点评

21 世纪初期，中国农资行业经历了一场残酷的洗牌。这是一场没有硝烟的战争，而作为农资行业未来必然业态的连锁，同样在经历着一次次大浪淘沙。

回到行业的当初，各种初级的连锁形式一哄而起，在历经被市场筛选后，如今，众多的连锁企业已消失在了历史的轮回中。生存下来的，都经历了一次质的裂变，千村植保就是其中之一。

千村植保全国连锁品牌作为中国农资连锁行业的一颗新星，目睹了一个个连锁企业的兴衰交替，同时也在不断地反思自身，升级模式。自千村植保品牌成型，已完成三次模式升级大跨越，实现了模式整体落地的“三级跳”。

1. 第一代千村模式：系统落地

千村植保第一代模式诞生在江苏市场，是千村植保创立之初的市场应用模式。

这期间，形成了千村信息平台、品牌宣传、技术服务、物流配送、财务结算和教育培训六大系统，解决了招商和前期火爆问题，实现了模式运作的流程化、标准化和简单化，为接下来进行千村模式的全国复制打下坚实基础。

至此，千村植保开始在标准化的模式下运作，具备了前期运作的根基和全面向前推进的动力，千村品牌正式在中国农资连锁的舞台上闪亮登场。

2. 第二代千村模式：文化落地

在江苏市场成熟后，千村植保连锁模式迅速开始在全国复制，相继进入河北、河南市场，千村植保迎来了第二代模式。

第二代千村模式形成了完善的理论体系和文化体系，保证了加盟伙伴与“千村植保”总部在思想上的一致性，将千村文化和理论体系深深扎根在加盟伙伴的心里，从而使加盟伙伴思想高度统一，行动绝对一致。

而在模式的运作和执行上，形成了畅通无阻的一条线作业，执行力上，做到了从上到下的完全贯彻。

千村植保第二代模式迅速引爆了河北、河南市场，加盟店如雨后春笋般出现，各地营运中心纷纷成立，充分证明了千村模式在北方市场的适应和生存能力，为“千村植保”全国连锁品牌的概念做出有力的说明。

3. 第三代千村模式：品牌落地

“千村植保”经过前两代模式的运作后，已在全国市场形成较强的影响力，加盟商接踵而至。以服务为特色的千村模式一直将终端客户的锁定作为重中之重，要锁定终端客户，就要使农民群体对“千村植保”品牌产生忠诚度，优势品牌的建立势在必行。

第三代千村模式就是以品牌塑造为重点，提炼出核心传播用语——“放心农资到千村”，并推出了“千村＋5 放心工程”，释放了品牌在终端客户群体中的形象力，解决了日后的可持续发展问题，培养了消费群体对品牌的忠诚度和美誉度。

随着千村品牌的落地，“千村植保”完成了模式的整体落地。系统和文化的落地是“三级跳”中的起步和加速，品牌落地才是最有力的跨越。

千村植保，以它的逐步成功再次证实，任何商业模式都不是一招成型的，在发展中创新，在创新中完善，才是逆流而上的生存轨迹。

大农业模式启发

千村植保是国内首家利用信息技术，改造传统渠道的农资连锁品牌，它率先把农资连锁营运公司的角色从商业形态转变为服务形态，解决了长期困扰农资渠道的经营障碍，第一次真正把农民用户作为厂商、中间商、零售商的服务核心，打造了现代农资连锁企业服务标准。

千村植保的农资连锁模式是现代营销理念与中国农村市场的完美结合，是现代信息技术对传统农业生产的一次良性改造，得到了国内外知名专家认可，国家有关主管部门也高度关注，多次予以政策上的大力支持。

千村植保将自身的发展战略与国家解决三农问题的大局结合起来，根据农化市场现状和未来农业发展趋势，坚定实施“两个市场两种资源”和上、下游产业一体化的战略，在不断总结经验和实践创新的过程中，经过四年的市场沉淀和改良，现已形成了成熟的运营模式。

第十五章

大农业经典案例：中药

医药产业是国民经济的重要组成部分，与人民群众的生命健康和生活质量等切身利益密切相关，也是全社会关注的热点，同时也是构建社会主义和谐社会的重要内容。医药行业具体分为制药产业与生物医学工程产业，这也是现代医药的两大支柱产业。改革开放以来，中国医药行业一直保持较快的增长速度，且规模不断扩大，经济运行质量与效益不断提高。

第一节　美国信心药业辅酶 Q10：人体抗氧化的战斗机

案例描述

美国信心药业成立于 1975 年，是集研发、生产和销售于一身，总部位于风景秀丽的纽约州，全球营销团队近 500 人，信心药业并独具一格地将西、中草药和现代生物制药科技巧妙融合，成为一家综合型的植物药业集团企业。

经过 30 多年的经营和发展，今天的信心药业拥有总面积超过 100 万平方英尺的独立制药基地和 1 300 多名员工，集团分别在美国纽约州、新泽西州和犹他州拥有面积超过 100 万平方英尺专业生产基地。旗下的 150 多种产品，25 个著名品牌，远销 21 个国家和地区，成为当之无愧的全球植物药业领航者。

作为长达 30 年的全美健康协会会员，集团的所有生产基地均符合 GMP 生产标准，生产的每一个产品均获有全美安全销售证书。信心药业集团的生产基地均被 FDA 验收合格和注册登记，确保了所有产品均严格遵循 FDA 的制药标准，也使得“信心药业”，成为安全性、稳定性和功效性的代名词。

志起未来点评

辅酶 Q10 是人体特别是心脏的能量工厂，负责将人体的脂肪燃烧成 ATP（三磷酸腺苷）。所以辅酶 Q10 又被称为“生物火花塞”。

美国“信心药业”利用其专利的“两步发酵法”从茄科植物中提取的辅酶 Q10，生物利用率极高，同时又加入了“生命能量”运输车的 L-carnitine，它能提高人体对辅酶 Q10 的吸收利用率高达 6.7 倍，使人们能最大限度地提高心脏功能。在生化学称之为泛醌，是身体产生能量所必需的微量元素。

这是美国信心药业配方大师对人类健康的重大发明和贡献。

辅酶 Q10 存在于人体中能量聚集的地方，如大脑、心脏、肺部、肝脏和肾脏，在促进代谢、提供肌体能量等方面功效显著。

同时，辅酶 Q10 也是强力的抗氧化剂，其抗氧化功能是维生素 E 的 40 倍。它能增强人体免疫系统、延缓人体老化。在防治癌症、高血压、心脏病等过程中也扮演了重要的角色。

一份调查报告显示，许多人中老年人和从事于激烈运动的人体内都会缺乏辅酶 Q10，所以辅酶 Q10 可能是新世纪细胞、生化治疗的“引路人”。

在欧美、日本等发达国家，已把人体内辅酶 Q10 含量的高低作为衡量身体健康与否的重要指标之一。尤其是那些不做运动的人，更需要补充辅酶 Q10 以增加活力。

美国信心药业生产的辅酶 Q10 复合软胶囊能向人体快速补充高效吸收的辅酶 Q10，有助于为心肌提供充足的能量，预防突发性心脏病，保护心肌年轻，预防心力衰竭。

但人们随着年龄的增长，人体中辅酶 Q10 的含量会逐渐减少。缺乏辅酶 Q10 主要会对心脏功能造成影响，并可能导致心脏衰竭，所以补充足够量的辅酶 Q10 就会大幅提高人体的心肌活力，延长人类寿命。

大农业模式启发

药是农业产业中不可缺少的行业，作为世界知名企业，美国信心药业一直注重对人体健康事业的研究，它的成功，为人体延缓心脏衰竭，心血管健康做出了很大贡献。

如今，辅酶 Q10 越来越受到国际市场的关注，被广泛用于营养补充、化妆品、食品等方面，尤其是营养补充方面，这成为未来的主要发展趋势。

在美国，辅酶 Q10 除了应用在医药领域外，还作为一种维生素用于食品添加剂，作为非处方药和功能性食品在超市、食品连锁店和药店自由出售，这就决定了辅酶 Q10 在美国的高消费基础。欧洲也是辅酶 Q10 重要的消费市场，同样用于保健食品。

辅酶 Q10 被认为是新世纪细胞、生化治疗“引路人”，是对现行医疗方法的补充和延伸。随着各种辅酶 Q10 产品的问世及推广应用，人类迎来了一个辅酶 Q10 的健康新时代。

第二节　品牌定位成就东阿阿胶品类绝对领导者

案例描述

山东东阿阿胶股份有限公司是全国最大的阿胶及系列产品生产企业，成立于 1952 年，1996 年成为上市公司，2005 年隶属华润（集团）有限公司。

公司拥有中成药、保健品、生物药 3 大主导产业，100 余个品规。东阿阿胶连续 3 年居全国补益中药之首，在国内十大补血品牌中第一提及率、最常服用率、尝试率、品牌忠诚度等 7 项指标高居榜首。

东阿阿胶制作技艺为国家非物质文化遗产，公司为此项东阿阿胶制作技艺代表性传承人企业和生产性保护示范基地，也是全国阿胶行业唯一的药材生产示范基地。

1933 年，荣获铁道实业部颁发的超等奖状；1996 年，“东阿阿胶”A 股股票在深圳挂牌上市；2002 年，“东阿”牌商标被认定为中国驰名商标、“东阿”牌阿胶通过原产地标志注册、全国第一家阿胶博物馆——中国阿胶博物馆落成；2008 年，“东阿阿胶”制作技艺被列入国家级非物质文化遗产名录；2009 年，获中国 500 最具价值品牌，东阿阿胶以全国阿胶厂家独家上榜，品牌价值达到 34.01 亿元比上年增长 4 亿元。

志起未来点评

可以说，东阿阿胶的成功与其品牌定位有很大的关系。

东阿阿胶借助《本草纲目》对阿胶的介绍“阿胶出东阿，故名阿胶”，明确其在顾客心中的正宗地位，以获取品牌认知优势。这一定位，使东阿阿胶成长为阿胶品类的绝对领导者。

1. 危急时刻方显大将本色，东阿阿胶亟待重新定位

随着东阿阿胶品牌的崛起，阿胶品类局势逐渐出现新的变化。东阿阿胶采用低价压制策略，使得整个品类消费对新人群开发不够，并不断走向低端，而年轻人、城市人群和高收入则远离阿胶品类消费者。这些人群恰恰是高势能人

群，他们的消费行为引领整个社会。更严重的是，由于整个行业趋向低价，使得品类产品品质下降，阿胶品类显现边缘化迹象，意味着东阿阿胶可能失去未来。

2. 品牌定位，将东阿阿胶打造成为“滋补上品”

2006 年，东阿阿胶进行品牌的重新定位。将竞争从指向品类内部，明确转往指向品类外部，以求作为领导品牌，通过发展品类来赢得成长空间。

这次重新定位，将东阿阿胶打造成为“滋补上品”，并以此开创滋补保健消费，引领阿胶品类步入更为主流的滋补品市场，赢得高势能人群的青睐和消费。

3. 有效战略实施，东阿阿胶引领导品类走向主流

光有品牌定位还不够，东阿阿胶更注重战略的实施落地，随着“滋补上品”品牌定位的日渐清晰，东阿阿胶引领品类走向主流，企业成长空间重新打开，使得东阿阿胶品牌居于引领地位。2013 中国药品品牌价值排行榜上，东阿阿胶以 48.93 亿元打败众多外资品牌高居榜首。品牌定位战略是给品牌的精确指导，能有效获得消费者的认可。

3 000 多年阿胶文化是我国宝贵的资源，在民间有着广泛的基础，东阿阿胶通过精准的定位有力提升企业实力和品牌形象，证实了品牌定位理论的可操作性和实用性。

大农业模式启发

近年来，东阿阿胶投入多项领先于行业的先进科技和创新工艺，打造农产品深加工的全产业链模式，提升东阿阿胶的优良品质。

真正的东阿阿胶，不仅仅是一种农产品，更是奢侈品，是文化遗产。它是一种生活方式，一种象征。这样的承载，是用金钱和数字所无法衡量的。

第三节　云南白药：龙头企业传承百年经典

案例描述

云南白药集团坐落于风景秀丽、气候宜人的春城——昆明，是云南省集生

产制造、新药研发、药品流通服务、中药材栽培和标准制定等领域实力较强、规模较大、品牌较优的高科技现代大型医药企业集团。

云南白药集团公司是云南大型工商医药企业，是中国中成药五十强之一，1997 年被确定为云南省首批重点培育的四十家大企业大集团之一。并经外经贸部批准，获得企业经营进出口权。1999 年被云南省科委认定为高新技术企业。1999 年被国家人事部批准建立博士后工作研究站。2002 年被云南省政府列为 10 户重点扶持的医药企业之一。2004 年 7 月公司合剂、口服液剂型通过国家 GMP 认证，2004 年 9 月公司文山三七种植基地高水准通过国家 GAP 认证。2005 年 9 月公司糖浆剂、软膏剂、搽剂通过国家 GMP 认证。2006 年天紫红饮片车间通过 GMP 认证。

志起未来点评

创立于 1902 年的云南白药，是一家不折不扣的百年老字号。历经斗转星移、岁月沧桑，始终坚守国药立业之本，不懈追求国药自立自强。在市场化、全球化竞争的考验中，他们不畏难、不惧大，勇于探索、大胆实践，创新地把传统中药融入现代生活用品的研发制作，在日化行业开辟出一番新天地。

数据显示，13 年间，云南白药从 1999 年的 3.77 亿元净资产，在没有任何资金注入的情况下，主营业务收入从 2.32 亿元上升至 136.87 亿元，增长 59 倍；净利润从 0.34 亿元增加到 15.83 亿元，增长 47 倍。

据了解，云南白药集团自 1993 年上市以来，年年派现，19 年来总计向 A 股流通股东派现 9.59 亿元，派现金额达到上市募集资金的 14 倍。2012 年年底公司市值达 472 亿元，为上市之初的 174 倍，稳居医药类上市公司之首。

“创新是云南白药制胜的法宝。”云南白药董事长王明辉如此诠释企业高速可持续增长。

1. 悠久的品牌魅力

早在数千年前，中华民族的祖先就在生产劳动中发明了中医药，在中国传统的医药中有一朵熠熠生辉的奇葩，它就是家喻户晓、享誉中外的云南白药。

1902 年，云南伤科医生曲焕章遍游滇南名山，苦心钻研试验，研制伤科药物。经多年苦心临床验证，反复改进配方，最终研制出功效奇特的百宝丹(即云南白药)。1916 年，百宝丹在云南当地公开制售，成为治病疗伤的“奇药”。

1956 年，百宝丹更名为“云南白药”，处方及工艺列为国家绝密，由昆明市制药厂正式生产。

1971 年，在昆明市制药厂的基础上成立了云南白药厂，年产白药达到 1 000 万瓶左右。

1993 年，云南白药厂正式更名云南白药实业股份有限公司，12 月在深交所挂牌上市，成为云南省第一家 A 股股票上市公司。

长久以来，云南白药获得了消费者的一致认可，它的传奇一直在人们之间传颂。

2. 创新的华丽转变

20 世纪 90 年代，中药企业主销市场从主流市场退却的产业窘状，让云南白药也深受打击。不但市场份额不断下滑，其品牌也有渐渐被人遗忘之势。

“30 岁以下的人对白药品牌的认知度就已经很低，更别说十几岁的孩子了，他们基本上已经不知道白药了。”云南白药集团总经理尹品耀说，产品是品牌最基础的载体，消费者是通过产品对品牌形象认知的，而当时白药仅有的产品形态和种类都与消费者的需求渐行渐远。

2000 年，当云南白药把目光对准创可贴时，强生公司生产的邦迪创可贴在中国市场正所向披靡。而且，更加致命的是，同样作为外伤治疗和快速止血产品，邦迪正在蚕食着传统的云南白药外用散剂的市场。在邦迪的全盛时期，邦迪创可贴的购买率非常高，是云南白药的传统明星产品“云南白药散剂”的 20 多倍。

截至 2012 年，白药创可贴的销售额从 3 000 万元人民币上升到了 4 亿元。

如果说创可贴的成功是云南白药与现代生活的一次成功对接，那么，白药牙膏的问世，更是推动了云南白药的华丽转身——由传统中药企业进军大健康产业。

白药牙膏的诞生过程看似非常简单。在中国，经常有人在刷牙时牙龈出血。王明辉很偶然听到，有人曾将云南白药的散剂洒在牙膏上刷牙，以此来治疗牙龈出血。这种传闻，再加上将白药的优势和普通创可贴结合起来产生的制胜效应，让王明辉开始产生将白药的优势延伸到牙膏上的想法。“云南白药止血、愈伤、消炎三个功能合一。上百年在临床施救过程中积淀了数以亿计的病例，证明它在针对出血的治疗上拥有不可替代和无可比拟的优势。如果我们把云南白药的活性物质提取出来，放到牙膏上，那这就是一款全新的产品。”

这款被称为“牙膏革命”的产品推到市场时，高达 22 元的零售价格也没有阻止白药牙膏被市场迅速接受——2005 年云南白药牙膏的销售额达到了 8 000 万元，而到 2008 年，这款产品销售超过 5 亿元，居牙膏品牌的第 5 位。截至 2012 年，云南白药牙膏的销售额已达 20 亿元，位居牙膏品牌第四位。

云南白药创可贴和白药牙膏使云南白药的品牌优势迅速转化为市场优势，新的发展思路给云南白药带来了新的发展空间。

2007 年，云南白药在全球范围内寻找最杰出的急救产品，推出云南白药急救包。

2010 年，云南白药开发出具有药用功效的全新产品养元青洗护发产品。

2012 年，云南白药推出红瑞徕茶叶。

2013 年，云南白药高原维能口服液上市。

目前，云南白药形成了中药提取物、中药保健品、中药日用品、中药化妆品等系列化产品。创新产品的成功，不仅是产品的成功，还证明了一个事实：传统中药通过产品创新，重塑消费模式，完全可以和现代生活完美融合。

3. 老字号的新策略

20 世纪 90 年代，云南白药品牌形象已老化，消费群体以 40 岁以上居多。随着产品创新等工作的逐步展开，云南白药开始着力进行品牌创新。王明辉认为，品牌创新的前提是产品与技术的创新，而品牌创新的成效又会对公司创新产品的市场营销起到一定的推动作用。他为云南白药设计了“稳中央、突两翼”的企业发展战略，即稳固发展白药主产品，拓展白药牙膏和创可贴等个人护理产品。从而让品牌创新与产品和技术创新形成互动效应，使“云南白药”重新焕发青春。

根据集团的发展战略，云南白药将研发思路定为“开发”和“设计”两条——“开发”即前瞻性地研发新的天然药物新药，开发新产品往往研发周期较长，为公司较长期的发展提供产品储备；“设计”则是根据市场需要，对现有产品进行深度开发，根据细分市场人群的具体诉求，增加产品的适应证、剂型、规格等，来推出新产品。新思路研发成果的最集中表现就是云南白药产品线的极大丰富。

自 2000 年起，云南白药对品牌进行重塑，打造云南白药“百年品牌”新形象，实施云南白药大品牌（企业品牌）下多品牌（产品品牌）发展体系。将“云南白药”这个大品牌下所包含“中药文化、关爱文化、伤痛文化”广泛传播，让云南白药这个经过百年积淀的品牌通过云南白药气雾剂、云南白药创可贴、云南白药牙膏等产品的创新焕发活力。

目前，云南白药这个百年品牌以其丰富多彩的关爱民生的产品，走进了越来越多消费者的日常生活中，成为人们幸福人生的有力保障者。

大农业模式启发

云南对志起未来北京志起未来是最熟悉不过的地方了，他们曾经为这里众多的企业提供过营销咨询服务。平时，与客户每每提到这个当地的云南白药，在言语中，不免会露出或多或少的敬仰之情。而对于这传说中的“国家保密”配方，更是被众人津津乐道。

云南白药何以会创造如此佳绩，探其原由，不难发现，云南白药的成功是不断推出创新产品的成功，是在大农业战略新品运营模式下，创造出新产品、新品类的成功，将白药蕴涵的白药活性成分及其所具备的独特功效，以便捷的产品形态方式融入人们的生活，满足消费者需求，成功的决胜市场。

第四节　排毒养颜胶囊：“绝妙十、一”打造现代健康方式

案例描述

云南盘龙云海药品经营有限公司系集药品销售、配送、服务为一体的大型药品经营公司，在国内拥有现代化物流配送系统、订单处理系统、售后服务系统等，网络覆盖全国 30 多个省市有七十多个办事处，盘龙云海为其公司品牌。

公司创建至今，主营产品排毒养颜胶囊销售总额累计已逾 50 亿元，多年居于云南省非公企业纳税大户之首，在全国非公企业纳税排序中位居第四位。

公司投巨资建成的现代化制药基地，占地数百亩，具有年产 15 亿粒胶囊、6 亿粒片剂、60 吨颗粒和年处理中药材 2 000 吨的能力，并全面通过了国家药品 GMP 认证；先后建成了三个共计 6 000 多平方米的现代化仓储基地。

作为盘龙云海的企业长期的战略合作伙伴，中国第一营销策划机构志起未来志起未来发现，排毒养颜胶囊在旺销 10 年之后，在市场上出现了两大新问题：

1. 消费者观念被高度固化，基本形成“排毒＝排便”的既定印象，“排毒”被符号化，人群缩小。

2. 排毒市场整体层面竞争加剧之后，出现了信任危机。

志起未来建议，排毒养颜胶囊若想继续稳居市场龙头，必须进行营销改革。

志起未来点评

1. 两招实现战略新品重塑，再次市场扩张

进入2010年，著名企业盘龙云海的“排毒养颜胶囊”在旺销了十几年后出现了新的问题，消费者对于“排毒＝排便”的既定印象已经固化，“排毒”已经被符号化；排毒市场整体层面竞争加剧之后，出现了信任危机；消费群老龄化严重，未来发展之路越来越窄。

针对上面的情况考量创新模式，志起未来项目专家组最终确认利用商业性创新方法，要对排毒养颜胶囊从卖点到人群进行二次包装，让排毒养颜胶囊再次成为盘龙云海的战略新品。

2. 卖点定位与消费人群的更新

精密思考后，项目专家组提出将排毒养颜胶囊打造成为帮助现代人减毒、减肥、减负、减压，焕发青春活力的产品。

并首次采用绝妙“加”和绝妙“减”的独特方法，帮排毒养颜面胶囊重新夺回市场份额。

绝妙“加”：针对80后、90后，在老市场上增加“年轻人的排毒观”，解决排毒养颜胶囊人群老化的问题，让市场更大程度实现放量。

绝妙“减”：“减法时代”来临，排毒不只是清宿便，而是减毒素，加漂亮，让身体越来越新鲜！

经过三个月的重新挖掘及全新定义，预期目标全部实现，排毒养颜胶囊再次在市场上引起了轰动效应。消费者和业内专家评价良好。

3. 寻找合适代言人，迅速造就产品认知

为了给企业节省成本投入，并得到所需要的市场反映效果，最终决定聘请明星李小璐作为代言，更加清晰深刻的让80后、90后相信排毒养颜胶囊的年轻化路线，并表现出帮助现代人减毒、减肥、减负、减压，焕发青春活力的产

品，一举两得。

事实证明，通过关键两步走，市场快速形成成效。排毒养颜胶囊已走出了原有的尴尬局面，再次成为盘龙云海的战略新品，抢占了更为广阔的排毒市场份额。

大农业模式启发

在农业中，医药行业因为与人的健康密切相关，所以也被人们称为是大健康产业，2006年，国家药监局主办的《中国医药报》发布了国内口服美容养颜产品市场调查报告，排毒养颜胶囊以95%居市场销售额的首位，成为国内美容养颜产品的领军者。

而这正是盘龙云海缔造的“排毒产业”带来的巨大的市场效应。不单如此，“排毒产业”更是带动了一批相关产业的发展，解决了近5 000人的就业问题，其依靠“企业+农户+基地+市场”的创新模式，培养了专业药农，带动了一方农民通过专业化的种植而脱贫致富，赢得了社会各界和广大消费者的认同。

第五节　果维康：颠覆性创新助石药突围腾飞

案例描述

石药集团有限公司始建于1938年5月，现有资产总额180亿元，是全国医药行业首家以强强联合方式组建的特大型制药企业。

石药集团同时也是香港恒生红筹股指数成分股之一，连续两次被世界著名的《福布斯》杂志评为全球亚洲区营业额10亿美元以下的100家优秀上市公司之一。

石药集团主要从事医药产品的开发、生产和销售。产品主要包括抗生素、维生素、心脑血管、解热镇痛、消化系统用药、抗肿瘤用药和中成药七大系列近千个品种，有30个产品单品种销售过亿元，产品销售遍及全国和世界60多个国家和地区。

2012年，石药集团全集团实现不含税销售收入164亿元，同比增长13.2%；利润、利税实现8.8亿元和11.6亿元，分别增长14.2%和16%；上缴各类税金7亿元，各项经济指标创下集团成立以来的最好水平，稳居国内制药企业最前列。

然而，作为中国医药企业的一面旗帜，石药集团在GMP后，也遭遇了种种问题：

2005年，中国医药企业正面临前所未有的危机和考验，随着国家政策对医药企业监管力度的加大，使得原本依赖广告的众多医药产品无形中被套上了市场的枷锁！

而对于靠原料药、普药和处方药为主导经营模式的传统大中型医药企业而言，愈来愈低的利润空间、日益恶劣的竞争环境和相对单一的市场经营模式已经成为发展的突出障碍！

GMP后，以生产为导向的医药企业面临更大的挑战和压力！而靠单一产品打天下的产品战略也越来越力不从心！

对传统大中型医药企业而言，寻找一条全新的突围之路已经迫在眉睫！

1. 果维康：困局中的战略突围

石药集团是我国抗生素和维生素原料的重要生产和出口基地，全球最大的维生素C供应商，也是可口可乐、百事可乐等国际巨头的战略合作商，中国医药企业三强，内地第一个登陆香港股市的医药企业，中国驰名商标，曾创造过欧意、维宏等知名抗生素制剂品牌，是中国医药企业的一面旗帜。

然而，近年来，在耀眼的光环之下，石药也深陷困局：国际原料药出口受限、利润不断降低、生产成本持续增加；处方药广告宣传严格受限、抗生素制剂竞争恶化；产品组合单一，缺乏OTC品种；新产品研发和推广后劲不足，缺乏新的利润增长点；企业品牌知名度和影响力呈滑落趋势，市场声音日益微弱。

这正是传统大中型医药企业的典型通病。对这些企业和石药而言，企业经营模式优化、品牌升级和新利润增长点开辟成为突破市场瓶颈的必然选择。

正是在这样的市场背景下，石药集团看准了维生素C这一未来的黄金领域。在完成 30 000 吨年产量成为全球最大的维生素 C 原料生产商的同时，石药集团整合行业资源，集中维生素 C 领域最尖锐的力量，最强大的科研队伍，推出了 OTC 领域全新产品——果维康维 C 含片，一种可以含着吃的维 C 保健食品。

对于石药而言，果维康的推出，不仅肩负着开辟企业新的利润增长点的任务，更为重要的是肩负着巩固石药集团企业品牌、优化经营模式的历史使命。而此时的问题是：果维康承载着如此重任，然其究竟该以怎样的身份来实现两大任务？以怎样的策略来征服市场？我们需要为石药、为果维康再次寻找突围之路。

2. 跳出重围，寻找绿色通道

众所周知，石药集团的双翼就是抗生素和维生素两大领域，在抗生素领域面临瓶颈的同时，随着维生素市场的逐渐兴起，石药集团看准了维生素 C 这一未来的黄金领域。在完成 30 000 吨年产量成为全球最大的维生素原料生产商的同时，石药集团整合行业资源，集中维生素 C 领域最尖锐的力量，最强大的科研队伍，推出了果维康维 C 含片，一种可以含着吃的维 C 保健食品。

40 年的历史，成就了石药集团成为最早的维生素 C 生产商；强大的科研队伍，成就了石药集团成为中国维生素 C 市场科研市场的一面旗帜！石药集团在维生素 C 领域，不言而喻有着无可撼动的领航地位。

雅克 v9 的功能性糖果，他她、脉动、激活、乐天、好丽友等产品的共同特点是在食品里增加了功能成分，普遍以添加维生素 C 为主要成分，而果维康却本身就是维生素 C，且具有多样化保健的先天优势！

跳出医药行业的营销怪圈，抛开与维生素 C 医药终端产品直面竞争，快速打开产品和企业在消费者中的市场声音，提高知名度，我们为果维康找到了一条全新的绿色通道。

果维康虽然是保健食品，但其无论是从消费者还是从市场来讲，其完全具备快速消费品的特性。进军功能食品市场，果维康的产品具有先天优势；企业优势更是一般快速消费品企业遥不可及的；功能食品化市场优势更是其他现有产品所无法比拟的！

功能食品化营销路线的确定，不仅为果维康和石药集团打通了敲开公众性价值的敲门砖，也为产品市场战略的规划奠定了基础。

经过系列的分析和整合，果维康维C含片坚持走功能食品的路线开始明朗起来，而后期的市场实践也再次证明：作为石药集团的战略性产品，果维康的确为石药集团开辟了一条全新的突围之路！

果维康这一颠覆性战略新品的诞生，开启的不仅仅是一个功能性糖果的新品类市场，也凭借其功能性糖果的药用价值应用而成为行业新标准。医药巨头新玩法，颠覆性创新为企业带来新的经济支柱。让我们一起来看看果维康是如何进行颠覆性创新的：

根据分析，果维康完全具备快速消费品的特性。而且进军功能食品市场，果维康的产品具有先天优势。颠覆性思维，将功能食品化！

石药集团的眼前顿时一亮：跳出医药行业血腥竞争的红海，抛开与维生素C医药终端产品直面竞争，在快速消费品行业、在消费者中“亮剑”。

3. 颠覆产品，从左旋到右旋

果维康原料选用的是比左旋维C活性提高20倍的右旋维C，营养价值高，更利于人体吸收。通常说新鲜水果蔬菜中含维C指的就是右旋维C，而化学合成的是左旋维生素C，由于活性低、不易吸收，在国外是限制使用的，只用于皮肤美容和术后恢复。

中国人在维生素补充上有一个误区，以为吃进去了就是补充了，其实补充维生素和补钙一样存在吸收率的问题。在这点上，中国至少落后欧美国家20年。石药集团推出果维康，不仅打造了一个世界品质的产品，更重要的是倡导了科学服用的观念，必将改变国民的健康生活习惯，推动中国新维生素时代的历史进程。

正是果维康右旋维C含片，具有一般食品企业不可比拟的强大产品力，为果维康的成功提供了坚实的基础。

4. 颠覆价格，走大众价格路线

对新型快消品而言，前期消费往往是随机性的，价格是至关重要的因素。如果走药品路线，无疑自寻死路。

果维康打出“高性价比”的优势大旗，定价贴近大众消费水平。每日只需5毛钱，就可满足补充人体所需的维生素C。这也和石药集团的维C原料成本优势相匹配。

5. 颠覆渠道，在医药线与快消线之间起舞

双通道模式就是药线和商超两条线并行，但界线分明，药线不张扬，做专业支撑，明线在商超，传播和树立形象。

药店推广，使企业在维C领域中的专业专注形象为商超提供强大的背书支撑，满足产品最基本的保量、保利润的要求；同时又另辟蹊径，走商超，开辟一个更加广阔的市场空间，巧妙地避开维C产品市场恶战，将商超作为未来创新、创收的主战场。双线并行，游刃自如。

自此，石药通过产品、渠道等一系列颠覆性创新，将果维康这一战略新品成功推出上市。

大农业模式启发

石药集团是中国传统大中型医药企业的一个典型代表，而果维康是石药集团在新营销时代推出的一个典型战略产品。从表面上看承载的是一个企业、一

个产品的荣辱兴衰，在其背后所代表的却是中国传统大中型医药企业在新市场形势下的战略优化和抉择：

1. 经营战略和营销战略的优化和调整是传统大中型医药企业的必然选择

随着市场的高速变化，中国传统大中型医药企业经营战略和营销战略也面临着优化和调整。在企业自身定位上，也开始从传统的生产型企业开始向营销型企业过渡，靠生产“一竿子打天下”的时代已经开始成为过去时；在竞争模式上，已经从原始的单一模式向多元化模式转变，企业或产品需要更重视消费者，更贴近市场；在产品定位上，由专一专业型向广普、大众型转移；在产品线开发和市场架构上，逐步由处方药市场竞争开始向非处方药和保健品市场转移，构建三角型市场格局模式；在市场营销策略上，从急功近利的产品型销售向品牌型发展，重视市场长期有效的培育效应。

2. 新产品营销始终是中国传统大中型医药企业的一块心病

市场的多变和企业发展的战略需求，使得现代营销竞争，尤其是对于中国传统大中型医药企业，已经从原有的老产品竞争转移为新产品竞争。毫不夸张地说，在每个行业的转折关头，都曾有一个或数个企业以推出更有竞争力、更具有创新性的新产品的方式，实现改写市场格局、创造或者保持自己市场份额的目的。石药是这样，天士力、东盛是这样，杨森、中美史克也是这样。

而对于中国传统大中型医药企业来讲，医药竞争环境的白热化，医药营销手段的多元化，大中型企业长期的利润产品单一化，导致诸多看似处于风口浪尖的企业无法准确命中市场和消费者的脉搏，以至于最后迟迟不能成功推出新产品。

3. 借助专业外脑的力量实现营销转型成为行业趋势

在市场竞争如此激烈的今天，我们可以想象新产品成功的艰难，即使是在一个不发达的消费城市，林林总总的同类产品都会眼花缭乱。而新产品犹如一个婴儿，如果不能发出宏亮的第一声，恐怕连生存的机会都不会有。更不要说成人长大面对社会诱惑、危险、威胁等不确定因素。正应了专业数据调查的结果：95％的新产品上市都是以失败而告终！而此时，专业外脑力量的借助则可以弥补企业自身的某些缺陷，为企业增加竞争的筹码！

“新、快、稳、准、狠”已经成为现代竞争的五项基本原则，即便是大企业、老企业，也要在竞争中把握市场脉搏，掌握市场速度，联合一切可以联合的强势盟友、智慧伙伴，以对市场竞争态势作出及时而准确的判断，精确定位产品，精准把握消费者心理，减少不必要的市场投入风险。

第十六章
大农业经典案例：农用物资

农用物资（简称：农资），也是大农业所关注的，其与农业密切相关，具有周期性和政策性强的特点。本章通过几个经典案例，讲述了农资企业战略新品运营模式的成功运用，让大家对战略新品创新有更清楚的认识。

第一节　创新战略助嘉吉成功完成中国突围

案例描述

美国嘉吉公司（Cargill）成立于1865年，是全球著名食品、农产品和服务供应商，也是一家从事生产和经营食品、农业、金融和工业产品及服务的多元化跨国企业集团，总部设在美国明尼苏达州，业务遍及65个国家，拥有员工140 000多名。

1971年，嘉吉公司在中国台湾高雄设立饲料加工厂，正式拉开了其与中国的合作关系。

1972年，尼克松总统访华发布《中美联合公报》后不及，嘉吉便开展了对华贸易。

2008年，嘉吉公司总营业额达到1 204亿美元，利润39.5亿美元。

2013年，嘉吉总营业收入为1 367亿美元。

如今，嘉吉已成为中国不可分割的组成部分，在中国拥有7 000多名员工，52家运营点。投资成立了34家独资子公司和合资企业。

志起未来点评

中国是嘉吉在全球成长最快的市场之一，而且未来的潜力巨大。2009财政年度，嘉吉公司总营业额达到1 166亿美元，净利润33.3亿美元。在金融危机爆发之前的2008年，这两个数字分别是1 204亿美元和39.5亿美元。

嘉吉的优势在于其经营现代农业产业链的经验。这些经验包括复杂的风险管理系统、从田间到工厂的全程技术支持体系、统一的质量标准体系，还包括完善的农资、物流、贸易等配套支持系统。

在以高风险、低利润为特征的农业行业，这样的盈利水平近乎奇迹。

下一步，嘉吉该如何确定未来的发展方向，以敲开中国市场大门呢？

纵观嘉吉在中国的发展历程，不难看出，嘉吉的这些经验和特长正是中国的农民和农业所需要的。其之所以能够在其经营的业务中处于国际领先地位，风险管理、卓越的运营、发挥员工的能动性、通过合作研发实现创新这几项可以说是发挥了很大的作用。

1. 管理上创新：分享经验，培养忠诚客户

在嘉吉公司，有一句话叫“八年创造一个新嘉吉”，那么，这个“新”指什么呢?

嘉吉负责人称，“新”是指资产规模，也就是说再过八年要达到目前规模的两倍，同时还包括业务领域的拓展以及新市场的开发。

嘉吉公司本身是农产品供应链服务提供商，作为一个全球性的公司，嘉吉擅长于通过跟客户分享自己的经验和最新成果，培养忠诚于自己的客户。

在供应链管理方面，嘉吉有着丰富的经验。它可以根据客户的需要，对其供应链进行优化，提供从问题的解答、实际的解决方案到高效的执行一条龙服务。

除了下游的客户，嘉吉也在为上游原材料供应商——来自全球 68 个国家的农民提供帮助。中国目前已有至少 210 万农民接受了嘉吉公司帮助，这些帮助不仅包括农牧业的技术指导，也包括对农场经营管理模式的优化，以及如何更加高效地利用市场和贸易引导自己的生产。

嘉吉公司还计划在未来三年内，在中国建立一个创新中心，向其产业链上的供应商、中小型养殖户以及普通农户进行风险管理培训，让其和客户一起分享风险管理和供应链的管理，以提升他们正确对待市场风险的能力，洞悉市场变化，及时调整经营战略，从而保证稳定的经营收入和持续盈利的能力。

2. 战略上创新：多元化并行，力争全球发展

在管理上通过创新实现成功后，嘉吉公司开始意识到，若要更大的成功，必须要依靠完善的战略，多元化并行，扩大产业链，力求全球发展成了嘉吉的战略目标。

应该说，嘉吉是个传统农业企业，但它又被称为全球多元化（航运、钢铁、金融）经营最成功的企业。如何理解这种新型发展战略?

一个成功的多元化企业一定会把注意力集中在自己专长的领域。嘉吉的业

务基础仍然是谷作物和油籽行业，在这个基础上，公司做了扩大，在产业链和业务范围上自然延伸，比如说从谷物油籽生产和贸易逐渐拓展到加工毛油和面粉、调料等。甚至跨越到钢铁行业。

3. 文化上创新：合作创造成功

嘉吉在文化宣传上，不止一次地提出了“合作创造成功”，企业的成功离不开和其他企业的很好合作，ADM 和 AT&T 的合作、ADM 和 SMI 的合作、嘉吉和 Nistevo 的合作都是成功的案例。

在危地马拉、洪都拉斯、尼加拉瓜和哥斯达黎加等国，有一些被称为“tiendas”的小商店，它们用于储存生鲜食品的冷藏设施十分有限，这就意味着店主们需要依靠频繁的进出货来维持低库存。在当地的供应链专家、全球定位系统和便携式电脑技术的帮助下，嘉吉公司通过把供应链与顾客的需求紧密地联系起来，店主们可以在不增加设备投资的前提下保证产品的新鲜、减少损耗、提高产品和交货的可靠性。

在嘉吉公司的中国培训中心，嘉吉动物营养专家们帮助养猪和养奶牛的农户学习如何依靠动物营养技术以及饲养和农场管理知识来提高产量和增加收入。嘉吉公司同时也向越南和韩国的农民提供类似的培训。迄今为止，有超过 100 万的亚洲农民从中受益。

大农业模式启发

无数成功的农业企业用实践证明，只有站在战略的高度，通过新奇的营销思路，创造好的消费体验，才能打造产品的独特属性，农资企业更应如此。

经过 141 年的经营，如今的嘉吉公司已是一家全球性的贸易、加工和销售公司，其在中国的业务经营范围包括动物营养、动物蛋白、食品配料和应用、农业供应链服务、金融服务，以及能源、运输和工业等，涵盖农产品、食品、金融和工业产品及服务等各个领域。

嘉吉致力于通过提高农产品生产加工、分销和贸易环节的效率和附加值，促进中国农民增收，农业可持续发展和食品安全供应。

合作和创新是嘉吉帮助客户取得成功的法宝，其更致力于运用其全球化运营的独特知识和技能来帮助应对各种经济、环境和社会挑战。

目前，嘉吉正运用其全球业务经验，为中国农民增收和农村发展战略做出自己的贡献。

第二节　杜邦：做趋势的制造者

案例描述

杜邦公司是美国大型化学公司。1802 年由法国移民 E. I. 杜邦在美国特拉华州威尔明顿附近建立，以制造火药为主。

20 世纪，开始转入产品和投资多样化，经营范围涉及军工、农业、化工、石油、煤炭、建筑、电子、食品、家具、纺织、冷冻和运输等 20 多个行业，在美国本土和世界近 50 个国家与地区设有 200 多个子公司和经营机构，生产石油化工、日用化学品、医药、涂料、农药以及各种聚合物等 1 700 个门类，20 000 多个品种。

1983 年，总营业额达 353.78 亿美元，居世界化学公司年销售额。

2011 年，总收入为 380 亿美元。公司在全世界遍布 90 个国家开展业务。成为财富 500 强企业。

志起未来点评

对可再生能源和材料的需求，对安全保障的更高要求，对提高全球粮食产量的需要，是未来全球发展的三大趋势，并将长期持续发展。在这三大趋势之下，杜邦在环境、安全、能效和工程项目管理中形成了一个大的可持续发展的运营系统，杜邦得以借此从单纯的化工公司成功转型为科学公司。

两百多年的发展历程，杜邦的发展轨迹就是不断地修正发展思路的历程，以史为鉴，它用两个世纪的时间很好地诠释了企业如何持续发展的理念和战略，给人们提供了更多的思考。

1. 主动应对环保危机

杜邦从不回避自己所承担的环保责任。当一个产品一旦证明对环境有害，杜邦就会选择缩短其生命周期并寻找替代品。

20 世纪 80 年代后期，杜邦对于环境问题的关注越来越影响公司前沿业务。

1988 年，美国国家航空航天局（NASA）的科学家证实氯氟烃对臭氧层有破坏作用。

而杜邦生产的氯氟烃占全国销量的一半，占世界氯氟烃供应的 25%。

在 NASA 结果公布后的 72 小时，杜邦对外宣布停止生产该产品。

1989 年底，杜邦为 20 多种不含氯氟烃的制冷剂申请了专利，并在 1990 年实现了相关替代品的商业生产。

1990 年开始，杜邦开始在企业内部落实企业环境计划管理流程，通过减少生产过程中物料和能源的使用量，来减少废弃物和有毒物质的排放，并对废弃物进行循环利用。

2. 用管理支撑可持续发展

无论是应对环保危机，还是应对未来的发展，杜邦的可持续发展战略得益于三方面的支持。

首先是强有力的领导力。公司领导亲自推行组织变革，将可持续发展和环境保护放在与生产、质量、成本以及其他业务指标同等重要的地位。在杜邦这被称为“有感领导”。

其次是组织架构。可持续发展是杜邦的一项直线责任，融入到每一个部门的绩效指标中。其中有代表性的就是杜邦的“能力中心”。这是储备、沟通、分享全企业的经验和最佳实践的有效载体，可以帮助高层管理人员快速评估各工厂的行动的有效性。

最后是绩效评估。通过重点流程体现可持续发展的重要地位，通过沟通、培训、分享最佳实践以及审核和再评估等流程持续强化可持续发展的策略。

利用全球资源，通过创新和协作，为社会的转型与发展提供可持续解决方案，这正是杜邦谋求可持续发展的原动力。

3. 核心价值从未改变

贯穿杜邦 200 多年创新飞跃发展史的永恒基调是杜邦的核心价值，也就是谋求解决困扰人类的“安全、环境”和制约企业发展的“以人为本、职业道德”等一些最基本的大难题，犹如哥德巴赫猜想一般，看似简单、貌似容易，实际上，是根本的问题，是最重要、最有效的解决之道。

杜邦是全球安全行业的领军人物，公司以“社会综合价值最大化”为公司发展战略导向，不断强化公司责任，目已经成为全球工业安全的标准，被所有知名公司争相模仿和学习，并正成为全球公司在安全领域的一面明镜。然而，杜邦最终目的不单单是为了一时的获利，而是旨在提升其综合竞争力，谋求可持续发展。

4. 独到的战略眼光

战略就是选择，就是取舍，有所为，有所不为，才能大有作为。

作为一家家典型的战略导向型公司，其最成功之处就是战略眼光的超前和独到，相比许多公司喜欢抓住过去不放，杜邦则更喜欢抓住未来。

杜邦的发展方向是要成为一家全球领先的、可持续增长的科学企业，其战略决策不单单是从一个行业的发展趋势着眼，更强调根据时代的主流趋势来确定自己将进入的领域，根据未来人类的消费取向来确定自己的业务组合。

从杜邦历史上的三次重大转型就可以发现其中的规律：

诞生之时：处于战乱频繁年代，杜邦聚力生产火药，是为助力美国赢得战争胜利；

战后美国经济腾飞之时：杜邦全面转向民用化学品生产，提供各种各样、丰富多彩的高科技产品，提高美国人民的生活情趣和质量；

生命科技时代：面对人们更加重视身体健康、生活品质，杜邦全面向生物科技企业转型，通过杂交、嫁接产生更多的既利于环保、又有利于健康的新科学生活解决方案。

运用独特的技术情报、选取最佳销路的商品、强力开拓国际市场、发展传统特长商品，发展新的产品品种，争取巨额利润。这些，形成了杜邦新的经营战略。

杜邦中国是最早进入中国的跨国企业之一，也是一家最中国化的跨国公司，其超常之处是已经跳出了核心科学技术的局限，通过对中国市场的零距离、多接触点的观察和领悟，逐步将中国文化融入自己骨髓，让全世界资源为其所用，修炼和打造整合全球资源的能力，杜邦形成今日独具特色的营运、投资、赢利模式。

5．系统整合市场控制

杜邦中国发展战略的最大特点就是通过系统整合，来达到全面市场控制的战略目的。控制了市场就等于建立了长期的竞争优势，就等于确保了长期的利润流。

当今社会，谁拥有控制权，谁就能将产业链中最具有价值的研发、供应链、销售、服务等业务掌控在自己手中，同时从技术转让费、技术服务费等领域赚取更多的增值利润。杜邦在国内实现全面市场控制的模式有自己的独到之处：

第一，与时代相伴，与国家同步，时代最需要什么，国家最需要什么，就加大投入生产什么。杜邦不仅像一家企业，更像一个微型国度，不是指版图、人数，而是指其总是能够高瞻远瞩，从国家宏观决策、时代大势所趋的高度及时调整发展战略，从而达到市场控制的目的。

第二，通过合资和本地化生产，提供系列化的优质商品和服务，抢占高附加值的产业市场。杜邦是一家以科学导向为主的公司，其在中国的业务大多集中在产业附加值高、更符合市场需求、更有发展前景的电子和通讯技术、高性能材料、涂料和颜料技术、安全防护、农业与营养等领域。

第三，聚力研发颠覆性的实用技术，最大限度地利用其技术领先优势，提高竞争对手的进入壁垒，达到技术垄断的目的。

第四，根据盈利情况和增长速度不断调整投资领域，以保持最佳资源配置，形成了中国业务与全球业务优势互补、协同发展的格局。

从杜邦近年来的最新的一些投资动向来看，随着国内市场的逐步成熟和前期投资战略使命的阶段性完结，其在中国的投资战略已经开始进行调整、升级，从小到大、从分散到集中。从满足本地需求，到面向全球市场；从壮大“四肢”，到健全“头脑”，杜邦公司在华投资战略奏响“步步高”。

大农业模式启发

2013 年，杜邦公司的“计划退出曾经利润丰厚的涂料业务，转向进入种子和农药等专注高速增长的农业领域”，开启了杜邦行业转型的序幕。

对农产品的需求，通常决定权控制在南北美农场主手中，而在亚洲，人口的增长也带动着化肥，种子等农资产品的需求。

杜邦在中国采取的是无为管理之道，其通过建构世界上最安全的企业，为员工提供股权认购等符合人性的一系列政策来赢得人心。所谓无为，绝不是无所作为，绝不是放弃管理，而是遵循企业生命成长的自然规律，进入最完美的管理境界。

第三节　孟山都：种子与农药的捆绑销售模式

案例描述

孟山都公司是一家跨国农业生物技术公司，总部设于美国密苏里州克雷沃克尔。其生产的旗舰产品 Roundup 是全球知名的草甘膦除草剂。该公司目前也是转基因种子的领先生产商，占据了多种农作物种子 70%～100%的市场份额。

志起未来点评

孟山都做大规模的途径是将种子与农药捆绑起来销售。

2000 年，孟山都在年报里提出了种子与农药的整合销售模式。这一模式简单来说就是如果农民买了孟山都的转基因种子，就需要买孟山都的除草剂。因为在种子中内置了抗除草剂的基因，因此只有使用孟山都的除草剂，才能既杀灭杂草，又不影响转基因作物继续生长。

孟山都这种既卖种子又卖农药的模式在国际上成为一种趋势。一组数据表明，全球最大的四大农业公司中，都是农药与种子业务相互融合的模式，无论是从市场规模还是实际作用来看，农药都不能忽视。

正是靠着这种发展模式，孟山都荣获了：

1. 全球最具创新力的公司

孟山都是创新技术的大师，把握农业产业、指明未来方向的全球战略家，这是因为孟山专注于开发例如无反式脂肪大豆和抗旱玉米这样的创新产品。同时，孟山都在绿色能源方面发挥了领导作用，将玉米用于乙醇的生产。

2. CIO 100 强称号

孟山都凭借着增进商业价值，促进商业技术与合作，加强市场管理，勇于创新等被授予“CIO 100 强”称号。

3. 最佳工作场所

孟山都被墨西哥评为最佳工作场所，以表彰其在工作、团队等方面的突出成就。

大农业模式启发

孟山都公司的农用产品位居世界领先地位，主要采用生物技术开拓农作物市场和除草剂产品。这些产品能提高农作物的产量和保护环境。

由于农用产品的需求增加、适宜的气候条件和售价的降低，使除草剂的市场前景看好。另外，抗农达的大豆和抗虫害的棉花的销售也稳步增长。

第四节　中化：强化终端　服务“三农”

案例描述

中国中化集团公司成立于 1950 年，主要涵盖能源、农业、化工、地产、金融五大领域，是中国四大国家石油公司之一，最大的农业投入品（化肥、种子、农药）一体化经营企业，领先的化工产品综合服务商，并在高端地产酒店和非银行金融领域具有较强的影响力。作为一家立足市场竞争的综合性跨国企业，中化集团提供的优质产品和专业服务广泛应用于社会生产和衣食住行方方面面，“中化”品牌在国内外享有良好声誉。

志起未来点评

1. 以市场为导向，与上游企业联合，获取上游资源

以市场为导向，按照上下游一体化发展的战略，中化化肥在与化肥供应商在贸易领域积极开展战略性合作的同时，还适当地对上游资源投资，加强对上游的控制。既丰富了拥有的化肥经营资源，又有效促进了营销网络的发展。生产企业则借中化的营销网络拓展市场，最终形成双赢格局。

2. 加快直销店建设，快速进入终端市场

在稳定获取化肥上游资源的同时，加快推进化肥直销连锁体系的建设，将营销网络向基层乡镇逐步延伸，形成运作高效、管控有序的营销服务体系，使面向农村市场和终端用户的销售能力得到切实加强。同时结合化肥的销售特点，选择在城郊接合区域的交通要道旁设立直销店，直接面向当地农民和个体农资零售商销售，大大缩短营销渠道和铺货时间，减少流通费用，既节约成本又能让农民得到实惠。

杜邦同时扩大经营范围，不仅包括优质化肥，还有农药、种子、农膜等农资产品的批发和零售，提供“一站式服务”，使农民不用跑多家商店，在中化的直销店就可以将需要的农资一次性购齐，极大地方便了消费者。同时还要发挥网络的辐射作用，以点带面，促使其发展下一级网络，最终将网络触角延伸到村落，使农民不出村就可以买到称心的产品，牢牢控制终端市场。

3. 开展公关策划、实施品牌战略

中化在投资建设每一个直销店前都会充分与当地政府沟通，阐述其投资项目对当地经济发展的支持、对农民减负和农业增收的意义，努力获得政府的支持。在开业时请当地政府的有关领导出席开业典礼，同时请当地的主流媒体参与报道，通过官方的行为向农民传递企业信息，并借助中化品牌被认定为全国驰名商标的机会，及时通过网络、报纸等多种渠道向农民传递相关信息，赢得农民的信任和支持。

4. 加大促销力度，多样促销吸引和留住消费者

a. 采用有特色的店面布置，提供全面的技术资料；

b. 扩大对外宣传：在经营活动中采用多种宣传方式，采用农民喜闻乐见的形式，深入到农村宣传产品，以提高中化产品的知名度，提升企业形象，培养忠诚的消费者；

c. 举行多种多样的促销活动。在开业期间，乡镇直销店统一推出“有啥需要您说话，还有奖品等您拿”的有奖促销和意见征询活动，获取消费者对农化方面的需求信息，对有价值的建议适当地给予奖励。

另外为每个消费者建立消费档案，并提供跟踪服务，实行积分制，积满一定的分数就可以成为金卡会员，享受更优惠价格和更多的服务。采用有奖促销，购买化肥达到一定的金额，就可以获得一个刮奖卡。考虑到农民讲求实际，采用的奖品也与农民生产生活密切相关的商品，如日用品或农药、种子等，对农民很有吸引力。

大农业模式启发

无数成功的农业企业用实践证明，只有站在战略的高度，以创新经营为重点，把握市场需求，通过新奇营销思路，创造好的消费体验，打造产品独特属性，只有这样，才能迎来农资企业的更高发展。

第五节　新洋丰：商业创新实现销售核裂变

案例描述

经过三次肥料革命后的今天，复合肥行业间的竞争几乎趋于胶着化：产能过剩，新生贵族不断崛起，大企业迅速在全国布局、占位，营销领域更是风起云涌，企业间的竞争加剧；土地流转加速，规模化成趋势，流通渠道门槛降低，价格战肆虐，也使基层市场不断发生变化。农资企业纷纷创新求变求发展，而新洋丰就是其中的佼佼者。

复合肥巨头新洋丰根据市场发展的步伐调整思路，以创新为核心，通过商业性创新开创了新洋丰营销模式：树新品、强服务，和中国农大资源环境学院合作不断开发新型肥料，开展测土配方施肥试点；不断进行营销改革、突破；

将经销商纳入企业营销战略的长远目标，建立大型的培训基地，提升经销商的理论及营销水平；推行批零一体化经营，发展直销户和大户模式。

志起未来点评

农资都遇到了发展的瓶颈，怎样在这样的环境中屹立潮头，成为业界的营销标杆？如何通过市场推广、品牌塑造等一系列做法让这一境界无限接近现实？怎样抓住2013年中央一号文件中提及的家庭农场涌现的机遇？新洋丰是这样做的：

1. 测土配方，销量翻番的产品创新模式

2011年初，新洋丰与中国农大合作，开展全新产品经营模式：测土配方施肥，从单纯售卖产品，到系统输出科学种田理念。在从播种到收获的全过程中，有专家教授给农民授课，依靠专家在田间管理、病虫害防治等方面进行技术指导，抓住每一个节点，组织引导零售商和农民参观学习，接受培训，实行全程跟踪服务。

示范样板成功之后，新洋丰携手各地经销商，组成声势浩大的下乡宣传车，开展地毯式宣传发动。宣传队伍重点做好五项工作：一是了解农民的基本种植情况和购肥情况，帮助农民分析假肥、劣肥的伪装，让农民懂得如何辨别真伪；二是了解作物产量、农民的购肥方式、主选品种，指导其科学施肥；三是宣讲测土配方的科学性，对有需求的农民，指导其如何取土，并承诺免费测土，根据土壤合理配肥；四是做好记载，挑选有知识文化的农民作为基本核心户，发展购肥潜在客户；五是发放宣传品，给农民发放了实用的宣传品。系列扎实有效的活动，新洋丰的知名度明显增强，深入人心。

2. 调整营销模式，实现销量核裂变

在各个品牌撒胡椒面一样的广泛铺市下，新洋丰改革传统营销体制，扶植专业大户，大力推行鼓励和提倡代理商自建直销点的运营模式。取消网络销售，将销售模式改为直销店和加盟店，实行批零一体化经营。

各店自主挑选主要销售配方，由公司合理分配调剂需求，合理安排发货。这就有效提高了资金的利用率，提高了各加盟店的销售积极性，自觉在零售终端延伸网点，发展网点，将零售网点下沉、增多，使渠道更广，销售更便捷。通过这一系列举措，新洋丰县级经销商市场回报的直观数字：同比年递增超过100％！

3. 顺势而为赢得市场先机

新洋丰借鉴种子行业的营销模式，在各企业正面厮杀价格的时候，开始淡季做销售。肥料属于大宗商品，价格波动比较厉害。在淡季的销售中，做一些高端产品，比如缓控释肥等新型肥料，通过做宣传和礼品刺激，收取农民的预订款，等到旺季的时候发货。通过高附加值产品规避风险，在旺季时候销售通用肥，率先占用农民手里的资金。

与此同时，持续推行长远销售模式：给农民提供增产方案，从推荐农药种子，到什么时候播种，什么时候打药、浇水提供全面指导。与各地经销商联手，成立当地的农化服务队，经常到地里去看看，发现问题马上通知农户，然后告诉他们需要做什么，形成良性互动体系，进而真正把握销售主动权，成为首选品牌。

近些年，农资市场风云变幻，难以把握，在人们慨叹“市场不好做”的同时，却有一些人在竞争激烈的市场中横刀立马，所向披靡，新洋丰便是行业的标杆。

与此同时，新洋丰通过商业性创新手段，采用淡季销售、开展示范田种植、专家现场培训指导等方式，把思想灌输给零售商，将经营理念层层灌输到农户。这种以点带面的方式虽然一开始进展比较缓慢，一旦形成以后效果却非常明显，带动效应很大。

大农业模式启发

如今的肥料行业整体比较混乱的状况暂时还改善不了，还好这个行业的好处是永远有刚性需求。企业需要做的是在当前这个比较混乱的市场环境中，尽可能的迅速扩大规模，能够给农民以切实的系统服务，农资行业最终的发展方向一定是基于技术和产品品质的整体性服务。在这个时刻，大农业企业，谁先做到，谁就会脱颖而出。

不谋全局者不能谋一域，大农业模式企业要学会判断未来农资行业发展趋势，产品模式和盈利模式要应市场的变化和客户的需求与时俱进、不断创新，产品的增量才会水到渠成。

第六节　先锋种业：打造种业神话传奇

案例描述

先锋公司是世界 500 强企业美国杜邦公司旗下的全资子公司，成立于 1926 年，1973 年上市，总部设在美国爱荷华州，客户遍及全球 90 个国家和地区。具有强大的科研实力和优良的服务品质。

1976 年，先锋公司在中欧和亚洲建立新市场，1999 年与杜邦合并。目前在全球近 70 个国家设立了分支机构，2008 年在全球的种子贸易额为 20.165 亿美元，市场份额占 25.2%，是世界上最大的玉米种业公司。

先锋公司北京办事处设立于 1997 年，之后 3 家合资企业相继成立，16 年来中国业务保持强劲增长。公司拥有世界上最大规模的玉米种质资源库，覆盖了 60%以上的玉米种质资源，并在全球建立了 126 个育种站，源源不断的新品种为全球玉米产业持续发展提供了有力的保障。

杜邦先锋公司依托 80 余年历史的玉米种子科技，致力于协助中国农业的可持续发展和农民生活水平的提升。先锋中国公司的科研人员结合中国玉米种质、土壤与气候条件，先后培育出 10 余个“先玉”品牌杂交玉米品种，在我国春玉米和夏玉米种植区受到广泛欢迎。其中著名的“先玉 335”杂交品种已经成为我国玉米主产区的主要种植品种。

先锋公司对于变革中国传统种植模式，提升中国制种水平、增加粮食产量起到了巨大的示范推进作用。

志起未来点评

先锋作为国际种子巨头，对中国市场的“窥探”已久。从先锋在中国发展的每一个脚印上，不难看出这个跨国企业的战略谋划和精准的战术的运用。志起未来认为，先锋在中国的市场策略可以归纳为以下几点：

1. 高瞻远瞩，抢占战略制高点

面对国内“小而全”、“多乱杂”和“低层级竞争”的种业现状，先锋没有用美国现有的品种攻城略地，而是理智地选择“本土化”，培育适合本土的种质，积蓄着玉米品种的势能，寻找突破口。

经过数年努力，在2002年，先锋打通战略渠道，先后选择了发展势头正旺的登海种业，和拥有强大玉米种子生产基地的上市企业——敦煌种业为合作对象，这两次“强强联合”让先锋成功地完成了对中国三大玉米种植带的战略构思和布局。

打造内部价值链系统优势：先锋在整个生产、加工和物流的控制管理上，其严谨的管理流程和先进的设备，确保了产品的“三高”——高质量、高价位、高品质。通过掌控优良的生产基地、实施严格的田间“保纯”管理等一系列的管控措施，从而确保生产加工出的成品种子质量均能达到上乘，为“单粒播”奠定了坚实的质量基础。

鲜明的品牌个性塑造：面对国内玉米种子市场的惨烈竞争，先锋并不盲目跟随，而是运用现代科技营销管理方法，依靠“三高”优势，使其精心营造的营销势能如井喷式地迸发，种子产品迅速在国内东北、黄淮海和西北市场遍地开花，其势确如“破竹”。

同时，先锋广泛收集种植大户的数据并对其进行全程化的营销管理，包括售前、售中和售后。还引导了周围农户下年度播种前购买先锋种子，同时这种方式还有利于培养与提升农户对先锋产品和品牌的忠诚度，塑造了独特的品牌个性。

创新的全产业链增值服务：首先，先锋联合中国的播种机生产厂进行播种机改造，先锋给播种机生产厂家每台补助1 000元，将三粒播种机改造为单粒播种的播种机，并且让厂家也给农户让利。其次，先锋还联合玉米下游产业链，解决农民“粮价低、卖粮难”的问题。

2. 优势发挥　深度发展

先锋在成功推出并推广了先玉种子之后，遭遇了战略调整期：种业涉及国家粮食安全，国内种业市场知识产权保护力度不足，导致新品种被仿制现象严重，极大地延缓了先锋新品种推出的速度，再遭遇种子大范围的感染大斑病，以及台风的光临，先锋种业的市场占有率和影响力面临滑坡，该会如何应对？

面对如此多的困难，先锋明确了自己的发展方向：

战略上，坚持立足长远，立定本土，继续高位嫁接合作者，向纵深发展：依靠自己强大的科研实力和丰富的品质资源优势，结合中国种子行业市场特点，推出更加针对性的营销方案，使先锋越来越本土化，越来越有针对性。

同时充分利用种业新规则，继续加强跟科研单位的合作力度，注重与民间种业高手的交流合作，购买民间育种专家的优质品种。

战术上，先锋充分总结经验，深度地展示独有优势，精准地进行研发、生产和营销：开展跟国内种子企业的合作或者合资经营；加大渗透及垄断力度，向西南地区进军，建立加工厂和合资企业。

3. 与狼共舞　师夷长技

客观上说，先锋在中国 30 年的研发和品种推广，为中国农民增收、玉米增产做出了贡献；更为种质资源、引入先进育种方法、学习种业管理技术、发展现代农业提供了新思路，加快了中国种业的发展步伐。

通过近 30 年研发培育，先锋在中国培育了很多品种，也丰富了自己的种质资源，为进一步发展打下坚实基础。作为世界最大的种业公司，先锋的玉米种植成功地位居世界第二位，并推出主导品种，在实践中提升了自身核心竞争力，也扩展了生存空间、壮大了实力，为其全球垄断战略做出卓越贡献。

先锋的种子就如同一个神话，农民找种子经销商点名要先锋的种子，一些地方居然断货，先锋中国区总经理刘石说，先锋不仅卖种子给农民，而且教农民怎样种地，提供国内种子公司没有的售后服务。

“拉动式销售”：传统的销售模式是一级一级往下销售，种子批发到省一级公司，再到地区公司，县一级，乡一级，村一级，最后到农民手里。这种销售要经过很多层中间环节，每一层都会丢失一部分原始的信息。而先锋的做法是一步到位，在最基层的村镇这个级别，做很多直接面向农民的推广工作，让农民直接看技术和产品在地里头是怎样表现的，和当地正在使用的品种进行对照，反映区别和优势在哪里。

过硬的先锋种子质量。单粒播是先锋在中国大力普及的一项种植技术，经销商、零售商在与先锋的合作过程中，不仅卖先锋的产品，同时也在卖自己的品牌，很多农民购买先锋的种子，不是看价格，而是希望买到最好的种子，把产品的价格转化为价值。

大农业模式启发

春天播种，方有秋日收获，种业是农业发展链条上“第一公里”的根基。是触及中国农业发展的命脉产业，未来，中国种业这一“粮食的关键命脉”若一直掌握在外资手中，国内的粮食安全将得不到最基本的保障，从战略角度考虑，大力发展国内种业，创新商业模式、扶植优质品种已经刻不容缓。

2012 年，国务院发布 1 号文件，首次将主题锁定“农业科技创新”。随即，农业部相继出台一系列种业扶持的优惠政策，加快种子产业发展，其中包括：种子基地建设，支持企业的商业化育种，扶持骨干种业企业，提高种业企业育种、生产和供应的竞争力；加强优势制种区种子生产基地建设；在种子生产过程中加强监管、加强执法，严把品种审定和市场准入，以确保种子质量。专家预测，在这一系列有关政策支持下，中国种业将进入新的发展期。

第七节　好收成：创新成就品质　责任推动发展

案例描述

江苏好收成韦恩农化股份有限公司，位于江苏省启东市滨江精细化工园，是一家专注于农药产品及农药、医药中间体等高新技术化工产品研发和生产的外商投资股份有限公司，2001 年 8 月成立，2008 年 2 月整体变更为股份有限公司。公司占地面积 38 万平方米，建筑面积超过 10 万平方米，资产近 10 亿元，年销售额近 10 亿元。公司的主导产品为草甘膦和甜菜系列除草剂。

草甘膦是公司主打产品，自营出口额连续四年位居行业前五名，产量达到 98%，是高含量草甘膦原药，并成为中国第一家获得美国、欧盟、日本等国登记，并在国外拥有自有品牌和完善的营销渠道。

好收成及图形商标为“中国驰名商标”，其产品为“江苏名牌产品”，品牌在行业内享有极高的知名度和美誉度。公司并通过了 ISO9001：2000 质量管理体系认证。

1. 专业筑造强大实力

公司以“低毒、高效、环保”的农化系列产品为主，以农药、医药中间体、其他精细化工品及循环经济项目等为补充，其主导产品为草甘膦。草甘膦原药含量达到了 98%，乙呋草黄原药含量达到了 97%，为国际最好水平，是中国唯一一家采用具有自主知识产权的新型绿色工艺量产 98%超高含量的草甘膦原药企业，中国唯一一家全面停止 95%草甘膦而只生产 97%～98%以上高含量草甘膦的农化企业，中国首家且最大的甜菜除草剂——乙氧呋草黄、甜菜宁、甜菜安除草剂生产商，2～4 滴、麦草畏采用新型环保工艺，产品质量优异。

2. 诚信品牌共享好收成

好收成公司先后获得了草甘膦、双甘膦生产方法等十多项专利，草甘膦和双甘膦被认定为江苏省高新技术产品。作为“江苏省高新技术企业”，公司是中国草甘膦行业首批采用新工艺（IDA 工艺）的企业，开发了草甘膦行业先进的空气氧化合成工艺，取得了实质性的突破。

公司倡导“公开、公平、公正”的处事原则和“文明、博爱、诚信、创新”的企业精神，力行“惜才、爱才、用才”的用人准则，坚守“做百年企业，创世界品牌”的企业目标，愿与国内外同行一道，携手打造辉煌的明天，共享好收成！

志起未来点评

好收成无疑是农资行业的成功者，志起未来认为，好收成的草甘膦之所以能进入高端市场，甜菜类除草剂之所以能占有较大市场份额、定位准确、持续创新，是企业强健发展的本质驱动力。

好收成公司杜总经理表示：“企业的明确定位是高品质，只生产优质可靠的产品。我们希望把产品已经进入的市场，把已经生产的产品做到最好，做到极致。”

持续的技术创新，是支持高品质产品的开发和生产，保障企业核心竞争力的基础；而重视责任关怀，加大环保健康安全投入，则为好收成公司的持续发展增添了强大动力。

1. 定位高端，坚守品质

好收成是中国首批采用 IDA 工艺生产草甘膦的企业，也是最早规模化采用膜技术进行环保和资源化三废的企业，拥有相关专利达 30 多项。通过对三废资源化和工艺的创新，草甘膦产品含量达到 98%以上，废物排放量大大减少。

良好的品质使好收成的草甘膦在巴西、澳大利亚、日本等市场的占有率长期占据前三的位置。

对于中国本土市场，好收成利用工艺上优势，开发出环保高效、适合国内的产品——33%的草甘膦铵盐水剂，2011 年，该产品的国内市场占有率达到 30%。

目前，好收成甜菜除草剂系列产品的产能达 3 000 吨/年，产量和销售已处于世界数一数二的地位，已占据国际市场份额 50%左右，产品处于供不应求的状态。成为获取客户青睐的重要原因。

如果放眼全球农化市场，“好收成”也许只是沧海一粟，但在草甘膦，乙呋草黄、甜菜宁、甜菜安等细分市场，因其独特的生产工艺和技术，却具有举足轻重的行业地位。

未来，好收成将坚持草甘膦和甜菜类除草剂产品开发及生产的一致逻辑，以品质和技术取胜，陆续向市场推出高品质的麦草畏、草铵膦等产品。

2. 技术创新，保鲜企业生命力

好收成遵循的价值逻辑，就是通过持续的技术创新，获取产品高品质、低成本并达到环境保护的目的，以实现竞争的持续性。

为实现技术领先，公司在研发和创新机制上投入巨大。好收成在上海和启东设立了两个研发中心，投入和花费不少于 3 000 万，配备目前最领先的设备和高端人才，得益于公司管理层高度的创新意识和开放态度，研发人员敢于创新，为企业的可持续发展注入新的动力。

通过技术创新，好收成成为中国首家放弃双氧水工艺，采用空气氧化工艺，实现量产98%草甘膦的企业，在欧美国家以98%的高含量草甘膦成为登记的领跑者。

3. 理性扩张，科学规划产品线

常言说："船大抗风浪的能力强。"很多企业，都在通过积极的兼并扩张，扩大企业规模，做大做强，希望在竞争中获取稳固的地位。好收成理解的扩张不是简单的收购，而是在对产品的互补和适应性进行充分评估后，进行的选择性整合，以适应企业的产品战略和营销战略。做大不是目的，只是成长的手段。

今年"好收成"通过收购和整合，使公司的产品线更加完整，尤其在除草剂方面，大宗产品有草甘膦，"精致的小产品"有乙呋草黄、甜菜宁、甜菜安、麦草畏等，这些产品中，很多都已经开发出抗此产品的转基因作物，而且能复配，创造出较高附加值，形成产品互补。

随着这些产品的量产，好收成的产品结构将进一步完善，预期在3～5年内，好收成跨入20亿～30亿销售额的目标是能实现的。

4. 环保安全与责任关怀两手抓，做良心企业

好收成在过去的数年间，对环境保护的投入和创新一直未曾懈怠，到现在，公司对环保和循环经济方面的投入已达到1.3亿，三废的排放减少到常规工艺的三分之一，甚至有些工段实现了零排放，这是好收成最值得骄傲的地方。

随着中国农药管理的进一步加强，环保问题决定着中国农化企业的出路。针对草甘膦，环保部门和相关的协会正在组织制定更具有针对性和可操作性的环保排放标准。通过严格环保核查，行业总体将呈现秩序更规范，竞争更公平的格局。

预计，好收成未来销售额将达到13亿元，其中草甘膦及甜菜除草剂等低毒高效的除草剂产品的销售将占到90%以上。好收成真正的发展，主要

靠接下来的 5 年，这将是一个获取丰收硕果的 5 年——丰收的喜悦来自“好收成”。

大农业模式启发

10 年的时间，江苏好收成韦恩农化股份有限公司成功完成了从白手起家到销售额突破 10 亿元的精彩转变。

好收成成功在哪里？

这是很多农资企业在询问的，回顾好收成的发展历程，我们看到，和其他企业力求产品线丰富不同，好收成更专注于几类产品，力求做专做精。而正是这份执着，一路带领着好收成将草甘膦原药的含量做到了国内最高水平；甜菜专用除草剂则做成了国内第一家并且是最大的生产商。

正是靠走“专而精”的路线，好收成在跌宕起伏的市场变幻中，甚至在草甘膦行业跌至低谷、许多企业亏损苦撑的年份，依然能保持稳健增长，产品供不应求。今天，就让我们来了解这个企业独特的发展之道。

1. 优异品质造就核心竞争力

好收成的品牌内涵源于一句话——“丰收的喜悦来自好收成”。在好收成人眼中，企业的发展壮大不是唯一目标，更要让农民共享丰收之喜。因此，公司一直把产品质量作为立身之本和社会责任的最好体现。

对高品质的不懈追求在好收成的当家产品上体现得尤为明显。“我们的定位是做高端草甘膦除草剂专业制造商。”公司董事长江连对记者说，好收成设立了两个独立的研发中心，先后荣获数十项发明专利。

在质量管理上，好收成始终严格把控。“质量不是检验出来的，而是做出来的。”江连说，遵循这一思路，好收成从原材料到中间体及产品都逐批检验，严格按国际最高标准执行，品质检验资料和数据也严格归档，做到“批批有监控、料料有追溯”。

高品质造就了好收成最核心的竞争力。2006 年以来，好收成的草甘膦除草剂自营出口额连续位居行业前五，在行业内和消费者心中都树立了好口碑。

2. 主导反倾销让整个行业受益

作为全球最大的农药品种，草甘膦是遭受国际反倾销调查次数最多的产品之一。针对中国的草甘膦产品，几乎主要市场都提出过反倾销。过去，或是因对反倾销没有正确认识，或是因耗时耗力不愿投入，许多企业对此望而却步。

“中国是最大的草甘膦生产国和出口国，一旦被加收高额反倾销税，出口会遭受重创。如果不积极应对，很多市场都会丢掉，整个农药行业都会受到很大影响。”该公司董事会秘书杜荣说。

基于这样的认识，历次的反倾销案好收成都作为主导者积极参与应对，在行业协会的组织下，与浙江新安等企业合作，提交大量资料和证据进行抗辩，多次前往几个国家进行交涉和开展听证会等事宜，经过不懈的努力和大量细致的工作，在历次反倾销案件中取得显著成效。

正是这一次次的积极应对，不仅有力地维护了好收成的市场，更使国内整个草甘膦行业都从中受益。

3. 注重环保，技术创新为企业长远发展积蓄后劲

得益于技术创新优势，好收成应用先进的膜分离技术、多重生化处理等手段，不但去除杂质，提高了产品的纯度和品质，还大大减少了废物排放，实现了“一箭双雕”。

“近年来，好收成在环保上累计投入超过了 1.2 亿元，每年的运行费用超过四千万元，行业内能做到这种投入的并不多。”好收成公司董事长江连这样说，我国生产草甘膦的厂家 100 多家，随着环保要求的日渐严格，相当一部分企业将面临出局的危险。

目前草甘膦行业处于整合转型期，随着排放不规范和无技术优势企业的出局，有社会责任心和技术优势的企业将获得更大的发展空间。

好收成因为技术创新，许多企业面临的母液处理和环保问题已经解决，公司市场占有率有望大幅增长。未来，好收成将继续加大研发投入，保持技术领先，扩大主导产品产能，进一步提高产品竞争力，实现规模取胜，强化品牌营销，力争在未来三五年内实现年销售额 30 亿元的目标。

第八节　红太阳：坐稳中国“农资连锁第一品牌”

案例描述

红太阳集团是由南京第一农药集团有限公司和红太阳集团有限公司组成的一家致力于绿色生命科学产业的国家大型重点高新技术企业集团，以环保新农药、新肥料、新医药及三药中间体、新材料制造等为主业，以农资连锁、国际贸易、投资置业等现代服务业为支撑，集科研、制造、国际国内市场等上下游全产业链一体。集团拥有 36 家全资及控股子公司，其中一家已成功上市。

红太阳产品覆盖全国 28 个省市、2 098 个地市，出口畅销到全球 108 个国家和地区，已形成上下游一体的产业产品链、生物链、循环经济链，取得了技术、环保、成本和市场的排他性竞争优势。尤其是被国外跨国公司垄断全球半个多世纪的俗称含氮杂环类三药及三药中间体“芯片”吡啶碱的自主研发成功并在世界最大规模地工业化生产，成功改写了世界环保农药技术、生产和市场的格局。

1998 年，红太阳开始通过高新技术改造传统的农药产业，并逐步孵化出新形态的产业。逐步发展成为中国最大的农药生产基地。集团目前拥有世界前瞻性高科技农药产品 56 个，其中有 10 个填补国内空白，有 10 个达到世界领先水平，有五个获得国家级新产品和专利。

2000 年初，红太阳又被世界农药权威杂志《英国环球植保》称赞为世界超高效农药的生产王国。

2002 年，红太阳的产值为 22.3 亿元，利润 1.23 亿元，资产总值 28.6 亿元，与 1989 创业初期相比，有了数千倍乃至数十万倍的增长。而在当年的产值中，生物药业为 1.5 亿元，基因种业 1.2 亿元，国际事业 3.5 亿元，电子商务 5.5 亿元，红太阳正在培植自己新的经济增长点，而这些增长点都是高成长性的。

2003 年，中国最大 1 000 家大企业集团。

2004 年，实施火炬计划十五周年火炬计划优秀高新技术企业。

红太阳连续两年位居中国千强企业，这在中国农药产业是独一无二的。红太阳农药位居世界农药十强制造企业，农药企业第一位，中国农药行业“八连冠”，并且作为中国农药行业第一家在境外办企业，设立办事处，红太阳系列农药成为“中国农药市场第一品牌”、“中国农药市场用户满意第一品牌”。

志起未来点评

16年前起步时，红太阳还仅是一家农药分装厂，而今，却一跃发展成为中国农药的第一品牌，公司已从创业初期简单的农药分装，发展成为涵盖农药、生物医药、现代种业、油漆涂料、物业与连锁、国际贸易、高分子材料等七大主导产业的综合性集团公司，拥有32家全资及控股子公司。

尽管已稳坐“中国农药第一品牌”，但农药事业只是红太阳集团公司的“十分之一”。其他还有：医药、种业、涂料、国际、农资连锁、肥料、传媒、房地产、合成材料等九项事业。红太阳集团公司董事长兼总裁杨寿海说：“集团的未来，单纯的农药事业只会成为重要的一个分支。我们的产业定位，是整合资源，打造红太阳农业生命科学、精细化工、房地产产业链的百年基业。”

目前，红太阳集团的各项产业已形成齐头并进的趋势：①已兴建成世界上品种系列最全、亚太地区最大的超高效杀虫剂生产基地、也是中国农药行业最大的农药企业。现有四大系列116个品种，占地805亩，投资15.6亿元。②亚洲最大的生态肥生产基地和环保型有机磷农药生产基地已建成投产，占地1 600亩，总投资15亿元。③中国目前最大的种子加工生产基地，占地160亩，总投资2.5亿元，已形成了研、育、推、繁、加一体化的种子产业链。④红太阳医药产业生产基地已建成投产，占地180亩，总投资1.5亿元，并已通过国家GMP论证。⑤建成国内最大的涂料生产基地，占地200亩，总投资1.89亿元，年产三万吨高档涂料。⑥正在兴建亚太地区最大的杂环类三药及三药中间体生产基地，占地400亩，总投资9.5亿元，全部投产后，可形成销售25亿元，利润3.5亿元，税收1.5亿元。

红太阳的连锁网络目前在国内外已经初具规模。在国内市场，销售遍布全国28个省、2 098个地、市、县，在全国投资建立“千县万镇十万村亿万农户”的农资连锁，现已建成620个县6 700个乡镇的连锁网络；在国际市场，销售遍布全球82个国家和地区，三家境外公司，获得82个国家228个登记证。

创业16年来，红太阳实现了各项经济指标一年翻一番，16年翻了14番的目标。更令他们引以为豪的，是红太阳已成功实现了他们六个质的飞越”！

1. 成为中国农药产品结构变革的主体

创业16年来，红太阳开发了196个填补国内空白的高科技、低毒性、低残留、无公害的农药产品。当前，还有18个填补国内空白、38个达到世界先进水平、10个获得国家专利的国家级新产品。红太阳也成为世界上生产超高效、低毒性、低残留、无公害农药品种系列最全、亚太地区最大的农药制造“超市”。

随着这些高科技、低毒性、无公害、环保型农药的生产，中国高毒、高残留农药的使用从1995年市场份额的70%下降到目前的45%左右，红太阳成为今天和将来的农药推广主体。上个世纪90年代以来，原被欧、美、日垄断的低毒、低残留、无公害农药品种，不仅被一个个地拒绝于国门之外，而且红太阳已获得82个国家政府的228个产品注册登记的批准和准入。

2. 率先实施农资连锁新业态的建设

红太阳创业前10年，依托国家农业部全国农药技术推广服务中心，率先在国内建立了覆盖全国28个省1 598个地市县的新农药、新技术、新产品试验、示范、推广、销售协作网络，构筑了全国28个省2 098个地市县的红太阳农药产品一体化销售服务网络。作为我国第一家成功打破了计划经济条件下形成的地区分割、地方保护主义封锁的企业，红太阳成了中国农药第一品牌。

1997年，红太阳开始构想和研究农资连锁新业态和体系，先后投资近500万元，组织了经济学教授、市场营销专家、农业技术推广专家、农资流通专家、农村基层干部为主体的研究队伍，历经三年，完成了红太阳“千县万镇十万村亿万农民”的红太阳连锁新业态的计划构筑。2003年，红太阳开始组织实施红太阳农资连锁工程。

3. 实现面向世界、与强共舞的变革

1998年末，经国家外经贸委批准，红太阳获得了自营进出口权。2001年，经国家外经贸委批准，红太阳在国内农药行业中成为第一家在境外办公司、设办事处的企业，迄今为止已在澳大利亚、越南、巴基斯坦、阿根廷分别成立公司和设立了办事处。

2002年再次获得外经贸委批准，投资成立了红太阳国际贸易有限公司。目前红太阳的产品已获得82个国家政府的228个产品注册登记的批准和准入，今年已出口到82个国家和地区，实施了与强共舞。

红太阳正积极实施“百国千商”的红太阳国际电子商务连锁新业态，已连接到澳洲、南美、欧洲、东南亚、日本、非洲、北美等82个国家的618个国外客商。

4. 利用生物技术带动种业变革

2000年10月，红太阳正式兼并重组南京市种子公司，投资5 500万元，大举进军种子行业。经过努力，红太阳使一个重组前亏损的市级种子公司一跃成为中国种业的赢利大户，成为世界上第一家利用分子技术育种、采用白化标记育种的企业，也是世界上唯一采用白化标记育种杂交水稻的生产基地。

继棉花营养钵育苗、花控技术、地膜覆盖以后，红太阳的无土工厂化育苗棉花栽培技术已经生根开花，这是一项具有自主知识产权、填补世界空白的新技术。

5. 整合产业经营、资本经营、兼并重组等社会资源，做大做强

1998年以来，红太阳先后兼并重组了南京天龙股份有限公司、南京种子公司、江苏省农资公司、南京植物制药厂等濒临破产或严重亏损企业。

迄今为止，所兼并重组的濒临破产、资不抵债的三家公司，先后家家赢利，个个成功，成为国家重点火炬高新技术企业，成为世界上生产超高效杀虫剂品种最系列、亚太地区最大的制造企业，实现销售、资产五年翻三番，利润、国家贡献五年翻两番。

6. 打造红太阳经济名片

红太阳利用产业、市场、人才、管理优势，构筑了一个又一个“智慧+资

本”的经营平台：①利用产业优势，仅花 3 000 万元，成功兼并重组南京天龙股份公司，拥有南京市种子公司；②利用市场优势，仅花 1 600 万元，获得了一个拥有 1.2 亿元资产的江苏省农资集团公司，并已成为中国第一家进入上市辅导期的农资连锁公司；③利用存量土地资源，与世界第五大连锁公司英国乐购集团达成协议，正在搭建南京市最大的国际商城；④利用资本和品牌优势，组建了南京市最大的担保公司。现在，红太阳又成功与华人首富李嘉诚合资 2 500 万美元，建成中国最大的生态肥生产基地。

未来，红太阳继续高走专业全球化路线，按照工艺相近、渠道相通的原则，重点围绕环保新农药、新医药及三药中间体、新材料等新兴制造业和农村大市场连锁、国际电子商务等现代服务业新业态，以生物工程、化学工程、环保工程及信息工程为平台，打造红太阳“新农药”、“新医药”、“新材料”和现代服务业“新业态”企业集群，做大“农”字，做强精细化工，做精医药做新连锁。实现由单一的产业经营向资本经营、产业经营、品牌经营转型。力争实现世界环保农药“红太阳创造、中国人骄傲”和中国民族高新技术产业屹立于世界列强之林的雄伟目标。

品牌上，红太阳通过实施名牌战略，实现了“名品”、“名企”、“名牌”的“三名”目标任务。红太阳商标被国家确认为“中国驰名商标”、“最具市场竞争力品牌”；红太阳主导产品荣膺四大“中国名牌”，位居中国企业名牌总数第一。

红太阳产品被国家确认为“国家免检产品”。尤其是其核心产业环保农药被世界农化行业权威机构英国植保协会评选为“新兴市场最佳公司”和“最佳供应商”的光荣称号，成为第三世界国家农化行业中唯一同时荣获此殊荣的公司。

大农业模式启发

红太阳公司创业以来，一直秉承注重自主创新、环保、人才优先，品牌建设和经营国际化的强发展战略。通过实施自主创新、立足“三农”，围绕绿色环保型、无公害农药为重点，利用生物工程、信息工程、环保工程等前沿科技，先后开发了填补国内空白、替代高毒、替代进口、拥有自主知识产权和国家高新技术产业化、国家级新产品、国债项目累计达 160 多项高端科技项目，2007 年出口额达到了 1.5 亿美元，其中，草甘膦出口额预计 3.5 亿～4 亿美元，占公司总产量 50%，形成了三大农药产业链，打破了绿色环保农药被欧美等少数跨国大公司长期垄断的格局，为我国大力发展绿色环保创汇农业，替代进口农药，为三农降本增效，解决防治病虫草害和降低高毒农药环境污染的矛盾找到了解决的捷径，取得了国家、企业、三农、环境等多赢的良好成果。目前已经获得了在 100 多个国家的 800 多个农药品种的登记，为拓展海外市场打下了良好的基础。

红太阳集团以真诚服务"三农"为己任，始终坚持以质量取胜，靠诚信合作，并以完善的科技服务深受农民朋友好评。为更好地服务"三农"，集团联合国内知名专家，努力加大创新和服务力度，以突出成绩取得了卓越的效果，获得了 200 多项国际国内大奖，充分彰显了红太阳的品牌魅力。一路走来，红太阳用诸多荣誉证明了小行业大品牌的优势。

第九节　隆平高科："种子＋农化产品"联合营销模式的缔造者

案例描述

隆平高科是由湖南省农业科学院、湖南杂交水稻研究中心、袁隆平院士等发起设立、以科研单位为依托的农业高科技股份有限公司，公司成立于 1999 年 6 月，是一家以光大袁隆平伟大事业，用科技改造农业，造福世界人民的农业高新技术企业，成立之初注册资本 1.05 亿元。

2000 年 5 月发行 A 股。2004 年 12 月，长沙新大新集团有限公司受让湖南省农业科学院的全部国有股权，成为公司控股股东。2006 年完成股权分置改革，成为完全市场化运作的现代上市公司。公司以杂交水稻为核心，以种业为主营业务方向，以农技服务创造价值。

2003 年，被农业部评为中国种业五十强。公司"农平"、"湘研"两商标被评为湖南省著名商标，连续两年被评为消费者信得过单位。2003 年公司通过 ISO9001 国际质量体系认证。

隆平高科是农业产业化国家重点龙头企业和国家科技创新型星火龙头企业、湖南省重点高新技术企业；公司连续 6 年被评为优秀高新技术企业和技术创新先进单位，隆平高科商标被认定为中国驰名商标。

从 2000 以来主营业务收入平均每年增长 48.29%、利润平均每年增长 35%，总资产 4 年增长 5.8 倍，净资产增长 10 倍多，每股净资产增长 5 倍。隆平高科已逐步发展成为亚洲最大的种子公司之一。

品牌方面，隆平高科实施商标战略引领作用，坚持自主研发及价值营销，提升品牌核心竞争力；不断提升产品质量和服务水平，树立了良好的国际品牌形象。

志起未来点评

细节决定成败。尽管营销模式多种多样，不断创新，包罗万象，但最终能否成功，每个环节的落实、每个细节的执行都起到了关键作用。种子与农化产品的配套营销，就是多种营销模式中的一个环节、一个细节，怎样把这个环节、这个细节做好，值得我们深入探讨。

1. 种子与农化产品配套营销的优势

好种子的优良表现离不开优质肥料和农药的配合：农作物的优质高产离不开气候、土壤、肥料、农药和优良的种子，在气候、土壤和种子相对固定的条件下，肥料和农药将成为影响农作物产量的关键因素。

2003 年在湖南常德有个乡种植杂交油菜，有的农户获得了大丰收，有的农户歉收。歉收的农户认为自己购买了假种子，四处告状打官司，最后经专家调查确认，不是种子不好，而是歉收的农户施用了假硼肥——硼镁肥，一种实际含硼量几乎为零的假硼肥。杂交油菜对硼特别敏感，湖南省耕地土壤普遍缺硼，硼的不足导致优良油菜品种被误以为假种子。

由此看出，好的种子离不开好的肥料，也离不开科学、合理施肥。

种子与农化产品配套营销是强强联合，资源互补：种子经销商对种子的特性如生育期多长、什么时候播种比较适宜等很清楚，但对当地的土壤肥力状况并不是很清楚，特别是对土壤中的微量元素状况、先进的农药使用情况、怎样合理使用化肥和农药，更不很清楚，如果对种子与农化产品进行配套营销，就能起到强强联合、资源互补的作用。

种子与农化产品配套营销是一个互惠互利、良性发展和不断壮大的过程。对种子和农化产品进行配套营销可提高了资金利用率，降低了营销风险，减少了不必要的销售费用。

2. 种子与农化产品怎样配套营销

赠送一包微肥或除草剂，把更多的实惠送给农民：农民都知道，好种子需要好肥料。隆平高科开展“一包种子让利一元钱，不如赠送一元钱的微肥和除草剂”的活动，农民由此获得的实惠更大。因为农民花一元钱在市场上买到的微肥很可能是效果很差的伪劣产品，致使好种子的优势表现不出来，种子的进一步推广就会受到影响。

利用优惠政策促成系统内合作：为了促进系统内的种子与农化公司的合作，隆平高科公司经常会提供一些优惠和奖励政策，以此来拉近双方的关系，这在种业企业，不失是一种有效的措施。

隆平高科这种“种子与农化产品的配套营销”的模式，给农资企业带来了新的思路，未来，隆平高科将不断发展壮大，形成更大的规模，为“隆平高科”的欣欣向荣、蓬勃发展作出更大的贡献。

大农业模式启发

近几年，种子与化肥、农药等农化产品的联合营销越来越受到更多农业企业的重视，很多种子企业早就开始涉足与化肥企业的合作，而农化企业也有一些正在如火如荼地做种子的生意，更有一些化肥企业也在积极寻找种子企业合作，以图联合起来推广一些高价值化肥产品，实现双方互补性共赢。一个“种子＋化肥＋农药”共存共销的终端零售商层面，早已形成。他们之间具有很好的互补性、互动性和互依赖性，形成了一条完整的价值链。

应该看到，种子与农化产品行业在呼唤着能为一批商提供足够的毛利空间去掌控和运作市场的深度营销，这是一个相对闭环的价值链系统，如此想来，如果可以将农化产品中高端产品与种子企业进行深度联合营销，形成一个增值的渠道价值链系统，那么对农化产品企业和种子企业都是极为有利的，也更能推动农业上中下游产业链的发展。

隆平高科正是看到了这种深层联合营销的巨大价值和优势，着手将种子与农化产品进行真正有效的深度配套营销，使其在全区域内深度和广度双向覆盖，纵观其种子和农化产品的联销发展，我们认为，其具有以下几方面优势：

1. 技术优势

在核心技术，生产技术方面形成有效联动，这是联销的基础和必要条件。

2. 产品优势

隆平高科的种子与农化产品的联合营销产品都有着突出的闪光点、极具特色，特别对渠道、农户的利益点具有强大吸引力。

3. 品牌联动

在联合营销中，种子与农化产品不仅继续发扬各自产品品牌优势，更多的是扩展了思路，既采用联合品牌，又共创了新的品牌来进军市场，形成了跨界整合的新优势，对市场产生了良好的触动作用。

4. 分销联动

这是隆平高科的一大特点，种子企业可以卖化肥和农药，反之，农化产品企业也可以卖种子，资源大家共享，联销的爆发力和最大的价值点被极大地体现了出来。

5. 推广联动

配套营销中，很多新概念、新优势、新渠道、新动力不断显现出来，对这些，隆平高科采用“拉”力来为其创造更大动能和效果，在渠道和农户心中形成鲜明统一形象。

6. 服务联动

应该说，服务在隆平高科的种子与农化产品的联合营销中发挥着越来越大的作用，也更加深入和精细，由此可见，农化服务是实现成功联销不可或缺的环节。

综上所述，在隆平高科种子与农化产品的联合营销中，合作各方是互惠互利的，这也成为了未来种子与农化企业赢取市场的必然之选，隆平高科的成功，证明这种联销体是有章可循、有路可行的，是完全可以实现的。

隆平高科用自己持续的创新努力，为“种子＋农化产品”的联合营销开辟出一片广阔蓝海。未来，这种新型的营销模式将成为大农业时代种业和农资业实现互利合作，拉动全产业链发展，推动实现农业产业现代化的平台，隆平高科作为行业的领军者，势必带领更多种子与农化企业跨入新的里程碑！

第十节　屯玉种业：诚信创新，筑造现代种企核心竞争力

案例描述

山西屯玉种业科技股份有限公司是一个以玉米种子育、繁、销一体化为核心产业，种业为主导产业的现代企业集团。公司在全国设有 8 个子公司，3 个分公司，11 个科研机构，总资产 5 亿多元，年产销玉米种子 6 000 万千克。

屯玉种业公司于 2000 年在同行业率先通过了 ISO9001 国际质量体系认证，是“中国种业骨干企业”、“农业产业化国家重点龙头企业”、“高新技术企业”、“全国优秀龙头企业”、“国家守合同重信用企业”、“国家星火计划龙头企业技术创新中心”。

2006 年“屯玉”牌玉米种子被授予“中国名牌产品”。公司承担着国家“863 高技术研究发展计划成果产业化基地”、国家航天部“长治玉米航天育种基地”等国家级重大项目。公司所在地被农业部等六部委命名为“中国玉米良种之乡”。

从原种场承包经营到玉米种子专业公司、有限责任公司，再到股份有限公司，经过十多年的发展，屯玉形成了完善的“科研、生产、物流、营销、质保、信息”六大体系，成为中国种业界产业规模大，品牌知名度高，发展潜力大的企业之一。

奋进中的屯玉种业，将秉承国家赋予种业界“发展中国种业，保障粮食安

全”的使命，发扬“务实创新，锐意进取”的精神，牢记“锤炼核心能力，真诚服务农民”的企业使命，以诚信立业，以创新兴业，以高品质种子为中国粮食生产做贡献，以崭新的姿态助中国种业铸就新辉煌！

志起未来点评

从山西屯玉种业科技股份有限公司的发展历程，我们看到了公司惊人的育种进程和喜人的优良品种。这些都显示了屯玉种业强大的核心竞争力，难怪不少业内人士认为，屯玉种业的研发能力及科研成果已经走在全国骨干企业的前列，屯玉种业正不断提升竞争力，成为现代种企的排头兵。

1. 品种选育创新

说到核心竞争力，我们不禁要问，种子企业的核心竞争力在哪里？屯玉种业董事长侯云鹏认为，企业的研发能力，新品种的数量和质量是种企核心竞争力的集中体现。

在中国玉米品种的研发推广上，无论是数量还是质量，屯玉种业均居前位。近5年来，随着国外玉米品种进入我国市场后的新变化，屯玉种业及时调整了育种方向，由高秆稀植大穗型向耐密中穗型转变，由数量粗放型向质量高效型转变，由传统的一年两季增加到一年四季，加快了育种进程。

2. 科研机制转型

屯玉种业为什么能在短时期内推出诸多有竞争力的新品种，追溯根基，源于公司的科研机制转型。为提升种子质量，屯玉在科研机制上进行了一系列的转型：①精简常规育种人员和研发经费，增加了物技术、单倍体新技术的科研人员和投资力度。②将过去呈散射状的科研目标转变为集中目标，靶向式攻关，由数量型转向优质高效型。

屯玉种业在自主研发新品种的同时，还积极引进国内具有明显优势的新品种，利用本公司的推广营销平台，为农民提供更丰富的优质高效新品种。

3. 基础设施一流

为了提高和保障种子繁育、生产、加工的质量，屯玉种业今年投巨资，加强了基础设施的建设，创造了全国一流的水平。

今年，屯玉种业投资 500 万元对亲本繁育田实施了改造。投资 100 多万元，对质量控制中心的检验设备进行了更新改进，安装了国内顶级的先进设备。过去仅能做种子的水分、芽率、纯度、净度的检测，现在可以做各种活力检测和 DNA 检验。

屯玉种业在总部安装了两条全自动的加工生产线，包括种子烘干、精选、比重选、包衣、包装的一条龙作业。先进的设备使“屯玉”系列精品种子芽率达到 99%，纯度净度达到了 100%。

大农业模式启发

种子企业，向来是受政策扶持力度最大的行业，随着国家多项利好政策的相继出台，未来种业的前景持续看好。

2011 年，中央出台了 8 号文件《关于加快推进现代农作物种业发展的意见》，鼓励坚持自主创新，加强农作物种业科技原始创新，加快培育具有自主知识产权的农作物种业科研成果，提高农作物种业核心竞争力。这为种业发展带来了历史性机遇，而《农作物种子生产经营许可管理办法》的出台更是大幅提高了种业的进入门槛。

1. 首次明确了农作物种业的地位，即农作物种业是国家战略性、基础性核心产业，是促进农业长期稳定发展、保障国家粮食安全的根本。

2. 首次明确了种业科研的分工，国家级和省部级科研院、高等院校要重点开展种业基础性、公益性研究，逐步建立以企业为主体的商业化育种新机制。

3. 首次明确了企业的主体地位，明确种子企业是商业化育种主体，是种业发展的主体。

从业内专家对种业政策的解读，我们看到了未来中国种业改革的路径：育种研发体系的突破性改革将成为国内种业发展的里程碑，将从源头上改变国内种子品种过多、竞争过度激烈的局面，同时也将极大增强种子企业的育种研发能力，多元化品种体系建设有望取得实质性进展。

由此看来，种业政策的推出不是“靴子落地”，而是“变革序曲”。未来，种业龙头无论是利润率，还是品种销量都具备持续成长空间。种业政策的持续推进与落实势必将为行业提供绵延不断地发展动力。

1. 思想印记

8 号文件明确了种业基础性、战略性核心产业的定位，把种业放在前所未有的高度来重视。在 8 号文件实施过程中，种业界以及社会各界逐渐思想统一，认识一致。

2. 政策印记

在财政政策上，相关部委共同推行的“现代种业发展基金”，将在企业兼并重组和推进创新能力建设方面发挥良好的作用。在税收金融政策上，对种子企业的税费进行不同程度的减免，在企业贷款、基金投资等很多方面，种业企业都得到了实惠。在产业政策上，企业创新能力、制种基地建设等的政策支持都是前所未有。

3. 创新印记

这是屯玉种业发展壮大的组织保障；包括合作机制的创新，科企合作、企企合作空前活跃，带动技术创新、企业资源整合等；技术创新是屯玉种业发展壮大的内在基础；管理创新为屯玉种业的持续发展奠定了人才基础。我们正在改变过去的资源配置方式；鼓励企业在卖种子的同时提供服务，用服务创造价值、用服务打造品牌，引领我国的种业企业走上了一条健康发展之路。

第十七章

大农业经典案例：畜牧业

应该说，现在从事牧业的企业越来越多，在我们服务过的企业中，不时会有成功的闪光点显现，今天，我们就抓住了这些精彩的瞬间，把我们为其在战略新品运营模式，在帮助他们在创新路上树立品牌，迈向辉煌的感受呈现出来，让大家一起分享每个感动。

第一节　正大集团：为做电商构建完整产业链

案例描述

正大集团由华裔实业家谢易初、谢少飞兄弟创建于1921年，公司从农作物种子的销售开始，逐步发展壮大，形成了由种子改良——种植业——饲料业——养殖业——农牧产品加工、食品销售、进出口贸易等组成的完整现代农牧产业链，成为世界现代农牧业产业化经营的典范。

作为世界上最大的农牧企业集团之一，正大集团独特的现代化养殖经营模式，在带动中国农民就业和促进农民增收方面产生了很大的社会效益。正大集团坚持养殖业“高投入、高产出、低成本”的发展思路，努力发展现代化、封闭式的养殖场。这种现代经营模式所带动的就业机会比传统养殖模式增加一倍以上，而且经济效益高、成本低，可确保环境和食品安全，有利于提高产品国际竞争力，降低市场风险。

1994年以来，在由世界著名财经杂志《远东经济评论》评选的“亚洲200领先企业”中，正大集团6次位居泰国企业之榜首，3次位居第二。

志起未来点评

作为世界知名农业企业，正大如何一步步走向成功？

1. 构建完整产业链，每个环节实现盈利

30年前正大集团进入中国，从一开始的正大饲料，发展到养殖、屠宰、加工、食品、零售的农牧产业链。截至目前，正大集团已经打通了从种子到饲料、养殖、农牧产品加工、食品销售、进出口贸易的完整现代农牧产业链。并且采用了“公司＋农户”的独特农业投资模式，使公司和农民建立了紧密的经济联系。农民得到了种子、技术和销售渠道支持，还规避了种植和养殖风险。公司得到了充足可靠的货源。公司和农户取长补短，互通有无，打通了从饲料到餐桌的完整产业链。在产业链的建设当中，正大集团下属卜蜂莲花超市的物流系统起到了关键的作用。

构建食品全产业链系统，打通从田间到餐桌的最后一公里，对于大农业模式企业有着重要意义，构建全产业链不仅可以以防止上游原材料价格的波动，也可以掌握下游的定价权，在产业链的任何一个环节都可以实现盈利。

2. 绿色循环经济，提升产品附加值

中国的农业企业大多只是从事产品的初级加工，没有深入到运输、营销等整个产业链上的诸多环节，因此很难提升产品竞争力。而正大集团利用自身资源优势，对初级农产品进行深加工，不断地深入打通产业化链条。利用自身优势建立绿色循环经济，它按照自然生态系统物质循环和能量流动规律重构经济系统，使经济系统和谐地纳入到自然生态系统的物质循环的过程中，建立起一种新形态的经济。

循环经济在本质上就是一种生态经济，它把经济活动组成一个“资源—产品—再生资源”的反馈式流程；其特征是低开采，高利用，低排放。最大限度地保护了生态系统、节约了资源，并提升了农产品的附加值。绿色循环经济以后将成为农业发展的方向和趋势。

3. 因地制宜，打造适合本土的战略新品

在国际化方面，正大着眼于全球市场。开发出适合各个国家的不同产品，中国的肉鸡生产成本低，正大就在中国养殖肉鸡，屠宰加工后，根据消费者喜好出口到各个国家，比如日本人喜欢吃鸡腿，正大就把鸡腿出口到日本，欧洲国家的人喜欢吃鸡胸，正大就把鸡胸出口到欧盟，一些相对贫困的亚洲地区人喜欢鸡翅更多一点，正大就向这些地方出口鸡翅。

正大集团把产品加工、分解，出口到需要的地方，正大本土化思想的核心是以消费者为核心，企业规范必须随地区变化引起的顾客变化而改变。正是因为这样的思路，正大产品才能获得世界各个国家消费者的喜爱。

大农业模式启发

对大农业模式企业来说，重视农业产品产前，产中，前后的一条龙式服务，加强农产品从生产、加工到流通环节的有机结合，充分发挥作为经营主体的农业专业大户、联合体和贸工农一体化组织在农产品加工、流通领域的主导作用，形成种养加、产供销、贸工农一体化的经营格局，农业生产者成为相对独立的商品生产者，并形成规模化经营，形成较为完整的产业链。因地制宜，打造适合本土消费者的产品，才能提升产品附加值，让农产品从默默无闻变“明星产品”。

第二节　首农：打造现代农业新体系

案例描述

2009 年 4 月，经北京市政府批准，北京三元集团有限责任公司、北京华都集团有限责任公司、北京市大发畜产公司重组为北京首都农业集团有限公司。

组建后的首都农业集团资产总额 300 亿元，员工 4 万人，国有全资及控股企业 64 家，中外合资合作企业 31 家，境外公司 3 家，其中北京三元食品股份有限公司为上市公司。

首都农业集团在畜禽良种繁育、养殖、食品加工、生物制药、物产物流等方面具有行业明显优势，业已形成从田间到餐桌的完整产业链条，拥有 5 家国家级重点农业产业化龙头企业和“三元”、“八喜”、“峪口禽业”、“太子奶”、“丘比”五个中国驰名商标，“三元”、“华都”、“双大”三个“中国名牌”及一批著名商标，并与多家国际知名企业建立良好合作关系，具有较强的市场竞争力和影响力。

志起未来点评

组合之后的首农面临着成本上涨、企业整合、模式不统一等问题，首农集团是如何解决这些问题，一步步打造自己的农业新体系的？

1. 有效的养殖运行模式，打造核心竞争力

我国过去养猪、养牛是农户分散模式为主，那么在选育、培育种猪工作中，可供选择的种群太少，也达不到联合育种的程度。近几年，随着我国农村改革，农村散户养殖逐步转化为规模化、工厂化的养殖企业，为我们提供选择

优秀的种牛、种猪奠定了基础。

但是，对于中国的养殖业来说可供选择的优秀种牛、种猪非常少，首农集团从种源开始，下大工夫从中国台湾、荷兰、英国、美国的优秀种苗，不再依赖进口，建立自己的种牛和种猪培育体系。在国家养殖的整个范围内，首农担起为国家提供优秀种公牛的责任，真正繁育出自己的优秀种公牛，提升了首农在整个行业内的竞争力。

首农集团拥有育种——现代化养殖——屠宰加工——食品深加工——内外贸易一体化完整的肉鸡、猪肉、牛肉产业链。现代化的肉鸡、猪肉、牛肉屠宰加工生产线，屠宰量国内第一。

2. 物流助阵全产业链，打造现代农业新体系

首都农业集团在畜禽良种繁育、养殖、食品加工、生物制药、物产物流等方面具有行业明显优势，为了推进现代物流，首农实现三大产业融合发展，形成聚合一、二、三产业为一体的融合发展的都市型现代农业新体系。覆盖原料资源、生产加工、流通渠道的“从田间到餐桌”的完整食品产业链。并且投资2.2亿元兴建华北地区规模最大的物流中心，为实现产品流通打下基础。

大农业模式启发

企业围绕自身独特的资源能力、优势，设计链条性关联盈利模式，挖掘利益相关者间的吸引力，打造利益链条的全产业链，从而达到降低交易成本、分散交易风险、升值交易价值的目的。当然对于大农业模式企业来说，打造自己的物流对于全产业链的构建起着关键的作用。

第三节 “但愿人长久 相伴得利斯”，高端品质成就绿色肉食王国

案例描述

得利斯集团创立于1986年，现已发展为集良种猪繁育、标准化饲养、饲料生产、兽药防疫、生猪屠宰、肉品加工、生物工程于一体的国家大型一档企

业集团。

得利斯集团被确定为首批农业产业化国家重点龙头企业、中国肉类十强企业、中国食品行业百强企业，中国最具市场竞争力品牌、山东省政府质量管理奖等荣誉称号。

公司创立 20 年来，遵循“贸工农一体化”、“农业产业化”发展方向，引领冷却肉、低温肉制品消费潮流，不断完善从源头到终端全程控制的肉食品产业链条。

为从源头上保障肉类产品安全与品质，公司着力建设年产 500 万头优质肉猪基地，完善集良种繁育、标准饲养、饲料生产、兽药防疫、生猪屠宰、肉品加工、生物工程到内销出口“一条龙”的绿色食品产业体系。

在整个体系年，得利斯集团可实现总产值 130 亿元以上，利税 15 亿元，出口创汇 2 亿美元，带动农民增收 10 亿元。从而全面提升公司竞争力，为实现“百城万店、百社万场、百亿企业、百年品牌”的目标奠定基础，为农民增收、农村改观、农业增效、建设社会主义新农村贡献力量。

志起未来点评

很多人对得利斯的了解和认识，是从那句广告词开始的：“但愿人长久，相伴得利斯。”其实，人们所不知道的是，这个深受消费者喜爱和信赖的肉食品牌是直供人民大会堂、钓鱼台国宾馆的特供产品。

得利斯从创办之初就坚持以质量求发展，并以责任为源，以高档食品引领消费潮流。也因为其始终坚持“食品安全，重于泰山”的质量管理理念，才可以把安全、绿色的猪肉产品源源不断地送上广大消费者的餐桌。

作为中国第一营销策划专业团队，北京志起未来在与得利斯的长期战略合作中，总结出了以下几点：

1. 严格把控质量关，确保肉食绝对安全

创立于 1986 年的得利斯，经过 26 年的发展，已发展成为拥有 6 000 余人的集团公司，成为集良种猪繁育、粮油饲料加工、标准化饲养、生猪屠宰、肉制品深加工、生物工程于一体的国家级农业产业化重点龙头企业。这个深受消费者喜爱的肉食品牌，已经完成了一次又一次的华丽转身，成为行业瞩目的焦点。

为了确保产品安全，实现全程质量安全控制，得利斯集团不断上下延伸产业链，集团先后建立起了农业、畜牧、食品、生物四大产业平台，形成了从农田到餐桌的完整产业体系。公司在国家无规定动物疫病示范区建设优质肉猪繁育饲养基地，采取“统一供种、统一饲料、统一兽药、统一防疫、统一技术服务、统一收购”的“六统一”管理，同时大力推广自然生态养猪法，保证优质供给，成为得利斯绿色一条龙肉食自然安全的坚强后盾。

2. 高科技的支撑，成就了放心优质绿色食品

优质的产品离不开先进技术的支撑。公司先后投资 1 亿多元建成了高标准的产品研发检测中心，建立了博士后科研工作站，中心现拥有科研人员 500 多名。该中心 2009 年被国家发改委、科技部等认定为国家级企业技术中心。

3. 小猪佩戴“身份证”，安全有保证，得利斯造就卓越品质

“小猪带上身份证，环环相扣有保证，冷链物流可监控，扫描条码看全程。”这是对得利斯食品安全追溯体系生动的描述。在得利斯的养殖场里，仔猪出生后就佩戴 RFID 电子耳标，电子耳标就像小猪的身份证，记录生猪的用料、免疫、保健、用药等健康信息，伴随其生长直至出栏。生猪出栏时电子耳标中的全部信息将导入管理卡中。

生猪转入屠宰环节后，又换上了带有芯片的胴体挂钩标签，来记录每头猪在屠宰过程中的全部信息。生猪完成屠宰分割后，所有信息将转换为追溯码标签，随产品进入仓库。

终端查询系统是食品安全追溯系统的最终展现方式，消费者通过扫描追溯码查询到所购买产品的全程生产信息，使消费者购买时更放心。

这样的食品安全信息可溯可查，保证了产品的安全品质，实现了“从牧场到商场”的全程质量监控。得利斯凭借产品的卓越质量和品质，成为人民大会堂和钓鱼台国宾馆专供产品。

4. 诚信为本，满足消费者需求，引领健康肉食潮流

得利斯集团作为国内第一批生产冷却肉和低温肉制品的企业，在产品结构

方面具有先发优势。公司从德国引进了整套先进的加工设备，结合自己精心研制的工艺，率先在中国生产出了营养健康的得利斯低温肉制品，填补了国内空白，为中国消费者带来了发达国家流行的健康肉食新概念。

20多年的征程，凝聚着得利斯人“唯信可立”的执着追求，留下了产业化经营的坚实足迹。“做健康企业，铸幸福人生”，在未来发展中，得利斯集团将继续推进农业产业化经营，以低温肉制品为龙头，全面推广冷却肉、发酵肉和其他食品，全力打造年产500万头生猪的安全肉品体系，把公司创建成中国农业产业化典范企业和中国肉类典范企业，为更多的消费者奉献健康营养食品。

大农业模式启发

得利斯集团自成立以来，始终高度重视科技创新在企业发展中的作用，公司坚持以市场化为导向，将龙头企业、合作社与养殖业户进行深度联合，打造农业产业价值链条，拓宽了农业产业化新模式。

1. 推行农业新模式，拉动全产业链发展

公司积极推行“企业＋合作社＋基地＋农户”的发展模式，依托得利斯集团，积极打造市场终端和市场品牌参与市场竞争，形成了“七位一体”的500万头生猪产业体系，得利斯集团也成为农业产业化国家级重点龙头企业。

2. 注重高附加值产品，加厚产业链外延

公司不断加大对猪副产品的开发力度，先后开发出骨素、胶原蛋白、肝素钠、软骨素等高科技生物制品使传统的养殖行业得到质的提升，提高了生猪养殖的附加值和整个产业链的抗风险能力。

3. 发挥产业群优势，积极融合第三产业

多年来，得利斯公司通过将养殖产业化向二、三产业不断拓展延伸，先后带动得利斯农业科技、得利斯畜牧科技公司得以高速发展，促进了农产品的全面发展。

第四节　张飞牛肉：COSPLAY 出奇招

案例描述

截至 2009 年中旬，四川张飞牛肉有限公司的产品张飞牛肉已远销日本、新加坡等国家和中国香港、中国台湾地区。张飞牛肉在 1998 年获中商部优质产品奖，首届中国食品博览会铜奖。2011 年 9 月张飞品牌荣获“亚洲品牌 500 强”。

张飞牛肉本名干牛肉或保宁干牛肉，产于四川阆中市，由于境内回民聚居，因此是具有浓厚的回民风味的特产。其表面为墨黑色，切开后肉色粉红，肉质纹丝紧密，不干、不燥、不软、不硬、食之咸淡适口，宴席配餐，伴酒佐餐均宜。因其外观特征为“表面墨黑内心红亮”恰好和历史上的猛将张飞其人“面皮墨黑一颗红心向蜀汉”的特征很像，后世人称张飞牛肉。肉干而不硬、润而不软、剖其横格、轻撕切面，如银丝松针相连，细细咀嚼，其味无穷。

志起未来点评

张飞牛肉在四川阆中已有上千年历史，但是一直都局限于小作坊式生产，直到 2004 年，张飞牛肉开始提起丈八蛇矛，在现代都市找到突围之道，以极小的促销成本攻下数百个城市的上千家专卖店，并张牙舞爪面向全球市场攻城略地。闯出了一个源于传统而创新于现代的新传播模式——假张飞卖真牛肉。

一时间各大城市纷纷出现了蜀汉大将张飞的身影，逢人便扯着粗嗓门称“客官”、道“英雄”，借助 COSPLAY 秀，张飞牛肉的知名度像“猛张飞”一样如火箭般飙升。

假张飞如何卖真牛肉，张飞牛肉为何如此“惹火”？

1. “张飞”上街赚吆喝，真人 COSPLAY 火爆市场

张飞牛肉之所以如此“惹火”，是因为它大胆颠覆了传统牛肉的卖法，独创了一种全新的营销推广方式，让假张飞卖真牛肉。让张飞牛肉进军成都武侯祠的锦里三国文化一条街，让张飞牛肉专卖店从店容店貌、产品特色、售货员服饰都围绕“张飞文化”造型，特别是满脸横肉、一身漆黑的“张飞”往店前

一站，更增添了专卖店的人气和商机。

2. “假张飞”真促销创业绩神话

成功的Cos模式必须具备4个基本特性，即低成本、参与性、故事性、趣味性。而张飞牛肉通过原汁原味的低成本“张飞”角色扮演，让顾客看到牛肉就想起张飞其人，通过合影留念使消费者参与到其中，张飞本人本来就是一位极具故事性的历史人物，张飞牛肉COSPLAY角色扮演是商业产品与历史文化的完美结合，并成为当地的旅游景点之一。这种创新运营思路，将传统创新于现代的新传播模式再加上“脸谱式”的独特品牌符号，让这家专卖店日销售额达到3万元以上也不再惊叹！

3. 加盟店，投资创业者的黄金项目

张飞牛肉畅销全国，名扬海外，销售火爆，受周黑鸭连锁加盟启发，四川张飞牛肉有限公司大开招商加盟之门。

张飞牛肉总部常年聘请行业顶尖培训专家为加盟者培养最优秀的精英员工。并聘请专业策划人员，根据加盟店实际情况为加盟店量身定制常年张飞牛肉促销活动计划，每月按时推出新的促销活动，自开放加盟，张飞牛肉以其高品质产品和先进的管理理念，得到了加盟者高度的称赞，是现在投资创业者的黄金项目，张飞牛肉加盟连锁未来的前景不可估量。

大农业模式启发

张飞牛肉的成功，正是因为他学会了将地方文化与时尚嫁接，让传统的吃，变成现代的用，正是在这样的良性发展下，一方面带动了中国特产向市场产业化的道路发展；另一方面，更是带动了当地经济及品牌特色的迅速崛起，相信，在未来，将会有更多的大农业品牌走出区域，走向中国，跨越全球！

第五节　小肥羊：与时俱进的行业领头羊

案例描述

内蒙古小肥羊餐饮连锁有限公司业，1999年8月诞生于内蒙古包头市，以经营小肥羊特色火锅及特许经营为主业，兼营小肥羊调味品及专用肉制品的研发、加工及销售业。2008 年 6 月小肥羊在香港上市；2012 年 1 月 7 日百胜吃掉小肥羊获独立股东批准；2012 年 2 月 2 日，成为百胜集团的附属公司。2011 年 12 月底，小肥羊在中国大陆拥有 469 家连锁餐厅，是家喻户晓的中国餐饮连锁品牌。如今，小肥羊的餐饮店面已遍布全国，而且连锁店已经进入美国、加拿大、日本、港澳等国家和地区。

十几年间，从一家店铺发展成为家喻户晓的餐饮连锁品牌。

1999—2002 年，加盟为主，重点直营：小肥羊火锅店成立之后，很多商家捕捉到特色美食的商机，纷纷开始加盟小肥羊。“加盟为主，重点直营”这一政策为小肥羊早期快速发展起到积极作用。

2003—2007 年 4 月，直营为主，规范加盟：快速扩张虽然打响了知名度，但是问题迅速显现，一些加盟商为了自身利益的考虑，卫生甚至质量问题凸显，客户投诉日益增加。为了实现“百年老店”的梦想，小肥羊关闭和整修大部分不合格店面。

2007 年 5 月至今，重启加盟，全球扩张：小肥羊公司重新制定新的、适应发展需要的加盟政策，“不唯数量重质量”，进行全球扩张。

志起未来点评

小肥羊的成功成为餐饮行业的典范，主要得益于：

1. 全产业链，打通最后一公里

小肥羊公司目前拥有一个调味品基地，两个肉业基地，一个物流中心，一个外销机构，国内十五大餐饮市场区域国际三大餐饮市场的大型跨国餐饮连锁企业，实现了从原料到餐饮的全程监控，打通餐饮业的最后一公里。

2. 创新革命，独创产品优势

“小肥羊”专用肉选自纯天然无污染的内蒙古草原，并且只选用平均为 6 个月大小的驰名肉羊品种“乌珠穆沁羊”、“苏尼特羊”、“乌拉特滩羊”。其特点是肉质鲜嫩、不腥不膻。“小肥羊”在传统涮羊肉的基础上进行了大胆革新，开创“不蘸小料涮羊肉”食法，这种食法较传统的蘸着小料涮羊肉更便捷、科学，适合现代人追求的健康和快捷餐饮理念。

3. 跨界营销，引领绿色餐饮新潮流

小肥羊跨界营销，成为新中国餐饮 60 年变迁的新文化表达，中国餐饮巨头“小肥羊”借道高端运动“滑雪登山大会”的跨界营销，不只成就了一次经典的营销案例，更是引领了绿色餐饮与健康运动相结合的新潮流。“绿色健康、时尚快乐”成为中国餐饮文化走向世界的新名片。

4. 互动营销，创意百出玩混搭

在 3·15 国际消费者权益日当天推出“只为天然优品保证”活动，通过设计消费者互动游戏，不断刺激消费者的消费体验热情，直接拉动全国“小肥羊”门店的客流量，提升销售额。并拍摄互动视频广告，在广告中植入闯关答题，促使消费者参与到活动中来，参加游戏获胜者输入自己的手机号，将收到一份免费品尝的小肥羊“天然优品”羊肉的优惠券。本次互动营销充分吸引了消费者关注，在消费者心中建立起小肥羊“健康品质”的形象，提升了品牌知名度，最终达到提升营业额的目的。

大农业模式启发

琳琅满目的餐饮店充斥着大街小巷，从高端到低端，有市场就有商机，小肥羊公司无疑抢占了商机，成为了与时俱进的行业领头羊，它成功运用大农业模式，取得的成绩也是有目共睹的，随着它的发展，一系列以羊为主题的火锅店相继发展起来，但是显然其发展都不如小肥羊的火热。

随着市场的不断变化，小肥羊品牌遭受同类品牌的竞争也日益激烈，要想永远立于行业领头兵，小肥羊要保持先锋地位，仍旧要不断地创新，根据市场不断调整战略，甚至要引入新的元素，突破一个又一个健康饮食的文化，形成了立足于小肥羊品牌的餐饮专家的权威地位，真正做到了创造需求、引领消费。

第六节　天地鹅业：亚洲最大鹅产业的大河之舞

案例描述

河南天地鹅业有限公司是一家集种鹅孵化、养殖、加工、销售于一体的鹅业企业。被授予“农业产业化新乡地区重点龙头企业”，更使河南天地鹅业有限公司成为中原大地上名副其实的龙头企业。

鹅家庄·天地鹅业，是世界最大的鹅产业链综合运营商，最大的鹅肉美食供应商，最大的种鹅养殖基地，占地近万亩，存栏种鹅30万只，年产蛋1 800万枚，年孵化鹅苗1 200万只，年屠宰加工商品鹅1 000万只。

2003年，河南天地鹅业有限公司与中国农科院、中国农业大学等国内著名的科研教育机构合作，在长垣县黄河滩区建立了种鹅繁育科研中心。

河南天地鹅业有限公为更好的占据市场，公司制定了战略发展目标——发展中国鹅产业，构建中国鹅业第一品牌。

然而，在朝着目标努力的过程中，天地鹅业却遭遇了困惑：

1. 我国虽是世界鹅肉生产大国，但受消费习惯和缺乏市场开拓者的制约，鹅肉消费呈现明显的区域性消费特征，除江苏、上海鹅肉消费较多外，其他广大地区，特别是山东、河南、黑龙江、吉林、辽宁等地区的养鹅业虽然快速发展，但鹅肉的需求量和消费量极小。

2. 鹅肉消费区域虽呈现由南向北转移的趋势，但南方消费市场发展缓慢，而北方市场需广阔且潜力巨大，却开拓极度乏力，这已经成为严重制约鹅业发展的重要瓶颈。

面对这些，鹅家庄·天地鹅业该如何突围?

志起未来点评

鹅家庄·天地鹅业找到了有着中国农产品第一策划高手的北京志起未来营销集团，2011年开始，志起未来成为鹅家庄独家跨年度战略总顾问，成立项目专家组，负责战略定位、商业模式设计、品牌策划、营销策划、战略新品运营、市场招商、市场推广和培训支持等全面工作，董事长李志起老师更担任企业独立董事一职。

为更好地帮助企业从生产型企业向品牌型企业、营销型现代企业集团转型，北京志起未来营销咨询集团专家们付出了大量的心血，帮助企业进行全方位提升：

1. 夯实上游合作链条

鹅家庄·天地鹅业采取“公司＋基地＋专业合作社＋农户＋市场”的发展模式，向农民提供“六个统一”服务：统一提供良种、统一提供饲料、统一提供技术支持、统一提供防疫、统一价格收购、统一提供商业保险，使鹅产业成为区域经济里的优势产业，成为政府大力支持的“富民工程”，打造了农户、消费者、企业和政府多方共赢的创新模式。

企业秉承“拥抱绿色、关爱民生、扶贫助弱、拉动‘三农’”的企业宗旨，充分利用黄河滩区水草资源丰富，湿地面积大，生态环境优越的优势，开创了国内“滩上种树、树下种草、草上养鹅”的规模化养鹅的先河。既充分利用了滩区资源、保护了生态环境，又充足供给了鹅必需的青饲料。

2. 独家推出鹅家庄“4S”运营模式

“4S”即“四位一体”的综合型鹅肉美食连锁经营模式，在统一的外观形象、统一的标识、统一的管理标准、统一品牌宣传基础上，开发出一种包括零售、团购、礼品、餐饮在内的全方位营销及赢利模式。这个具有消费多样性和品牌统一性的创新模式，可以保证开店成功及实现盈利。它以最优的产业链为强有力的基础保障，以足够的利润设计为盈利保障，以成熟的店面经营模式为依托，可以从根本上保障企业、加盟者及消费者三方的共同利益。

3. 全力创新，实施战略新品运营

200 余款新品一改过去鹅家庄传统陈旧的产品形象和过于薄弱的产品竞争力。新乡鹅家庄食品有限公司精选原生态天地白鹅，运用传统秘方，传承官府御厨料理，汇集 18 种天然植物香料入味，精心制作而成鹅家庄休闲食品，香而不腻，口味纯正，鲜香醉人，味绝天下，广销北京、广东、上海各大城市，受到海内外广大消费者的一致好评。公司又匠心独运将休闲食品制成各种高档礼品，精心搭配各种产品，秉承卓绝口味，是馈赠亲朋好友的最佳选择。

4. 开创性引进各地鹅业美食，引进连锁经营模式

鹅家庄致力于引领国内鹅肉美食连锁潮流。为此，北京志起未来协助鹅家庄品牌走遍全球各地，研究、总结全球先进餐饮美食经营模式，在必胜客、肯德基、麦当劳等全球著名连锁品牌盈利模式的基础上，将连锁品牌经营最先进的运营模式引进中国。

5. 改造企业形象，推出全新视觉管理系统

农业企业过去一贯给大家的印象就是落后、原始，离现代消费者心理期待相差很远。为了更好的对接市场和消费者，项目专家组设计人员进行了长达年余的企业视觉形象策划、产品包装设计、营销物料升级，让企业面貌发生了翻天覆地的变化，其标志性的 LOGO 形象更让企业从众多竞争对手中脱颖而出，令人瞩目，得到了企业内外的一致好评！

大农业模式启发

天地鹅战略新品的推出、商业模式的再造，盘活了从上游到下游直至终端的产业链资源。一年间，天地鹅业经过志起未来全面的营销策划发生了翻天覆地的变化，餐饮、团购、零售、礼品各个领域全面开花，企业发展大大上了一个台阶。2013 年糖酒会，天地鹅业“鹅家庄”品牌招商火爆，招商负责人喜形于色。众多种类的小包装食品在各大超市、卖场受到消费者热烈欢迎。而“鹅家庄”加盟连锁专卖店数量也在不断上升中。

多年来，天地鹅业就一直致力于中国鹅产业链的产业化建设工作，依靠自身品牌优势，建立起畅通的营销网络，把握鹅产品市场的实时信息，运用科学的营销手段，以国内市场现有网络为基础，以销往中国北京、上海、广东、深圳等大中城市为主导，逐步向中国香港地区和东南亚、中东国家辐射。和国内同行业比，天地鹅业具有以下优势：

1. 掌握产业链源头资源

养殖业是发展鹅产业的基础，天地鹅业现有两个规模较大的养殖场，配套鹅苗孵化、鹅饲料加工、鹅屠宰加工和鹅制品精深加工。公司在拥有四川白

鹅、扬州白鹅、五龙鹅、豁眼鹅等国内优良品种和法国朗德鹅、德国莱茵鹅等世界优良品种的基础上，又自主研发了自有知识产权“黄河白鹅”系列品种，极大地增强了企业的核心竞争力。

2. 强大的技术优势，为行业发展夯实了基础

天地鹅业积极从事鹅业科技研究与开发，成立了技术力量雄厚的鹅业科学研究所，由博士生导师 1 人、博士 3 人主持研究所工作，专门进行鹅业应用技术攻关。

研究所现在正独立承担着国家级研究项目“黄河冲击平原绿色农业发展模式研究与示范”的子项目“白鹅品种引进与繁殖技术集成”的研究任务。天地鹅业正在努力为产业化发展奠定坚实的基础。

立足现在，放眼未来，顺应国家农业综合开发趋势，鹅家庄·天地鹅业以实际行动践行国家农业结构战略调整，致力于中国产业化发展，将生态农业与现代工业相结合，为建成一流现代化大型鹅养殖、加工基地，使鹅产业化成为河南及全国农村经济增长的新亮点，为国家农业综合开发做出更大贡献。

第十八章

大农业模式构建农企美好未来

结合之前所有行业的经验，总结战略新品运营模式的闪光点。这里，我们将展现一些通过不断创新，并依托战略新品大农业模式成功转型的企业图片，让更多企业了解，认识战略新品运营模式的确可以帮助企业创造更大的辉煌。

国家一系列政策的放开，对农业企业来说，未来几年将面临一个前所未有的大时代。机遇很好、政策多方支持、消费者满心期待，这正是农业企业塑造品牌的全盛时代！尤其是跨入了大农业时代，以快打慢，应该是这个时代唯一的制胜法则！农业企业思路应该改变了！

大农业模式下，农业企业最需要的是什么？要探讨这个问题，我们要回溯到企业的本质。从社会功能来讲，企业的本质是生产价值，提供产品，满足社会需求；而从企业经营来看，企业的本质就是盈利。

企业首先需要产品。这是农业企业重要的功能，经营好企业，生产出最好的产品，最大满足消费者需求。产品是企业经营的根本，产品是企业最大的战略。是企业的生命、企业的活力、企业与消费者交流的媒介和对接的窗口。

其次需要的是产品创新。只有产品是企业的盈利之本，只有产品创新才能带动企业发展。美国、日本的数百年企业的发展，无不上演着一个个产品神话。例如：在金融大行其道、股市飞扬的今天，苹果公司也在不断上演着产品的传奇，成为全球市值第一的公司。

面对产品，在供大于求的市场下，简单的新品创新已经不能满足消费者的需求，只关注产品而不关注企业的发展、不关注竞争对手，必然难以在市场立足。

于是，很多国内企业意识到战略新品的重要性，从联想“乐自由我”移动互联网战略新品发布到金六福“绵柔金六福战略新品财富说明会”，中国的企业要发展就必须回归本源，做足产品，着眼未来，用世界眼光，全球视野去看待我们企业的发展。

最后，我们知道：战略新品应该是我们中国企业最需要的。

第一节　大农业时代，企业如何构建品牌神话

数据表明，全国农业产业化组织达到 28 万个，带动农户 1.1 亿户，农户每年均增收 2 400 多元。龙头企业 11 万家，销售收入突破 5.7 万亿元，提供的农产品及加工制品占农产品市场供应量的 1/3，占主要城市“菜篮子”产品供给的 2/3 以上。

如今，在战略新品的引领下，农业企业遍地开花。尤其是龙头企业的快速发展，成为大农业模式发展的主力军。这表明：农业龙头企业充分发挥着其纽带作用，拉动着农业经济稳定发展。

然而，机遇永远与困惑同在，农业企业如何能快速建立起属于自己的品牌，迎接激烈市场竞争，成为主要问题，摆在企业家面前!

我们应该要依靠持续创新，打造企业战略新品，这是构建大农业模式企业品牌的唯一出路。

1. 品牌对农业企业的重要意义

①推进农业品牌化是促进传统农业向现代农业转变的重要手段　贯彻落实科学发展观，创新发展模式，加快传统农业向现代农业转变是新时期农业发展面临的重大任务。农业品牌化是现代农业的一个重要标志，推进农业品牌化工作，有利于促进农业生产标准化、经营产业化、产品市场化和服务社会化，加快农业增长方式由数量型、粗放型向质量型、效益型转变。

②推进农业品牌化是优化农业结构的有效途径　随着人民生活水平的提高，社会对农产品品种、质量、安全、功能等提出了更高的要求。推进农业品牌化，以市场为导向，以满足多样化、优质化消费为目标，引导土地、资金、技术、劳动力等生产要素向品牌产品优化配置，有利于推进资源优势向质量优势和效益优势转变，有利于推进农业结构调整和优化升级。

③推进农业品牌化是提高农产品质量安全水平和竞争力的迫切要求　入世后，我国农业的国际化进程明显加快，面临的国际竞争压力进一步加大。通过推进农业品牌化，重点培育和打造农业名牌，有利于促进农产品质量安全整体水平的提高，有利于形成一批具有国际竞争优势的品牌农产品。

④推进农业品牌化是实现农业增效农民增收的重要举措　提高农业效益、增加农民收入，是建设社会主义新农村的重要内容。品牌是无形资产，打造农产品品牌的过程就是实现农产品增值的过程。大力发展名牌农产品，有利于拓展农产品市场、促进农产品消费、促进优质优价机制的形成，实现农业增效、农民增收。

2. 政府在农业品牌建设中的作用

农产品品牌建设是一个涉及多个主体的系统工程，政府在其中承担着重要角色。政府是品牌农产品质量标准化体系的制定主体；是农产品品牌建设的支持和服务主体是农产品品牌的注册和管理的主体；是农产品品牌的评价、监督和保护主体。

3. 农业企业快速建立品牌的四大法宝

随着国家对农业政策的逐级放开，越来越多农产品通过市场运作走向巅峰，农业企业渐渐成为我国经济发展的重中之重，而农业企业的发展也存在资金少、人才短缺、无战略、无品牌等诸多问题。

对于农业企业来说，如何打造品牌，迅速成为农产品品牌化发展的“领跑者”？整合自身优势，打造战略新品，成为农业企业快速建立品牌的四大法宝：

走进去，深挖产地资源做大牌：大农业模式下，农业企业要想获得长期稳定的发展，必须要将当地产地资源、政府资源、企业资源三位一体充分进行整合，深入挖掘当地优势资源，形成产业化发展，这是农业企业建立产品品牌化的重要基础。

跳出来，打造与众不同的战略新品：大多数农业企业在初级阶段往往都是粗放经营的，多以原料型产品和初级加工产品为主，产品缺乏深加工和包装就推向市场，致使质量良莠不齐、附加值不高，很难承载企业品牌化发展需要。近几年，健康、绿色、有机概念的出现，使得传统的农业向品质化、高端化发展，而这时候，农业企业就需要打造一款可以引领消费、创造需求的战略新品，从而为农产品品牌化发展创造品质基础和消费环境。

新尝试，创建农产品网络营销格局：在网络信息化时代，充分利用网络媒体资源，打造属于企业自己的品牌王国，成为新手段，网络传播向着纵深方向发展，让企业品牌信息无处不在。

沉下来，深耕产品渠道定乾坤：以往农产品大部分以农贸市场为主导，使得农业企业难以品牌化。网络新兴渠道的建立，为农产品企业发展提供了品牌化的渠道基础。

农业企业未来三大平台发展趋势：

在战略新品的强有力支持下，未来农业企业将重点搭建会展、融资、走出去三个平台，拓展三个领域，以推动我国农业品牌建设大力发展。

搭建会展平台：举办会展是宣传优质农产品、打造优质农产品品牌的重要途径。

搭建融资平台：农业品牌建设需要有资金的支持，这需要搭建好融资的平台，拓展融资渠道。

搭建走出去的平台：充分利用好两种资源、两个市场，加快实施农业走出去战略。

第二节　战略新品，改变农业企业命运的伟大力量

1. 农业巨头为何会垂青志起未来

志起未来拥有绝密武器：3 个月效果立现！淘金农业必须要有火箭速度——战略新品运营模式，已经让 200 多家企业尝到甜头。志起未来是在农业行业拥有最多成功案例的营销咨询公司，在咨询行业拥有最强专家团队的顶级合作平台，15 年专注农业行业。200 多家企业亲身验证，“战略＋品牌＋模式＋战略新品＋渠道＋团队＋执行”，1 站式解决农业企业“发展之痛”。

2. 中国唯一“双市直通车”平台，为农企打造上市财富传奇公式

“智慧＋资本＋战略新品＋人才团队＝四位一体综合服务模式”，让你 1 年赢得消费市场；2 年赢得资本注入；3 年赢得成功上市！四大著名投资基金护航，15 年营销经验，100 多位精英，以产品力突围，先发夺人，出奇制胜，已帮助 200 多家企业拉动销售增长，3 年 15 个亿的增长不是梦！

3. 《要提高农产品附加值，走经济高效农业之路》——习近平

农业要走经济高效之路。要做大做强有比较优势的农业主导产业，着力提升农业集约经营水平，开拓农业的多种功能，拉长农业产业链，提高农产品附加值，使农业成为能够带动农民致富的高效产业。

习主席的这段话，预示着未来 5 年，中国农业企业将进入跨越式发展的黄金战略机遇期！

“善战者，求之于势”，小农业企业要想区域突围，首先就要判断洞察形势，借助发展上的有利形势，制定适合自己的发展战略，完成快速转型。

把握住市场机会，快速实现从生产转营销，从产品到品牌的战略转型，才能确立行业领军者的地位，这才是小农业企业战略转型的关键！这是企业核心

竞争力的典型体现！是成功企业家的明智抉择！更是绝无仅有的全球性战略机遇！

4. 大农业模式下，农业企业发展的十大趋势

你是小农业企业，却不知道大农业模式？你是小农业企业，了解大农业模式，却不知道如何运作？您已成功完成大农业模式的转型，今后要如何发展？如果您是这三种人群，这章内容正是您所需要了解的！

听听在农业领域拥有 15 年经验，帮助无数农业企业有过成功案例的著名的农业营销专家李志起老师的专业分析，一定会让你感觉不一样！

①农业规模扩大　过去农业是小农经济，生产规模比较小，效率比较低，成本比较高。现在规模化趋势非常明显。以肉鸡和奶牛为例，2003 年全国肉鸡养殖规模在 100 万只以上的占 3.12%，到 2010 年为 8.55%。规模化养殖业推动了饲料生意火爆。但和发达国家规模养殖还有较大差距。50 万只肉鸡以上的养殖规模，美国占 67%，中国占 11.96%，中国大部分养殖规模为 2 000～90 000 只。

②农产品价格上涨　中国人均土地面积少，只有 1.24 亩，而世界人均土地面积为 3.05 亩，农产品持续价格提升是不可避免的。其次，中国的农产品种植成本相对来讲也较高，例如，大豆种植成本中国比巴西和美国高一块多。

③生物技术运用加大　日本和欧洲对生物技术要求比较高，比美国还要高。日本基本上不用化肥了，而美国是规模化农业，还在用化肥。随着中国农业发展，为了保障食品安全、粮食安全，中国农业对生物技术的运用将会加大。

④农业装备业兴起　以色列的土地资源也非常匮乏，是整体农作物生长环境比较恶劣的国家。而就连美国大规模农业生产也是靠装备，有一些区域里面仍然小规模使用低水平的小农机，所以农业装备业将是现代农业里一个比较大的发展趋势。

⑤构建全产业链资源优势　上游原料成本和下游渠道费用的挤压，让企业产业链向上、下游延伸，很多企业开始整合资源，布局全产业链。中粮依靠资源优势做全产业链，就是一个成功的范本。

志起未来服务的客户中也有很多这样的例子，做芝麻油的从芝麻种植到深加工产品；肉食行业从饲料开始到自建终端；电子商务自己做物流，都是如此。所有企业都应该立足自身资源，进行整合，尽量构建产业链，将市场主动权牢牢把握在自己手中。

因此，从这个意义上说，我们非常看好大农业，大食品产业，他们有着长足的发展。

⑥重视食品安全和品牌形象　回顾过去两年的瘦肉精事件、塑化剂风波、山西老陈醋勾兑传闻、速冻食品病菌门、可口可乐中毒事件等，这些恶性的食品安全事件，让消费者对企业品牌信任极度脆弱，对于食品行业、企业品牌的发展都极端不利。

有眼光、有社会责任感的企业家都开始认识到这个问题，一方面严把产品质量关，在源头上预防问题；另一方面，也更重视食品安全的诉求，加大宣传力度，以此重建品牌形象，重拾消费者信心。

⑦重视战略新品打造　面对不容乐观的宏观经济形势，沉迷模式、偏信定位、妄求多元化发展等浮华的营销手段都开始失效，农业龙头企业只有从产品发力，踏踏实实围绕一个战略核心，打造并成功运营自己的战略型新品才有出路。

战略新品是所有的成功者共有的一个最重要的“基因”，只有持续不断的战略新品的运营成功，才能让所有行业领导型企业能够活得很好，才能领先市场，才能利润丰厚。

⑧渠道布局从大而全到小而精　不断上涨的渠道费用，让企业不堪重负，进商超等传统渠道开始非常谨慎，转而寻找更新的、更独特的、更经济实惠的渠道。这个新渠道，不仅仅靠发现，也靠创新和整合。

相比网店、电子商务的火热，可以让我们看到企业开始布局新阵地，一些线下渠道发生的改变则更加悄无声息一些。比如旺旺，选择不进 KA，而是深耕渠道，着力布网，整合了一个城市所有的便利店、社区店资源，绕过二批商环节，直接供货，大大降低了渠道费用，而取得的效果一点都不小。像旺旺这样的小而精的渠道模式在 2012 年将是大趋势。

⑨新兴媒体的运用更普遍和成熟 这些年，企业的广告成本一直在不断增加，“限娱令”、“限广令”更让电视广告投入雪上加霜，传统媒体威力下降，新兴媒体的作用不断攀升。

新人群、时尚人群也是主力消费群，这个群体都是“御屏一代”，屏幕成为超级终端，手机、电脑是他们最频繁的接触信息、联网互动的手段。企业在新兴媒体上的运营会更加普及，尤其是微博等手段的运用至关重要。

⑩企业之间的联合、重组、兼并等更加频繁 过去两年，大批中小企业倒闭，不少存活的企业产量也大幅削减，行业洗牌、企业整合在所难免。百事可乐装瓶厂打包给了康师傅，雀巢收购了银鹭、徐福记，达能酸奶在上海的工厂则停产进行业务调整，在新的一年里，企业间的联合、重组与兼并将更加频繁。

总体来看，传统的营销手法的效用日渐削减，而新思维、新方法已经开始显现。如果企业们能审时度势，抓住机会，必能快速转型。熬过经济寒冬，必将迎来新世界。

农业企业正面临前所未有的发展大机遇，大农业时代已是历史趋势，要想成功融入，农业小企业必须放弃“小富即安”的思想，从区域突围全国，利用好资源和政策，运用战略新品模式，完成从种植向加工、从加工到品牌的迅速转变，才能真正做强民族品牌。

5. 战略新品，改命企业未来命运的神奇力量

对于农业企业来说，真正意义上的战略新品有三个显著特征：a. 持续 10 年畅销；b. 实现 10 倍业绩增长；c. 创造 10 亿巨大市场，这是企业最需要的战略级赢利武器。

在我们多年为客户服务的过程中，清晰认识到，战略新品的运营完全不同于传统的新产品策划、新产品研发。它需要一种全新的系统的思维和能力，需要企业从高到低、从研发到生产、营销等多个部门之间的合作、协调和联合创新。

要保证战略新品的运营成功，更需要良好的文化土壤。要想持续不断地推出战略新品，良好的创新文化土壤至关重要，组织、领导者、执行层、外脑缺一不可。

战略新品的运营难题，现在是95%的企业急需弥补的能力课。这是绝大部分企业内部所缺失的重要职能板块。要保证企业不断有战略新品推出，且能够持续成功，对绝大部分企业来说仿佛都是很难做到的。但我们认为，这恰恰是卓越企业和平凡企业的分水岭。

每个企业家都希望打造自己的战略新品运营模式。但事实上，志起未来清醒地认识到，并非每个公司都具备创新的条件和适合战略新品运营的土壤。

那些农业的成功不是偶然的，有好的产品做基础，深厚的品牌内涵，高效率的战略新品运营模式，对待产品、顾客和企业严谨的负责态度，创新的精神，科学的宣传方法。只有这样的企业才能在成功的道路上走得长远。

这正是大农业模式，企业经营的真正“王道”。它将在未来，彻底改变农业企业的命运！

特别鸣谢

在本书的撰写中，非常感谢中粮、金健、福娃、康师傅、金龙鱼、雀巢、可口可乐、红牛、王老吉、西王、立顿、龙润、百瑞源、美赞臣、多美滋、蒙牛、伊利、旺旺、李锦记、杜邦、嘉吉等知名企业给予我们的大力支持！

同时，也要鸣谢中国农业新闻网、农民日报、中国经济网、销售与市场、中华品牌管理网、第一营销网、博锐管理在线、《糖烟酒周刊》、《新食品》等媒体为我们提供部分资料，对我们的鼎力支持。